数学的
十万个为什么

唐明臣　周忠波◎主编

中国海洋大学出版社
·CHINA OCEAN UNIVERSITY PRESS·
·青岛·

图书在版编目(CIP)数据

数学的十万个为什么／唐明臣，周忠波主编. -- 青岛：中国海洋大学出版社，2022.9(2023.11 重印)

ISBN 978 - 7 - 5670 - 3265 - 1

Ⅰ．①数… Ⅱ．①唐… ②周… Ⅲ．①中学数学课 - 教学研究 - 高中 Ⅳ．①G633.602

中国版本图书馆 CIP 数据核字(2022)第 169157 号

出版发行：中国海洋大学出版社

社　　　址：青岛市香港东路 23 号　　　　　　邮政编码：266071

出　版　人：刘文菁

网　　　址：http://pub.ouc.edu.cn

电子信箱：cbsebs@ouc.edu.cn

订购电话：0532 - 82032573(传真)

责任编辑：赵孟欣　　　　　　　　　电话：0532 - 85901092

印　　　制：烟台智慧通印务有限责任公司

版　　　次：2022 年 9 月第 1 版

印　　　次：2023 年 11 月第 2 次印刷

成品尺寸：170 mm×235 mm

印　　　张：17

字　　　数：245 千字

印　　　数：1001—2000

定　　　价：65.00 元

编 委 会

编者的话

目前,《十万个为什么》有很多版本,唯独没有关于数学方面的,这无疑是一个缺憾。为了填补这个空白,我们编写了《数学的十万个为什么》。

为什么加减乘除后可以快速准确地运算?为什么不用计算器可以对任何正数开平方?"孙子点兵"是怎么一回事?为什么各位数字之和等于9的数能被9整除?为什么不用向量法也可以求二面角的三角函数值?为什么正多面体仅有5种?幻方这么神奇,它是怎样推理出来的?除了课本数学知识,您还有哪些不知道的呢?怎样才能学好高中数学?……这一切,本书将为您做出明确的回答。

当下中小学生都忙于应对各种考试,无暇阅读数学课外书籍,这无疑会影响学生数学学习质量。这本书将会开阔您的视野,提高您的观察能力、运算能力、逻辑推理能力、分析阅读和解决问题的能力。本书不仅有利于学生提高学习成绩,而且有利于学生在以后的工作中学会理论结合实际。

数学成绩好侧面反映了学生思维的敏捷。现在国家需要一大批思维活跃、敏捷的创新型人才。数学是一个基础学科,各行各业都离不开数学,有了数学的支撑,就如同插上了翅膀,如虎添翼;有了数学的支撑,才能助力祖国富强,才能为党和人民做出更大贡献!

幻方篇

高中数学学习中的十万个为什么

数学游戏篇

对于下面的数学游戏题，我们不仅要知其然，还要知其所以然.这样，在娱乐中，就能不知不觉地提高分析问题和解决问题的能力.

第一节 分析计算类

1. 一老汉装了 10 千克油拿到市集上去卖. 另外,他还带了一个能盛 3 千克油的空瓶,准备零售时用来量油. 一青年拿了一个能装 7 千克油的桶,准备买 5 千克油. 你能给这个老汉想一个办法,利用现有工具,把油卖给这个青年吗?

2. 小亮和小颖进行数数比赛. 规定每次从 1 开始,数 1 个数或 2 个数,两人轮流数,谁先数到 30 就算谁胜. 先数的人能胜,还是后数的人能胜呢? 为什么?

3. 李老师与小朋友们做数学游戏. 他手中握了 20 根火柴,对小朋友们说: "你们找出 1 个人,手中握一些火柴,我能猜出你们手中握有几根火柴,前提是,我要先给你凑足 20 根火柴,剩下的保证和你手中握的火柴一样多." 这是为什么呢?

4. 把 1～9 这 9 个数字分别填到如图所示的九宫格中,要求每行、每列、每条主对角线的三个格的数字之和都等于 15. 为什么中心格必须填 5 这个数字呢?

(第 4 题)

5. $0.1\dot{2} = 0.121212\cdots$ 能用分数表示吗? 为什么?

6. 把 1~6 这 6 个数字分别填在如图所示的圆圈中,使大三角形每条边上的数字之和都相等.

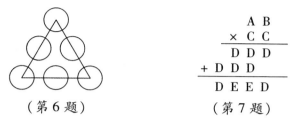

$$
\begin{array}{r}
A\ B \\
\times\quad C\ C \\
\hline
D\ D\ D \\
+\ D\ D\ D\quad \\
\hline
D\ E\ E\ D
\end{array}
$$

(第6题)   (第7题)

7. 在图中的乘法算式中,C 为偶数,则 A = _____ ,B = _____ ,C = _____ ,D = _____ ,E = _____ .若 C 为奇数,则 A = _____ ,B = _____ ,C = _____ ,D = _____ ,E = _____ .为什么?

8. 把 1~6 这 6 个数字分别填入图中的圆圈内,使得大圆上相邻两个圆中数字之和都是质数(又叫"素数").

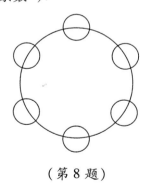

(第8题)

9. 把 1~200 这 200 个数分成 20 组:1~10,11~20,21~30,…,191~200.除第 1 组数外,把另外 19 组中个位数是 1,3,7,9 的质数找出来.

10. 闹钟每小时要慢 4 分,此闹钟在 3 个半小时前(8 点 30 分)对准,现在是中午 12 点.问再过几分钟,闹钟的指针才会指到 12 点上?为什么?

11. 将数字 1~4 填入空格内,使得每行、每列及每宫内数字不重复.

4		1	
		3	
	4		
	2		3

(第 11 题)

12. 将数字 1~5 填入空格内,使得每行、每列数字不重复.

	3			2
1				
		4		3
				3
3			1	

(第 12 题)

13. 将数字 1~6 填入空格内,使得每行、每列数字不重复.

			2		4
	3	2			5
				1	2
2	1				
5			6	4	
1		6			

(第 13 题)

14. 将数字 1~9 填入空格内,使得每行、每列及每宫内数字不重复.

	9	2				4	6	
	7		6		1		5	
		3	9		4	2		
1		5		6		3		8
3								4
4		9		7		1		6
		1	3		6	7		
	4		1		7		3	
	3	8				6	1	

(第 14 题)

15. 某正整数分别除以 3,5,7 所得的余数都是 1,此正整数是多少?

16. 游戏:用 4 张扑克牌算出 24.

　　1 副 54 张扑克牌去掉大小王,剩下 52 张,A 代表 1;2,3…,10 代表的数与扑克牌上的数相同;J,Q,K 依次代表 11,12,13.

　　游戏程序及规则:①洗牌;②几个人轮流摸牌(扣着摸,不准看),一直到每人摸到 4 张牌就停止;③用 4 张牌代表的数进行加、减、乘、除,允许用括号,谁先算出 24 或谁先能正确肯定无解则谁胜;④一起翻开牌,比赛开始.

　　下面给出牌例:

(1)13,11,5,5　　　(2)13,10,5,4　　　(3)7,10,11,4

(4)13,13,10,3　　　(5)13,10,9,1　　　(6)12,11,10,1

(7)2,3,5,9　　　　(8)13,7,10,6　　　(9)5,7,7,9

(10)13,11,9,9　　　(11)5,5,7,7　　　(12)3,7,9,13

(13)1,1,1,1　　　　(14)2,2,2,2　　　(15)3,3,3,3

(16)4,4,4,4   (17)5,5,5,5   (18)6,6,6,6

(19)7,7,7,7   (20)8,8,8,8   (21)9,9,9,9

(22)10,10,10,10   (23)11,11,11,11   (24)12,12,12,12

(25)13,13,13,13   (26)1,1,1,8   (27)2,2,2,3

(28)2,2,2,12   (29)3,3,3,5   (30)3,3,3,6

(31)3,3,3,8   (32)3,3,3,12   (33)4,4,4,2

(34)4,4,4,4   (35)4,4,4,6   (36)4,4,4,8

(37)5,5,5,4   (38)5,5,5,6   (39)6,6,6,2

(40)6,6,6,4   (41)7,7,7,3   (42)7,7,7,4

(43)8,8,8,3   (44)9,9,9,3   (45)10,10,10,6

(46)11,11,11,9   (47)12,12,12,2   (48)12,12,12,13

(49)13,13,13,2   (50)13,13,13,11

需说明的是:4 张牌组合的情况种数很多,共有 $13 \times 13 \times 13 \times 13 = 169 \times 169 = 28561$ 种情况,不能一一列举.但可分类研究,总结规律.

第二节 逻辑推理类

1. 某一个闰年,有400个小朋友参加夏令营活动,那么这些小朋友中,至少有多少人不会单独过生日? 为什么?

2. 在一次体育比赛中,甲、乙、丙三人获得了前三名.甲说:"我是冠军." 乙说:"我是亚军." 丙说:"甲、乙说得都不对,乙是季军." 已知这三人中只有一人说了真话.问谁说了真话? 谁是冠军? 谁是亚军? 谁是季军? 为什么?

3. 三对夫妇在聚会上相遇,他们分别是x,y,z先生和A,B,C女士.其中,x先生的夫人和C女士的丈夫是初次见面,B女士的丈夫和A女士也是初次见面,z先生认识所有的人.那么,哪位先生和哪位女士是夫妇呢? 为什么?

4. 某老字号药店享誉一方.一天,药店老板早起开门营业发现自己药店的镇店之宝——千年人参不见了.药店老板马上报警.警察经多方缜密侦察,抓获了四名犯罪嫌疑人,分别为甲、乙、丙、丁四人,并确定是单独作案.警察对四人分别进行了审讯.甲说:"人参是乙偷的." 乙说:"丙才是窃贼." 丙说:"我根本没作过案." 丁说:"乙说的不是真话,他在撒谎." 但这四人中只有一个人说的是真话.谁说的是真话? 谁是小偷? 为什么?

5. 学校组织了作文、英语和数学知识竞赛. 聪聪、明明和慧慧分别参加了一项,聪聪没有参加作文竞赛,明明没有参加英语竞赛,而慧慧参加了数学竞赛. 根据上面的叙述进行推理并填表格.参加了比赛的用"√"表示,没有参加的用"×"表示.

	作文	英语	数学
聪聪	×		
明明			
慧慧			

(第 5 题)

6. 在一次数学小组活动中,王老师给大家出了一道有趣的数学游戏题:现有100 个饺子,要把这 100 个饺子分成 9 碗,要求每碗饺子的个数只能是奇数. 大家能完成这个任务吗? 为什么?

7. A、B、C、D 四支足球队进行比赛,每两个球队都要比赛一场. 如果 A 队两胜一负,B 队两胜一平,C 队一胜两负,那么 D 队的成绩是怎样的? 为什么?

8. 已知小林、小强和小宁各有一人在第一小学、第二小学、第三小学上学,又分别是四、五、六年级的学生. 小林不在第一小学,小强不在第二小学,在第一小学的不是四年级,在第二小学的是五年级,小强不是六年级的. 小宁在哪个学校? 上几年级? 为什么?

9. 小亮、小强、小兰在一起做同一道数学题. 当他们三个都说出了自己的答案后,小亮说:"我做错了." 小强说:"小亮做对了." 小兰说:"我做错了." 在一旁的张老师看到他们的答案,并听了他们的话后说:"你们三人中有一人做对了,有一个人说对了." 他们三人中到底谁做对了? 为什么?

10. 朵朵期末考试获得了好成绩. 妈妈为了奖励朵朵就给她买了条新裙子. 请根据下面的对话,确定新裙子的颜色.

小红说:"不是灰色." 芳芳说:"不是白色就是红色." 小英说:"是红色." 朵朵说:"你们之中至少有一人是对的,至少有一人是错的." 你猜一猜,朵朵的新裙子到底是什么颜色的? 为什么?

11. 老师让同学们辨认一块矿石,根据下面的对话,判断老师拿来的矿石到底是哪种矿石? 为什么?

甲说:"这不是铁的也不是铜的." 乙说:"这不是铁的而是锡的." 丙说:"这不是锡的而是铁的." 老师说:"你们之中有一人两个判断都对,一人的两个判断都是错的,还有一人的判断一对一错."

12. 一个院子里住了 4 户人家,房号分别是 1,2,3,4. 主人有张三、李四、王五、赵六. 1 号关着门,烟囱冒着烟;2 号开着门,门口有辆自行车;3 号锁着门;4 号掩着门. 已知张三到李四家下棋去了,王五在家做饭,赵六刚下班. 1,2,3,4 号房分别是谁的家? 为什么?

计数篇

　　学生、公务员考试等涉及数学的考试都不准用计算器.在日常生活和购物等活动中也不能总拿着计算器.为了能考出好成绩，为了生活的方便，除了要掌握书本上所学的一般计算方法，还需要掌握一些特殊的计算方法.当然要达到此目的，最科学的学习方法，是先知道为什么要这样计算，并加以练习.这样，才能使知识方法掌握得牢固、熟练，使得计算又准又快.

第一节 速算类

1. 加法.

(1)在有多个加数的运算中,可运用加法的交换律和结合律,将和为整十、整百、整千等的加数结合在一起. 由于整十、整百、整千等的加法易于计算,因此可以使加法变得又准又快.

例 $473+286+527+314 = (473+527)+(286+314)$
$$= 1000+600$$
$$= 1600.$$

(2)在有多个大小相差不大的加数的加法运算中,可先大体估计出其和的整十整百的平均值. 把大于平均值的加数与平均值之差记为正数,把小于平均值的加数与平均值之差记为负数. 计算这些正负数的代数和,再把平均值乘以加数的个数,最后将二者相加即可. 为什么可以这样做呢? 为什么这样做可以使运算准而快呢? 下面给出简单的证明与说明.

证明 设 n 个加数分别为 $a_1, a_2, \cdots, a_n$,估计这 n 个数的平均值为 M,且 $a_1-M=b_1, a_2-M=b_2, \cdots, a_n-M=b_n$,则 $a_1=M+b_1, a_2=M+b_2, \cdots, a_n=M+b_n$.

$\therefore a_1+a_2+\cdots+a_n=nM+(b_1+b_2+\cdots+b_n)$. nM 与 $b_1+b_2+\cdots+b_n$ 都使运算简化,因此这样计算可以使运算准而快.

例
$$96+98+103+102+105+97+86+114+92+106$$
$$-4\ -2\ +3\ +2\ +5\ -3\ -14\ +14\ -8\ +6$$

估计平均值为100,差数的代数和为 -1,故这 10 个数的和为 $100\times 10-1=999$.

2. 减法.

(1)被减数是整百、整千、整万等的减法.

先通过实例观察、分析,找出规律.

$100-48=52, 1000-347=653, 10000-6982=3018, 100000-284=99716.$

由以上事例可以看出,整百、整千、整万等数减去一个比它小的数,其差有

· 11 ·

以下规律:差的个位与减数的个位和为10,其他对应位的数字之和为9. 故有"前面凑9,个凑10"的口诀,记忆其规律. 因此掌握了此规律,可以使此类减法变得准而快.

(2)减数接近整百、整千、整万等的减法.

此类减法若用常规方法,几乎每次相减都要"借",很繁琐. 若用下面的方法,则很简便.

例1 $348 - 96 = 348 - (100 - 4) = 348 - 100 + 4 = 252.$

例2 $4283 - 984 = 4283 - (1000 - 16) = 4283 - 1000 + 16 = 3299.$

3. 乘法.

(1)十几乘十几.

公式推导:设两个乘数分别为 $10 + a, 10 + b$（a, b 为 $1, 2, 3, \cdots, 9$ 中的数字）. 则 $(10 + a)(10 + b) = 100 + 10a + 10b + ab = 10(10 + a + b) + ab = 10[(10 + a) + b] + ab.$ 记忆口诀:十几乘十几,相加首去1,得数乘以10,加上个位积.

例 $12 \times 13 = (12 + 3) \times 10 + 2 \times 3 = 156,$

$15 \times 17 = (15 + 7) \times 10 + 5 \times 7 = 255,$

$17 \times 18 = (17 + 8) \times 10 + 7 \times 8 = 306,$

$18 \times 19 = (18 + 9) \times 10 + 8 \times 9 = 342,$

$18 \times 18 = (18 + 8) \times 10 + 8 \times 8 = 324.$

(2)前几位相同,个位和为10的两数相乘.

公式推导:设两乘数分别为 $10a + b, 10a + c$（$a, b, c \in \mathbf{N}^*, b + c = 10$）,则

$(10a + b)(10a + c) = 100a^2 + 10ab + 10ac + bc = 100a^2 + 10a(b + c) + bc = 100a^2 + 100a + bc = 100a(a + 1) + bc.$

记忆口诀:前面数一致,个位和为10,加1乘自身,添上个位积(注意:若个位分别为 1 和 9,应添 09).

例 $32 \times 38 = 1216, 43 \times 47 = 2021, 56 \times 54 = 3024, 65 \times 65 = 4225, 71 \times 79 = 5609, 85 \times 85 = 7225, 96 \times 94 = 9024, 124 \times 126 = 15624, 175 \times 175 = 30625, 185 \times 185 = 34225.$

(3)接近 100, 1000, 10000, $\cdots$ 的两数相乘.（不妨先以两乘数均接近1000

为例)

①两乘数均小于1000.

公式推导:设两乘数分别为 $1000-a,1000-b$ (a,b 是运用口算迅速计算出乘积的正整数).

则 $(1000-a)(1000-b)=1000000-1000a-1000b+ab=1000(1000-a-b)+ab=1000[(1000-a)+(1000-b)-1000]+ab$

记忆口诀:小于1000两数乘,和首去1添三0,找出补数来相乘,加到前数便成功.

例　$987\times982=969234$　　　　　$994\times960=954240$

$$
\begin{array}{r}
987\cdots13\\
(+)\ 982\cdots18\\
\hline
\cancel{1}969000\\
+234\\
\hline
969234
\end{array}
\qquad
\begin{array}{r}
994\cdots6\\
(+)\ 960\cdots40\\
\hline
\cancel{1}954000\\
+240\\
\hline
954240
\end{array}
$$

把乘法变成加法,当然简便.

注:(+)表示加后和的首位要减去1.

需要说明的有两点:a.若两乘数变为均小于100,10000,100000,…,口诀中的第2句只需改变1个字,变为和首去1添二、四、五0即可.b.有些小数乘法也可速算.例如,$0.9995\times9986=9981.007$.

$$
\begin{array}{r}
9995\cdots5\\
(+)\ 9986\cdots14\\
\hline
\cancel{1}99810000\\
+70\\
\hline
99810070
\end{array}
$$

以下两种情况也有上述规律.

②两乘数均大于1000.

公式推导:设两乘数分别为 $1000+a,1000+b$ (a,b 是运用口算迅速计算出乘积的正整数).

则 $(1000+a)(1000+b)=1000000+1000a+1000b+ab=1000(1000+a+b)+ab=1000[(1000+a)+(1000+b)-1000]+ab$.

记忆口诀:大于1000两数乘,和首去1添三0,找出余数来相乘,加到前数便成功.

例 $1015 \times 1018 = 1033270$

$$
\begin{array}{r}
1015 \cdots 15 \\
(+)\ 1018 \cdots 18 \\
\hline
1033000 \\
+270 \\
\hline
1033270
\end{array}
$$

③两乘数一个大于1000,另一个小于1000.

公式推导:设两乘数分别为 $1000+a$, $1000-b$(a, b 是运用口算迅速计算出乘积的正整数). 则

$(1000+a)(1000-b) = 1000000 + 1000a - 1000b - ab = 1000(1000 + a - b) - ab = 1000[(1000+a)+(1000-b)-1000] - ab.$

记忆口诀:近千大小两数乘,和首去1添三0,找出余补来相乘,减去此数便成功.

例 $1012 \times 985 = 996820$

$$
\begin{array}{r}
1012 \cdots 12 \\
(+)\ 985 \cdots 15 \\
\hline
997000 \\
-180 \\
\hline
996820
\end{array}
$$

(4)任何两位数的平方.

公式推导:设 a 为两位数,b 是使 $a+b$ 或 $a-b$ 为整十的数字.

则由平方差公式可得:$a^2 - b^2 = (a+b)(a-b).$

$\therefore a^2 = (a+b)(a-b) + b^2.$

由于 b 可自主选择,因此可选择使 $a+b$ 或 $a-b$ 之一为整十,使任何两位数的平方可以口算.

例 $38^2 = (38+2)(38-2) + 2^2 = 40 \times 36 + 4 = 1444,$

$86^2 = (86+4)(86-4) + 4^2 = 90 \times 82 + 16 = 7396,$

$73^2 = (73+3)(73-3) + 3^2 = 76 \times 70 + 9 = 5329,$

$99^2 = (99+1)(99-1) + 1^2 = 100 \times 98 + 1 = 9801.$

(5)和为100或1000的两整数相乘.

①和为100的两整数相乘.

公式推导:设两乘数分别为 $50+a$,$50-a$($a \in \mathbf{N}^*$,且 $a<50$). 则
$(50+a)(50-a)=50^2-a^2=2500-a^2$.

例　$52 \times 48=(50+2)(50-2)=2500-2^2=2496$,

$67 \times 33=(50+17)(50-17)=2500-289=2211$,

$66 \times 34=(50+16)(50-16)=2500-256=2244$,

$77 \times 23=(50+27)(50-27)=2500-729=1771$.

②和为 1000 的两整数相乘.

公式推导:设两乘数分别为 $500+a$,$500-a$($a \in \mathbf{N}^*$,a^2 可口算). 则
$(500+a)(500-a)=250000-a^2$.

例　$515 \times 485=(500+15)(500-15)=250000-225=249775$,

$523 \times 477=(500+23)(500-23)=250000-529=249471$.

(6)和为 200 或 2000 的两整数相乘.

①和为 200 的两整数相乘.

公式推导:设两乘数分别为 $100+a$,$100-a$($a \in \mathbf{N}^*$,a^2 可口算). 则
$(100+a)(100-a)=10000-a^2$.

例　$117 \times 83=(100+17)(100-17)=10000-289=9711$,

$124 \times 76=(100+24)(100-24)=10000-576=9424$.

②和为 2000 的两整数相乘.

公式推导:设两乘数分别为 $1000+a$,$1000-a$($a \in \mathbf{N}^*$,a^2 可口算). 则
$(1000+a)(1000-a)=1000000-a^2$.

例　$1025 \times 975=(1000+25)(1000-25)=1000000-625=999375$,

$1018 \times 982=(1000+18)(1000-18)=1000000-324=999676$.

(7)后两位数和为 100,十位前相同的两数相乘.

公式推导:设两乘数分别为 $100a+b$,$100a+c$($a,b,c \in \mathbf{N}^*$,且 $b+c=100$). 则

$(100a+b)(100a+c)=10000a^2+100ab+100ac+bc=10000a^2+100a(b+c)+bc=10000a^2+10000a+bc=10000a(a+1)+bc$.

例　$652 \times 648=420000+(50+2)(50-2)=422496$,

$665 \times 635=420000+(50+15)(50-15)=422275$,

$$868 \times 832 = 720000 + (50+18)(50-18) = 722176,$$

$$791 \times 709 = 560000 + 819 = 560819,$$

$$902 \times 998 = 900000 + 196 = 900196.$$

（8）前两位和为100，个位数相同的两个三位数相乘.

公式推导：设两个乘数分别为 $10a+c, 10b+c (a+b=100, a,b,c \in \mathbf{N}^*, c$ 为 $1,2,3\cdots,9$ 之一）.则

$(10a+c)(10b+c) = 100ab + 10ac + 10bc + c^2 = 100ab + 10(a+b)c + c^2 = 100ab + 1000c + c^2 = 100(ab+10c) + c^2.$

例 $548 \times 468 = 100(54 \times 46 + 10 \times 8) + 8^2 = 100(2500 - 16 + 80) + 64 = 256464,$

$653 \times 353 = 100(65 \times 35 + 10 \times 3) + 3^2 = 230509.$

（9）前两位和为100，后两位相同的两个四位数相乘.

公式推导：设两乘数分别为 $100a+c, 100b+c (a,b,c \in \mathbf{N}^*,$ 且 $a+b=100, c<100)$.则

$(100a+c)(100b+c) = 10000ab + 100ac + 100bc + c^2 = 10000ab + 100(a+b)c + c^2 = 10000ab + 10000c + c^2 = 10000(ab+c) + c^2.$

记忆口诀：千百（位）和为100，十个位一致，相乘加后位，乘万加后积.

例 $5314 \times 4714 = 10000(53 \times 47 + 14) + 14^2 = 10000(2500 - 9 + 14) + 196 = 25050196.$

（10）乘数为25，125，37以及接近100，1000，10000，…的数之乘法.

①乘数为25.

公式推导：设另一乘数为 a，则 $25a = \dfrac{100a}{4}$.

例 $88 \times 25 = \dfrac{100 \times 88}{4} = 2200,$

$42 \times 25 = \dfrac{100 \times 42}{4} = 1050.$

②乘数为125.

公式推导：设另一乘数为 a，则 $125a = \dfrac{1000a}{8}$.

例
$$848 \times 125 = \frac{1000 \times 848}{8} = 106000,$$

$$968 \times 125 = \frac{968000}{8} = 121000.$$

③乘数为 37.

公式推导:设另一乘数为 a,则 $37a = \frac{111a}{3}$.

例 $12386 \times 37 = 458282$

具体操作:
```
        1 2 3 8 6
        1 2 3 8 6
      + 1 2 3 8 6
     ┌─────────────
   3 │ 1 3 7 4 8 4 6
       4 5 8 2 8 2
```

④乘数接近 $100,1000,10000,\cdots$

例 1
$$102 \times 72 = (100 + 2) \times 72 = 7200 + 2 \times 72 = 7344,$$

$$99 \times 83 = (100 - 1) \times 83 = 8300 - 83 = 8217,$$

$$104 \times 85 = (100 + 4) \times 85 = 8500 + 340 = 8840,$$

$$98 \times 75 = (100 - 2) \times 75 = 7500 - 150 = 7350.$$

例 2
$$1004 \times 42 = (1000 + 4) \times 42 = 42000 + 168 = 42168,$$

$$984 \times 17 = (1000 - 16) \times 17 = 17000 - 272 = 16728.$$

4. 除法.

(1)任何数除以 25.

公式推导:设被除数为 a,则 $a \div 25 = a \div \frac{100}{4} = a \cdot \frac{4}{100} = 0.04a$.

例 $124 \div 25 = 124 \times 0.04 = 4.96$.

(2)任何数除以 125.

公式推导:设被除数为 a,则 $a \div 125 = a \div \frac{1000}{8} = a \cdot \frac{8}{1000} = 0.008a$.

例 $3416 \div 125 = 3416 \times 0.008 = 27.328$.

✳ ————————— 速算类练习题 ————————— ✳

为了掌握上述速算方法,做下面的练习题.最后有参考答案.

1. (1)123 + 476 + 877 + 324　　(2)112 + 92 + 98 + 102 + 78 + 120 + 99 + 103

2. (1)1000 − 346　　　　(2)10000 − 283　　　　(3)2000 − 49

(4)474 − 98　　　　(5)689 − 95　　　　(6)4762 − 999

3. (1)16 × 12　　　18 × 15　　　17 × 17　　　17 × 18

12 × 13　　　15 × 16　　　18 × 19　　　19 × 19

(2)24 × 26　　　35 × 35　　　47 × 43　　　51 × 59

68 × 62　　　75 × 75　　　86 × 84　　　99 × 91

124 × 126　　　165 × 165　　　173 × 177　　　135 × 135

（3）996 × 985   983 × 984   1002 × 1018

1016 × 1015   988 × 1012   997 × 1029

（4）21^2 22^2 23^2 24^2 25^2

26^2 27^2 28^2 29^2

83^2 92^2 76^2

（5）53 × 47   68 × 32   78 × 22

（6）116 × 84   123 × 77   103 × 97

（7）653 × 647   875 × 825   903 × 997

（8）*547 × 467   654 × 354

（9）*5216 × 4816   5518 × 4518

(10)448 × 25　　　　168 × 125　　　　　3946 × 37

1008 × 52　　　　998 × 36

4. (1)346 ÷ 25　　　　(2)474 ÷ 125

5. (1)0. 16 × 0. 18　　　(2)35 × 0. 35　　　(3)0. 985 × 996

(4)0. 1012 × 0. 1013　　(5)1. 015 × 9. 86　　(6)0. 48²

(7)0. 53 × 0. 47　　　(8)0. 547 × 0. 467　　(9)52. 16 × 48. 16

(10)888 × 25　　　　(11)208 × 12. 5　　(12)12. 34 × 3. 7

(13)123 ÷ 2. 5　　　(14)208 ÷ 0. 125

第二节 数列求和类

1. 求等差数列的前 n 项和 S_n.

(1)等差数列:如果一个数列从第二项起,每一项与它的前一项的差都等于同一个常数 d,那么这个数列就叫作等差数列. 常数 d 叫作等差数列的公差.

(2)等差数列通项公式的推导:

由等差数列的定义得 $a_{n+1} - a_n = d(d$ 为常数$)$,那么

$a_2 - a_1 = d,$

$a_3 - a_2 = d,$

$\cdots$

$a_{n-1} - a_{n-2} = d,$

$a_n - a_{n-1} = d.$

将上面 $n-1$ 个等式相加得 $a_n - a_1 = (n-1)d, \therefore a_n = a_1 + (n-1)d.$

(3)等差数列前 n 项和公式的推导:

$S_n = a_1 + a_2 + \cdots + a_{n-1} + a_n$ ①

$S_n = a_n + a_{n-1} + \cdots + a_2 + a_1$ ②

①+②得 $2S_n = (a_1 + a_n) + (a_2 + a_{n-1}) + \cdots + (a_{n-1} + a_2) + (a_n + a_1).$

由等差数列的通项公式可得 $a_1 + a_n = a_2 + a_{n-1} = \cdots = a_n + a_1 = 2a_1 + (n-1)d.$

$\therefore 2S_n = n(a_1 + a_n), \therefore S_n = \dfrac{n(a_1 + a_n)}{2}.$

由于 $a_n = a_1 + (n-1)d,$

$\therefore S_n = \dfrac{n[a_1 + a_1 + (n-1)d]}{2} = na_1 + \dfrac{n(n-1)}{2}d.$

即 $S_n = na_1 + \dfrac{n(n-1)}{2}d.$

例1 求前 n 个正整数的和.

解 前 n 个正整数组成一个首项 $a_1 = 1$,公差为 1,通项 $a_n = n$ 的等差数列,则

$$S_n = \frac{n(1+n)}{2} = \frac{n(n+1)}{2}.$$

例2 求前 n 个正奇数的和.

解 前 n 个正奇数组成一个首项为1,公差为2,通项 $a_n = 2n - 1$ 的等差数列,则

$$S_n = \frac{n(1+2n-1)}{2} = \frac{2n^2}{2} = n^2.$$

例3 求数列 $1,4,7,10,13\cdots$ 的前 n 项和.

解 $a_1 = 1, d = 4 - 1 = 3$,

$$\therefore S_n = n \cdot 1 + \frac{n(n-1)}{2} \cdot 3 = \frac{2n + 3n^2 - 3n}{2} = \frac{3n^2 - n}{2}.$$

例4 求 $1 + 2 + 3 + 4 + \cdots + 10000$.

解 $1 + 2 + 3 + 4 + \cdots + 10000 = \dfrac{10000(10000 + 1)}{2} = 50005000.$

2. 求等比数列的前 n 项和 S_n.

(1)等比数列:如果一个数列从第二项起,每一项与它的前一项的比都等于同一个非零常数 q,那么这个数列叫作等比数列. q 叫作这个等比数列的公比.

(2)等比数列通项公式的推导:

由等比数列的定义得 $\dfrac{a_{n+1}}{a_n} = q(q \neq 0)$,那么

$$\frac{a_2}{a_1} = q, \frac{a_3}{a_2} = q, \cdots, \frac{a_{n-1}}{a_{n-2}} = q, \frac{a_n}{a_{n-1}} = q.$$

将上面 $n - 1$ 个等式相乘,得 $\dfrac{a_n}{a_1} = q^{n-1}, \therefore a_n = a_1 q^{n-1}.$

(3)等比数列前 n 项和的推导:

$$S_n = a_1 + a_1 q + a_1 q^2 + \cdots + a_1 q^{n-2} + a_1 q^{n-1} \qquad ①$$

$$\therefore q S_n = a_1 q + a_1 q^2 + \cdots + a_1 q^{n-1} + a_1 q^n \qquad ②$$

①－②得 $(1 - q)S_n = a_1 - a_1 q^n.$

当 $q = 1$ 时, $S_n = na_1$;

当 $q \neq 1$ 时，$S_n = \dfrac{a_1(1-q^n)}{1-q}$，即 $S_n = \begin{cases} na_1, & q=1 \\ \dfrac{a_1(1-q^n)}{1-q}, & q \neq 1 \end{cases}$

又由通项公式 $a_n = a_1 q^{n-1}$，故公式又可写成 $S_n = \begin{cases} na_1, & q=1 \\ \dfrac{a_1 - a_n q}{1-q}, & q \neq 1 \end{cases}$

例1 国际象棋的棋盘上一共有 $8 \times 8 = 64$ 个格子. 关于国际象棋有这样一个传说：国王要奖赏国际象棋的发明者，问他有什么要求，发明者说："请在棋盘的第 1 个格子里放 1 颗麦粒，第 2 个格子里放上 2 颗麦粒，第 3 个格子里放上 4 颗麦粒，第 4 个格子里放上 8 颗麦粒，依次类推，每个格子里放的麦粒数都是前一个格子里放的麦粒数的 2 倍，直到第 64 个格子. 请给我足够的粮食来实现上述要求."国王觉得这并不是很难办的事，就欣然同意了他的要求. 你认为国王有能力满足这位国际象棋发明者的要求吗？为什么？

解 由题意，每个格子里的麦粒数依次组成一个首项为 $a_1 = 1$，公比 $q = 2$ 的等比数列，这 64 个格子里的总麦粒数为

$$S_{64} = 1 + 2 + 2^2 + 2^3 + \cdots + 2^{63} = \frac{1 \cdot (1 - 2^{64})}{1 - 2} = 2^{64} - 1.$$

先估计 2^{64} 是几位数，

$\lg 2^{64} = 64 \lg 2 \approx 64 \times 0.3010 = 19.264.$

$\therefore 2^{64}$ 是一个 20 位数，可见 $2^{64} - 1$ 是一个多么庞大的数. 即使把全世界的麦子都拿来，也满足不了这位国际象棋发明者的要求.

例2 求数列 $1, \dfrac{1}{2}, \dfrac{1}{4}, \dfrac{1}{8}, \cdots, \dfrac{1}{2^{n-1}}, \cdots$ 的前 n 项和.

解 此数列是首项为 1，公比为 $\dfrac{1}{2}$ 的等比数列，

$$\therefore S_n = \frac{1 \cdot \left[1 - \left(\dfrac{1}{2}\right)^n\right]}{1 - \dfrac{1}{2}} = 2\left(1 - \frac{1}{2^n}\right).$$

3. 求其他数列的前 n 项和.

例1 求数列 $1\frac{1}{2},2\frac{1}{4},3\frac{1}{8},4\frac{1}{16},5\frac{1}{32},\cdots$ 的前 n 项和.

解
$$S_n = 1\frac{1}{2} + 2\frac{1}{4} + 3\frac{1}{8} + 4\frac{1}{16} + 5\frac{1}{32} + \cdots + n\frac{1}{2^n}$$

$$= (1 + 2 + 3 + \cdots + n) + \left(\frac{1}{2} + \frac{1}{4} + \frac{1}{8} + \cdots + \frac{1}{2^n}\right)$$

$$= \frac{n(n+1)}{2} + \frac{\frac{1}{2}\left[1 - \left(\frac{1}{2}\right)^n\right]}{1 - \frac{1}{2}} = \frac{n(n+1)}{2} + 1 - \frac{1}{2^n}$$

例2 求数列 $5,55,555,5555,55555,\cdots$ 的前 100 项的和.

解
$$S_{100} = 5 + 55 + 555 + \cdots + \underbrace{55\cdots5}_{100\,\text{个}\,5}$$

$$= \frac{5}{9}\left[(10 - 1) + (10^2 - 1) + (10^3 - 1) + \cdots + (10^{100} - 1)\right]$$

$$= \frac{5}{9}\left[(10 + 10^2 + 10^3 + \cdots + 10^{100}) - 1 \times 100\right]$$

$$= \frac{5}{9}\left[\frac{10(1 - 10^{100})}{1 - 10} - 100\right]$$

$$= \frac{5}{9} \cdot \frac{10(10^{100} - 1) - 900}{9}$$

$$= \frac{5}{9} \cdot \frac{10^{101} - 10 - 900}{9} = \frac{5}{81}(10^{101} - 910).$$

例3 已知数列 $\{a_n\}$ 的通项公式为 $a_n = \dfrac{1}{n(n+1)}$,求此数列的前 n 项和 S_n.

解
$$a_n = \frac{1}{n(n+1)} = \frac{1}{n} - \frac{1}{n+1},$$

$$S_n = \frac{1}{1} - \frac{1}{2} + \frac{1}{2} - \frac{1}{3} + \frac{1}{3} - \frac{1}{4} + \cdots + \frac{1}{n} - \frac{1}{n+1}$$

$$= 1 - \frac{1}{n+1}$$

$$= \frac{n}{n+1}.$$

例4 求数列 $\left\{\frac{1}{4n^2-1}\right\}$ 的前 n 项和.

解 $a_n = \frac{1}{4n^2-1} = \frac{1}{(2n-1)(2n+1)} = \frac{1}{2}\left(\frac{1}{2n-1} - \frac{1}{2n+1}\right),$

$$S_n = \frac{1}{2}\left(\frac{1}{1} - \frac{1}{3} + \frac{1}{3} - \frac{1}{5} + \frac{1}{5} - \frac{1}{7} + \cdots + \frac{1}{2n-1} - \frac{1}{2n+1}\right)$$

$$= \frac{1}{2}\left(1 - \frac{1}{2n+1}\right) = \frac{1}{2} \cdot \frac{2n}{2n+1} = \frac{n}{2n+1}.$$

例5 已知数列 $\{a_n\}$ 的通项公式为 $a_n = (-1)^n(2n-1)$. 求此数列前 100 项的和.

解 $S_{100} = -1 + 3 - 5 + 7 - 9 + 11 - \cdots - 197 + 199$

$$= \underbrace{(-1+3) + (-5+7) + (-9+11) + \cdots + (-197+199)}_{\text{共 50 组}}$$

$$= 2 \times 50 = 100.$$

例6 已知数列的通项公式为 $a_n = n \cdot 2^n$, 求此数列的前 n 项和 S_n.

解 $S_n = 1 \cdot 2 + 2 \cdot 2^2 + 3 \cdot 2^3 + \cdots + (n-1) \cdot 2^{n-1} + n \cdot 2^n$ ①

$\therefore 2S_n = 1 \cdot 2^2 + 2 \cdot 2^3 + 3 \cdot 2^4 + \cdots + (n-1) \cdot 2^n + n \cdot 2^{n+1}$ ②

①－②得：$-S_n = 2 + 2^2 + 2^3 + \cdots + 2^n - n \cdot 2^{n+1}$

$$= \frac{2(1-2^n)}{1-2} - n \cdot 2^{n+1}$$

$$= 2^{n+1} - 2 - n \cdot 2^{n+1}$$

$$= (1-n) \cdot 2^{n+1} - 2.$$

$\therefore S_n = (n-1) \cdot 2^{n+1} + 2.$

例7 已知一等差数列 $\{a_n\}$ 的前 m 项和为 n, 前 n 项和为 $m (m \neq n, m, n \in \mathbf{N}^*)$. 求其前 $m+n$ 项的和.

解 设数列 $\{a_n\}$ 的公差为 d. 由题意得 $\begin{cases} ma_1 + \dfrac{m(m-1)}{2}d = n \\ na_1 + \dfrac{n(n-1)}{2}d = m, \end{cases}$

两式相减得 $(m-n)a_1 + (m^2-m-n^2+n)\cdot\dfrac{d}{2} = n-m$，

$$\Rightarrow (m-n)a_1 + \left[(m+n)(m-n)-(m-n)\right]\cdot\dfrac{d}{2} = -(m-n).$$

$\because m\neq n, \therefore m-n\neq 0.$

$\therefore a_1 + (m+n-1)\cdot\dfrac{d}{2} = -1. \therefore a_1 = -1-(m+n-1)\dfrac{d}{2}.$

$\therefore S_{m+n} = (m+n)\cdot a_1 + \dfrac{(m+n)(m+n-1)}{2}d$

$$= -(m+n)\left[1+(m+n-1)\dfrac{d}{2}\right] + (m+n)(m+n-1)\cdot\dfrac{d}{2}$$

$$= -(m+n).$$

❋————————数列求和类练习题————————❋

1. 求数列 $2,4,6,8,10,\cdots$ 的前 n 项和.

2. 已知数列 $\{a_n\}$ 的通项公式为 $a_n = 3n-2$，求其前 100 项之和 S_{100}.

3. 求数列 $3,9,27,81,243,\cdots$ 的前 100 项的和 S_{100}.

4. 求数列 $7,77,777,7777,77777,\cdots$ 的前 n 项和.

5. 已知数列 $\{a_n\}$ 的通项公式为 $a_n = \dfrac{1}{n(n+2)}$，求其前 n 项和 S_n.

6. 已知数列 $\{a_n\}$ 的通项公式为 $a_n = \dfrac{1}{\sqrt{n+1}+\sqrt{n}}$，求其前 n 项和 S_n.

7. 已知数列 $\{a_n\}$ 的通项公式为 $a_n = (2n-1)\cdot 2^n$. 求其前 10 项和 S_{10}.

8. 已知数列 $\{a_n\}$ 的通项公式为 $a_n = (-1)^n(3n-1)$，求其前 200 项之和.

9. 已知数列的通项公式为 $a_n = |9-2n|$，求其前 n 项和 S_n.

10. 已知数列 $\{a_n\}$ 满足 $a_1 = 1$，$a_{n+1} = 2a_n + 3$. 求数列 $\{a_n\}$ 的前 n 项和.

11. 已知 $\{a_n\}$ 为等差数列，前 n 项和为 $S_n(n \in \mathbf{N}^*)$. $\{b_n\}$ 为等比数列，其首项为 2，且公比 $q>0$，$b_2+b_3=12$，$b_3=a_4-2a_1$，$S_{11}=11b_4$.

（1）求数列 $\{a_n\}$ 和 $\{b_n\}$ 的通项公式；

（2）求数列 $\{a_{2n}b_{2n-1}\}$ 的前 n 项和 T_n.

4. 求幂和.

预备知识:

(1)二项式定理:$(a+b)^n = C_n^0 a^n + C_n^1 a^{n-1}b + C_n^2 a^{n-2}b^2 + \cdots + C_n^r a^{n-r}b^r + \cdots + C_n^n b^n (n \in \mathbf{N}^*)$.

(2)杨辉三角:

$$
\begin{array}{ccccccccccc}
 & & & & & 1 & & 1 & & & & \\
 & & & & 1 & & 2 & & 1 & & & \\
 & & & 1 & & 3 & & 3 & & 1 & & \\
 & & 1 & & 4 & & 6 & & 4 & & 1 & \\
 & 1 & & 5 & & 10 & & 10 & & 5 & & 1 \\
1 & & 6 & & 15 & & 20 & & 15 & & 6 & & 1 \\
\end{array}
$$

1 7 21 35 35 21 7 1

1 8 28 56 70 56 28 8 1

1 9 36 84 126 126 84 36 9 1

1 10 45 120 210 252 210 120 45 10 1

......

规律:除去两边的"1"外,其余数都等于它"两肩"上的数之和.

(3)由杨辉三角可得:

$(n+1)^2 = n^2 + 2n + 1$

$(n+1)^3 = n^3 + 3n^2 + 3n + 1$

$(n+1)^4 = n^4 + 4n^3 + 6n^2 + 4n + 1$

$(n+1)^5 = n^5 + 5n^4 + 10n^3 + 10n^2 + 5n + 1$

$(n+1)^6 = n^6 + 6n^5 + 15n^4 + 20n^3 + 15n^2 + 6n + 1$

$(n+1)^7 = n^7 + 7n^6 + 21n^5 + 35n^4 + 35n^3 + 21n^2 + 7n + 1$

......

(4)$1 + 2 + 3 + \cdots + n = \dfrac{n(n+1)}{2}$.

例1 求 $1^2 + 2^2 + 3^2 + \cdots + n^2$.

解 $(n+1)^3 - n^3 = 3n^2 + 3n + 1$,

$$n^3 - (n-1)^3 = 3(n-1)^2 + 3(n-1) + 1,$$

$$\cdots$$

$$3^3 - 2^3 = 3 \cdot 2^2 + 3 \cdot 2 + 1,$$

$$2^3 - 1^3 = 3 \cdot 1^2 + 3 \cdot 1 + 1.$$

将上面 n 个等式相加,得

$$(n+1)^3 - 1^3 = 3(1^2 + 2^2 + \cdots + n^2) + 3(1 + 2 + \cdots + n) + n.$$

设 $1^2 + 2^2 + 3^2 + \cdots + n^2 = x$,则

$$n^3 + 3n^2 + 3n = 3x + \frac{3n(n+1)}{2} + n.$$

解得 $x = \frac{1}{6}n(n+1)(2n+1)$

即 $1^2 + 2^2 + 3^2 + \cdots + n^2 = \frac{1}{6}n(n+1)(2n+1).$

例2 求 $1^3 + 2^3 + 3^3 + \cdots + n^3$.

解 $(n+1)^4 - n^4 = 4n^3 + 6n^2 + 4n + 1.$

$$\therefore n^4 - (n-1)^4 = 4(n-1)^3 + 6(n-1)^2 + 4(n-1) + 1;$$

$$\cdots$$

$$3^4 - 2^4 = 4 \cdot 2^3 + 6 \cdot 2^2 + 4 \cdot 2 + 1;$$

$$2^4 - 1^4 = 4 \cdot 1^3 + 6 \cdot 1^2 + 4 \cdot 1 + 1.$$

将上面 n 个等式相加得 $(n+1)^4 - 1^4 = 4(1^3 + 2^3 + 3^3 + \cdots + n^3) + 6(1^2 + 2^2 + \cdots + n^2) + 4(1 + 2 + \cdots + n) + n.$

令 $1^3 + 2^3 + 3^3 + \cdots + n^3 = x$,得

$$n^4 + 4n^3 + 6n^2 + 4n = 4x + n(n+1)(2n+1) + 2n(n+1) + n.$$

解得 $x = \frac{1}{4}n^2(n+1)^2.$

即 $1^3 + 2^3 + 3^3 + \cdots + n^3 = \frac{1}{4}n^2(n+1)^2.$

用类似方法可得:

$$1^4 + 2^4 + 3^4 + \cdots + n^4 = \frac{1}{30}n(n+1)(2n+1)(3n^2 + 3n - 1);$$

$$1^5 + 2^5 + 3^5 + \cdots + n^5 = \frac{1}{12}n^2(n+1)^2(2n^2+2n-1);$$

$$1^6 + 2^6 + 3^6 + \cdots + n^6 = \frac{1}{42}n(n+1)(2n+1)(3n^4+6n^3-3n+1);$$

$$1^7 + 2^7 + 3^7 + \cdots + n^7 = \frac{1}{24}n^2(n+1)^2(3n^4+6n^3-n^2-4n+2);$$

$$1^8 + 2^8 + 3^8 + \cdots + n^8 = \frac{1}{90}n(n+1)(2n+1)(5n^6+15n^5+5n^4-15n^3-n^2+9n-3);$$

$$1^9 + 2^9 + 3^9 + \cdots + n^9 = \frac{1}{20}n^2(n+1)^2(2n^6+6n^5+n^4-8n^3+n^2+6n-3);$$

$$1^{10} + 2^{10} + 3^{10} + \cdots + n^{10} = \frac{1}{66}n(n+1)(2n+1)(3n^8+12n^7+8n^6-18n^5-10n^4+24n^3+2n^2-15n+5).$$

第三节 整除类

1. 为什么个位数是 $0,2,4,6,8$ 的两位及两位以上的正整数能被 2 整除？

证明 设此正整数为 $10a+b(a\in\mathbf{N}^*,b$ 为 $0,2,4,6,8$ 五个数字之一)

由已知，b 能被 2 整除，又 $10a(a\in\mathbf{N}^*)$ 能被 2 整除.

∴ 二者之和 $10a+b$ 能被 2 整除.

2. 为什么末两位数能被 4 整除的三位及三位以上的正整数能被 4 整除？

证明 设此正整数为 $100a+b(a\in\mathbf{N}^*,b$ 是能被 4 整除的个位数或两位数).

由已知，b 能被 4 整除，又 $100a(a\in\mathbf{N}^*)$ 能被 4 整除.

∴ 二者之和 $100a+b$ 能被 4 整除.

3. 为什么个位数是 0 或 5 的两位或两位以上的正整数能被 5 整除？（证法与 $1,2$ 类似）

4. 为什么末两位数为 $00,25,50,75$ 的三位及三位以上的正整数能被 25 整除？（证法与 $1,2$ 类似）

5. 为什么各位数字之和能被 9 整除的正整数能被 9 整除？

证明 设此正整数为 $a_n\cdot 10^n+a_{n-1}\cdot 10^{n-1}+\cdots+a_1\cdot 10+a_0$.

由已知 $a_n+a_{n-1}+\cdots+a_1+a_0$ 能被 9 整除.

其中，$a_n,a_{n-1},\cdots a_1,a_0\in\{0,1,2,\cdots 9\}$，且 $a_n\neq 0$. 则

$a_n\cdot 10^n+a_{n-1}\cdot 10^{n-1}+\cdots+a_1\cdot 10+a_0-(a_n+a_{n-1}+\cdots+a_1+a_0)$

⋯⋯⋯⋯⋯⋯⋯⋯⋯⋯⋯⋯⋯⋯⋯⋯⋯⋯⋯⋯⋯⋯⋯⋯ ①

$=a_n(10^n-1)+a_{n-1}(10^{n-1}-1)+\cdots+a_1(10-1)$

$=\underbrace{99\cdots 9}_{n\text{个}9}a_n+\underbrace{99\cdots 9}_{(n-1)\text{个}9}a_{n-1}+\cdots+9a_1$ ⋯⋯⋯⋯⋯⋯ ②

∵ ②式各项均能被 9 整除，∴ ②式能被 9 整除，∴ ①式能被 9 整除.

又由已知 $a_n+a_{n-1}+\cdots+a_1+a_0$ 能被 9 整除，

∴ $a_n\cdot 10^n+a_{n-1}\cdot 10^{n-1}+\cdots+a_1\cdot 10+a_0$ 能被 9 整除.

注： 用类似的方法也可以证明各位数字之和能被 3 整除的正整数能被 3 整除.

6. 为什么一个奇位数字之和与偶位数字之和的差能被 11 整除（包括差为 0）的正整数能被 11 整除？

证明 分两种情况：

(1) 设此正整数为偶位数 $M = a_{2n-1} \cdot 10^{2n-1} + a_{2n-2} \cdot 10^{2n-2} + \cdots + a_1 \cdot 10 + a_0$（$a_{2n-1}, a_{2n-2}, \cdots, a_1, a_0 \in \{0,1,2,\cdots 9\}$ 且 $a_{2n-1} \neq 0$）.

由已知 $(a_{2n-1} + a_{2n-3} + \cdots + a_1) - (a_{2n-2} + a_{2n-4} + \cdots + a_0) = 11m$ $(m \in \mathbf{Z})$.

$\therefore M + (a_{2n-1} + a_{2n-3} + \cdots + a_1) - (a_{2n-2} + a_{2n-4} + \cdots + a_0)$ ······ ③

$= [a_{2n-1}(10^{2n-1} + 1) + a_{2n-3}(10^{2n-3} + 1) + \cdots + a_3(10^3 + 1) + a_1(10 + 1)] + [a_{2n-2}(10^{2n-2} - 1) + a_{2n-4}(10^{2n-4} - 1) + \cdots + a_2(10^2 - 1)]$ ················ ④

下面证明 $10^{2n-1} + 1$ 与 $10^{2n-2} - 1$ 均能被 11 整除.

$\because (10^{2n-1} + 1) \div (10 + 1) = 10^{2n-2} - 10^{2n-3} + 10^{2n-4} - 10^{2n-5} + \cdots + 10^2 - 10 + 1$,

$\therefore 10^{2n-1} + 1$ 能被 11 整除.

$\because 10^{2n-2} - 1 = \underbrace{100\cdots0}_{2n-2 \text{个} 0} - 1 = \underbrace{99\cdots99}_{2n-2 \text{个} 9} = 11 \times \underbrace{909090\cdots909}_{n-1 \text{个} 9, n-2 \text{个} 0}$ 能被 11 整除, $\therefore$ ④式能被 11 整除, $\therefore$ ③式能被 11 整除.

由已知 $(a_{2n-1} + a_{2n-3} + \cdots + a_1) - (a_{2n-2} + a_{2n-4} + \cdots + a_0) = 11m$ $(m \in \mathbf{Z})$,

$\therefore M$ 能被 11 整除.

(2) 设此正整数为奇位数 $N = b_{2n} \cdot 10^{2n} + b_{2n-1} \cdot 10^{2n-1} + \cdots + b_1 \cdot 10 + b_0$.

由已知 $(b_{2n} + b_{2n-2} + \cdots + b_2 + b_0) - (b_{2n-1} + b_{2n-3} + \cdots + b_3 + b_1) = 11k$, ········· ①

其中, $k \in \mathbf{Z}$, $b_{2n}, b_{2n-1}, \cdots b_1, b_0 \in \{0,1,2,\cdots 9\}$ 且 $b_{2n} \neq 0$.

$N - (b_{2n} + b_{2n-2} + \cdots + b_2 + b_0) + (b_{2n-1} + b_{2n-3} + \cdots + b_3 + b_1)$ ···

················ ②

$= [b_{2n}(10^{2n} - 1) + b_{2n-2}(10^{2n-2} - 1) + \cdots + b_2(10^2 - 1)] +$

$[b_{2n-1}(10^{2n-1}+1)+b_{2n-3}(10^{2n-3}+1)+\cdots+b_3(10^3+1)+b_1(10+1)]$ $\cdots\cdots\cdots\cdots\cdots\cdots\cdots\cdots\cdots\cdots\cdots\cdots\cdots\cdots\cdots\cdots\cdots\cdots$ ③

由(1)知 $10^{2n-2}-1$ 能被 11 整除,$\therefore 10^{2n}-1$ 能被 11 整除.

另由(1)$10^{2n-1}+1$ 能被 11 整除,$\therefore$ ③式能被 11 整除.

$\therefore$ ②式能被 11 整除. 又由①及②得 N 能被 11 整除.

综上所述,原命题成立.

※ ——————整除类练习题—————— ※

1. 将下列分数约分.

(1) $\dfrac{36}{48}$ (2) $\dfrac{35}{125}$ (3) $\dfrac{36}{123}$ (4) $\dfrac{22}{143}$ (5) $\dfrac{33}{891}$

2. 计算下列组合数的值.

(1) C_5^3 (2) C_8^4 (3) C_{10}^3 (4) C_{12}^4 (5) C_{11}^7

3. 为加强环境保护,治理空气污染,环境监测部门对某市空气质量进行调研,对 100 天空气中的 $PM_{2.5}$ 和 SO_2 浓度(单位 $\mu g/m^3$)进行统计,得到下面的 2×2 列联表.

SO₂ ＼ PM₂.₅	$[0,150]$	$(150,475]$	合计
$[0,75]$	64	16	80
$(75,115]$	10	10	20
合计	74	26	100

(第3题)

根据上面的 2×2 列联表,判断是否有 99% 的把握认为该市一天空气中 PM$_{2.5}$ 浓度与 SO$_2$ 浓度有关?

附:$K^2 = \dfrac{n(ad-bc)^2}{(a+b)(c+d)(a+c)(b+d)}$.

$P(K^2 \geqslant K)$	0.050	0.010	0.001
K	3.841	6.635	10.828

第 四 节　余 数 类

　　若已知一个正整数 M 分别除以三个质数所得的余数,就可以求出这个正整数 M,这是为什么呢?

1. 已知正整数 M 分别除以 $3,5,7$ 所得的余数依次为 a,b,c,求 M.

解　由已知得
$$\begin{cases} M=3m+a & ① \\ M=5n+b & ② \\ M=7k+c & ③ \end{cases} \quad (m,n,k\in\mathbf{N}^*,a,b,c\ 分别是小于\ 3,$$

$5,7$ 的自然数).

　　$3,5,7$ 的最小公倍数是 105,若①②③式分别乘以适当的数,可以使 m,n,k 的系数为 105 的倍数,同时使①②③所乘数之和为 105 的倍数加 1,问题便可得到解决.若①②③式分别乘以 $35,21,15$,则 $35+21+15=71$.但 $(105+1)-71=35$.即所乘数还缺少 35.因此只要把①式乘以 70,②③式分别乘以 $21,15$,问题便可得到解决.

　　由 $①\cdot70+②\cdot21+③\cdot15$ 可得

　　$106M=105(2m+n+k)+70a+21b+15c.$

　　$\therefore M=105(2m+n+k-M)+70a+21b+15c=70a+21b+15c-105(M-2m-n-K).$

　　$\because M,m,n,k\in\mathbf{N}^*,\therefore M-2m-n-k\in\mathbf{Z}.$

　　令 $h=M-2m-n-k,$

　　则 $M=70a+21b+15c-105h(h\in\mathbf{Z},M\in\mathbf{N}^*).$

　　这是一个古代问题,原答案用一首诗给出:"三人同行七十稀,五树梅花廿一枝,七子团圆整半月,除百零五便得知."可见最后一句"除"字的意思为除去、减去.应当说这个答案是不完整的,当 h 取零和负整数时也是问题的解,这些解组成一个公差为 105 的等差数列.

例　一正整数分别除以 $3,5,7$ 所得余数依次为 $1,2,3$,求此正整数.

解　设此正整数为 M,由上面的公式得:

$M = 70 \times 1 + 21 \times 2 + 15 \times 3 - 105h = 70 + 42 + 45 - 105h = 157 - 105h(h \in \mathbf{Z})$. 依次取 $h = 1, 0, -1, -2, \cdots$ 得

$M = 52, 157, 262, 367, \cdots$

M 为一个首项为 52, 公差为 105 的等差数列.

其通项公式为 $a_n = 105n - 53(n \in \mathbf{N}^*)$.

2. 若一正整数 M 分别除以 3, 5, 11, 所得的余数依次为 a, b, c, 求 M.

解 由已知得 $\begin{cases} M = 3m + a & ① \\ M = 5n + b & ② \\ M = 11k + c & ③ \end{cases}$ ($m, n, k \in \mathbf{N}^*, a, b, c$ 分别为小于

3, 5, 11 的自然数)

由 ① · 55, ② · 33, ③ · 15 可得

$\begin{cases} 55M = 165m + 55a & ④ \\ 33M = 165n + 33b & ⑤ \\ 15M = 165k + 15c & ⑥ \end{cases}$

若存在适当的 x, y, z, 使得 ④ · x + ⑤ · y + ⑥ · z = $166M$ ($x, y, z \in$ **N***), 问题便可得到解决.

165 能被 15 整除, ⑥式中的 15 也能被 15 整除. 因此 $55x + 33y$ 必须是 15 的倍数加 1. 这样⑤式中 M 的系数的个位数必须是 6 或 1, 故只需将⑤式乘以 2 或 7 试之.

$166 - (55 - 33 \times 2) = 45$. 因此⑥式乘以 3.

④ + ⑤ · 2 + ⑥ · 3 得

$166M = 165(m + 2n + 3k) + 55a + 66b + 45c$,

∴ $M = 165(m + 2n + 3k - M) + 55a + 66b + 45c$.

令 $m + 2n + 3k - M = h(h \in \mathbf{Z})$, 得

$M = 55a + 66b + 45c + 165h(M \in \mathbf{N}^*, h \in \mathbf{Z})$.

例 正整数 M 分别除以 3, 5, 11 所得余数依次为 1, 2, 8, 求 M.

解 由所得公式知 $M = 55 \times 1 + 66 \times 2 + 45 \times 8 + 165h$

$= 55 + 132 + 360 + 165h$

$= 547 + 165h(h \in \mathbf{Z})$

依次取 $h = -3, -2, -1, 0, 1, \cdots$ 得

$M = 52, 217, 382, 547, 712, \cdots$

组成一个首项为 52,公差为 165 的等差数列,其通项公式为 $a_n = 165n - 113 \,(n \in \mathbf{N}^*)$.

3. 若正整数 M 分别除以 11,13,17 所得余数依次为 a, b, c,求 M.

解 由已知得 $\begin{cases} M = 11m + a & ① \\ M = 13n + b & ② \\ M = 17k + c & ③ \end{cases}$ ($m, n, k \in \mathbf{N}^*, a, b, c$ 分别为小于

11,13,17 的自然数)

11,13,17 的最小公倍数是 2431.

① $\cdot$ 221 + ② $\cdot$ 187 + ③ $\cdot$ 143 得

$\begin{cases} 221M = 221 \times 11m + 221a & ④ \\ 187M = 187 \times 13n + 187b & ⑤ \\ 143M = 143 \times 17k + 143c & ⑥ \end{cases}$

若存在适当的 $x, y, z \in \mathbf{N}^*$,使得 ④ $\cdot x$ + ⑤ $\cdot y$ + ⑥ $\cdot z$ = $(2431 + 1)M = 2432M$,问题便可解决.

2431 能被 11 整除,143,187 也能被 11 整除,因此要求 ④ 式中 M 的系数首先必须是 11 的倍数加 1. 而 221 恰好符合此条件,用 221 与 187 的倍数相加,从 4863 $(4863 = 2431 \times 2 + 1)$ 减去此和所得的差能被 143 整除即可,通过多次试验可得:

④ + ⑤ $\times 8$ + ⑥ $\times 22$ 得

$4863M = 2431(m + 8n + 22k) + 221a + 1496b + 3146c.$

$\therefore M = 2431(m + 8n + 22k - 2M) + 221a + 1496b + 3146c.$

令 $m + 8n + 22k - 2M = h \,(h \in \mathbf{Z})$,得

$M = 221a + 1496b + 3146c + 2431h \,(M \in \mathbf{N}^*, h \in \mathbf{Z}).$

例 正整数 M 分别除以 11,13,17 所得余数依次为 1,9,15,求 M.

解 由所得公式得 $M = 221 \times 1 + 1496 \times 9 + 3146 \times 15 + 2431h = 221 + 13464 + 47190 + 2431h = 60875 + 2431h \,(h \in \mathbf{Z}).$

依次取 $h = -25, -24, -23, -22, -21, \cdots$ 得

$M = 100,2531,4962,7393,9824,\cdots$

组成一个首项为 100，公差为 2431 的等差数列，其通项公式为

$a_n = 2431n - 2331(n \in \mathbf{N}^*)$.

4. 若正整数 M 分别除以 $13,17,19$ 所得的余数依次为 a,b,c，求 M.

解 由题意得 $\begin{cases} M = 13m + a & ① \\ M = 17n + b & ② \\ M = 19k + c & ③ \end{cases}$ $(m,n,k \in \mathbf{N}^*, a,b,c$ 分别为小于

$13,17,19$ 的自然数)

$13,17,19$ 的最小公倍数为 4199.

$\therefore \begin{cases} 323M = 4199m + 323a & ④ \\ 247M = 4199n + 247b & ⑤ \\ 221M = 4199k + 221c & ⑥ \end{cases}$

若存在 $x,y,z \in \mathbf{N}^*$，使得 ④ $\cdot x +$ ⑤ $\cdot y +$ ⑥ $\cdot z = (4199 + 1)M = 4200M$，问题便可得到解决，为此列表.

$323 \times 1 = 323$	$247 \times 1 = 247$	$221 \times 1 = 221$
$323 \times 2 = 646$	$247 \times 2 = 494$	$221 \times 2 = 442$
$323 \times 3 = 969$	$247 \times 3 = 741$	$221 \times 3 = 663$
$323 \times 4 = 1292$	$247 \times 4 = 988$	$221 \times 4 = 884$
$323 \times 5 = 1615$	$247 \times 5 = 1235$	$221 \times 5 = 1105$
$323 \times 6 = 1938$	$247 \times 6 = 1482$	$221 \times 6 = 1326$
$323 \times 7 = 2461$	$247 \times 7 = 1729$	$221 \times 7 = 1547$
$323 \times 8 = 2584$	$247 \times 8 = 1976$	$221 \times 8 = 1768$
$323 \times 9 = 2907$	$247 \times 9 = 2223$	$221 \times 9 = 1989$

第一组取 $323,646,\cdots,1615$ 与第二、第三组搭配，均不行，直到第一组取 1938，第二组取 494，第三组取 1768 才成功，于是

④ $\cdot 6 +$ ⑤ $\cdot 2 +$ ⑥ $\cdot 8$，得

$4200M = 4199(6m + 2n + 8k) + 1938a + 494b + 1768c$.

$\therefore M = 4199(6m + 2n + 8k - M) + 1938a + 494b + 1768c$.

令 $6m + 2n + 8k - M = h(h \in \mathbf{Z})$ 得

$$M = 1938a + 494b + 1768c + 4199h(h \in \mathbf{Z}).$$

例 正整数 M 分别除以 $13,17,19$ 所得余数依次为 $10,16,6$,求 M.

解 由所得公式得

$$M = 1938 \times 10 + 494 \times 16 + 1768 \times 6 + 4199h$$

$$= 19380 + 7904 + 10608 + 4199h$$

$$= 37892 + 4199h(h \in \mathbf{Z}).$$

依次取 $h = -9, -8, -7, -6, -5, \cdots$,得

$M = 101,4300,8499,12698,16897,\cdots$组成一个首项为 101,公差为 4199 的等差数列,其公式为 $a_n = 4199n - 4098(n \in \mathbf{N}^*)$.

随着除数的增大,这类问题的运算量显然也增大,不过,再复杂的问题,通过不懈的努力,总可以解决.

为了节约读者的宝贵时间,下面给出这方面问题的一些数据,以供参考.

除数	公式	除数	公式
2,3,5	$M = 15a + 10b + 6c - 30h$	3,7,19	$M = 133a + 57b + 210c - 399h$
2,3,7	$M = 21a + 280b + 120c - 42h$	3,7,29	$M = 406a + 435b + 378c - 1218h$
2,3,11	$M = 33a + 22b + 12c - 66h$	3,7,31	$M = 651a + 155b + 280c - 1085h$
3,5,7	$M = 70a + 21b + 15c - 105h$	5,7,11	$M = 231a + 330b + 210c - 385h$
3,5,11	$M = 55a + 66b + 210c - 165h$	5,7,13	$M = 91a + 260b + 105c - 455h$
3,5,13	$M = 130a + 156b + 105c - 195h$	5,7,17	$M = 476a + 85b + 35c - 595h$
3,5,19	$M = 190a + 171b + 210c - 285h$	5,7,19	$M = 266a + 190b + 210c - 665h$
3,5,23	$M = 115a + 276b + 300c - 345h$	5,7,29	$M = 406a + 435b + 175c - 1015h$
3,5,29	$M = 145a + 261b + 30c - 435h$	5,7,31	$M = 651a + 155b + 280c - 1085h$
2,5,7	$M = 35a + 126b + 50c - 70h$	7,11,13	$M = 715a + 364b + 924c - 1001h$
2,5,11	$M = 55a + 66b + 100c - 110h$	11,13,17	$M = 221a + 1496b + 3146c - 2431h$
3,7,11	$M = 154a + 99b + 210c - 231h$	13,17,19	$M = 1938a + 494b + 1768c - 4199h$
3,7,13	$M = 91a + 78b + 105c - 273h$	17,19,23	$M = 4370a + 2737b + 323c - 7429h$
3,7,17	$M = 238a + 204b + 273c - 357h$	41,43,47	$M = 48504a + 30832b + 3526c - 82861h$

✽————— 余数类练习题 —————✽

1. (1) 正整数 M 分别除以 $2,3,5$ 所得余数分别为 $1,2,3$，求 M 的等差数列通项公式.

(2) 正整数 M 分别除以 $2,3,7$ 所得余数分别为 $1,2,3$，求 M 的等差数列通项公式.

(3) 正整数 M 分别除以 $2,3,11$ 所得余数分别为 $1,2,3$，求 M 的等差数列通项公式.

(4) 正整数 M 分别除以 $3,5,7$ 所得余数分别为 $1,2,3$，求 M 的等差数列通项公式.

2. (1) 正整数 M 分别除以 $3,5,11$ 所得余数分别为 $1,2,3$，求 M 的最小正整数解.

(2) 正整数 M 分别除以 $3,5,13$ 所得余数分别为 $1,2,3$，求 M 的最小正整数解.

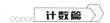

（3）正整数 M 分别除以 $3,5,19$ 所得余数分别为 $1,2,3$，求 M 的最小正整数解.

（4）正整数 M 分别除以 $3,7,11$ 所得余数分别为 $1,2,3$，求 M 的最小正整数解.

3.（1）正整数 M 分别除以 $5,7,11$ 所得余数分别为 $1,2,3$，求 M 的等差数列通项公式.

（2）正整数 M 分别除以 $5,7,13$ 所得余数分别为 $1,2,3$，求 M 的等差数列通项公式.

（3）正整数 M 分别除以 $5,7,17$ 所得余数分别为 $1,2,3$，求 M 的等差数列通项公式.

（4）正整数 M 分别除以 $5,7,19$ 所得余数分别为 $1,2,3$，求 M 的等差数列通项公式.

4. 正整数 M 分别除以 $2,7,11$ 所得余数分别为 a,b,c，求 M.

第五节 其他类

1. 为什么有的双重二次根式可以化成单重二次根式,有的化不成单重二次根式?

公式推导:设 a,b 为正有理数,且 $a^2-b \geqslant 0$,则

$$a+\sqrt{b} = \left(\frac{a+\sqrt{a^2-b}}{2} + \frac{a-\sqrt{a^2-b}}{2} \right) + 2 \cdot \sqrt{\frac{a+\sqrt{a^2-b}}{2}} \cdot \sqrt{\frac{a-\sqrt{a^2-b}}{2}}$$

$$= \left(\sqrt{\frac{a+\sqrt{a^2-b}}{2}} + \sqrt{\frac{a-\sqrt{a^2-b}}{2}} \right)^2.$$

$$\therefore \sqrt{a+\sqrt{b}} = \sqrt{\frac{a+\sqrt{a^2-b}}{2}} + \sqrt{\frac{a-\sqrt{a^2-b}}{2}}.$$

$\therefore$ 当 a^2-b 是完全平方数时,形如 $\sqrt{a+\sqrt{b}}$(a,b 是正有理数)的双重二次根式可化为单重二次根式;反之,当 a^2-b 不是完全平方数时,就化不成单重二次根式.

同理可证: $\sqrt{a-\sqrt{b}} = \sqrt{\frac{a+\sqrt{a^2-b}}{2}} - \sqrt{\frac{a-\sqrt{a^2-b}}{2}}$($a,b$ 是正有理数,$a^2-b \geqslant 0$)也有与上面相同的结论.

例 化简下面的根式.

(1) $\sqrt{5+2\sqrt{6}}$ (2) $\sqrt{7-4\sqrt{3}}$ (3) $\sqrt{10+2\sqrt{21}}$

(4) $\sqrt{\dfrac{3}{5} - \sqrt{\dfrac{8}{25}}}$

解 (1) $a=5,b=24,a^2-b=1.$

$$\therefore \sqrt{5+2\sqrt{6}} = \sqrt{\frac{5+1}{2}} + \sqrt{\frac{5-1}{2}} = \sqrt{3} + \sqrt{2}.$$

(2) $a=7,b=48,a^2-b=1.$

$$\therefore \sqrt{7-4\sqrt{3}} = \sqrt{\frac{7+1}{2}} - \sqrt{\frac{7-1}{2}} = 2 - \sqrt{3}.$$

(3) $a=10, b=84, a^2-b=16$.

$$\therefore \sqrt{10+2\sqrt{21}}=\sqrt{\frac{10+4}{2}}+\sqrt{\frac{10-4}{2}}=\sqrt{7}+\sqrt{3}.$$

(4) $a=\dfrac{3}{5}, b=\dfrac{8}{25}, a^2-b=\dfrac{1}{25}$.

$$\therefore \sqrt{\frac{3}{5}-\sqrt{\frac{8}{25}}}=\sqrt{\frac{\frac{3}{5}+\frac{1}{5}}{2}}-\sqrt{\frac{\frac{3}{5}-\frac{1}{5}}{2}}=\sqrt{\frac{2}{5}}-\sqrt{\frac{1}{5}}=\frac{\sqrt{10}}{5}-\frac{\sqrt{5}}{5}=$$
$$\frac{1}{5}\left(\sqrt{10}-\sqrt{5}\right)$$

2. 为什么可以不用计算器而用类似除法的竖式开平方？为什么开平方时要两位一节，奇位数时要把首位单独作为一节？为什么"商"第二位时要把前面的"商"的数乘以 2？下面回答上述问题．

开平方是平方运算的逆运算，为此先研究正整数平方的幂的位数规律．

一位数的平方：1，2，3 的平方结果都是一位数，4～9 的平方结果是两位数．

两位数的平方：10～31 的平方都是三位数，32～99 的平方是四位数．

三位数的平方：100～316 的平方都是五位数，317～999 的平方都是六位数．

…………

由此可见，即使是相同位数的数的平方，其位数也不相同．有时可能相差一位数，但是，反过来，1～99 的算术平方根的整数部分是一位数，100～9999 的算术平方根的整数部分一定是两位数，10000～999999 的算术平方根的整数部分一定是三位数……因此，在开平方时，应该以小数点为界，往左每两位为一节，若整数部分是奇位数，其首节只能是 1 个数；从小数点往右，也是每两位为一节（空缺的地方用 0 顶位，因为小数点有效数字后面加多少个 0，原数的大小不变）．

平方根的首位由第一节确定，与除法的道理相似，也应以最大化为准．若为 0，小数点前只能"商"0；若为 3，只能"商"1；若为 8，只能"商"2；若为 9，则"商"3；若为 15，"商"3，若为 24，"商"4；……若为 99，则"商"9．

如果第一节恰好是一个完全平方数,其与"商"数的平方之差为 0;如果第一节不是完全平方数,上述之差大于 0. 由公式 $(10a + b)^2 = 100a^2 + 20ab + b^2$ 知,假设首位"商"的是数 a,第二位"商"的是数 b,从整体而言,减去的应是 $a^2 + 2ab + b^2$,为达此目的还应减去 $20ab + b^2$,即减去 $(20a + b)b$,以后第三位"商"数是 c,也应从整体考虑,仿此计算. 要特别注意的是,平方根的小数点要与被开平方数的小数点对齐,下面举例说明.

例1 求 $\sqrt{2}$ 的近似值(精确到 0.0001).

解

```
              1. 4  1  4  2  1
          √ 2.00'00'00'00'00
              -1
      24 | 1.00
           -96
       281 |  400
            -281
      2824 | 11900
           -11296
             60400
    28282 |-56564
            383600
   282841 |-282841
               759
```

$\therefore \sqrt{2} \approx 1.4142.$

例2 求 $\sqrt{10}$ 的近似值(精确到 0.01).

解

```
            3. 1  6  2
        √ 10.00'00'00
          -9
     61 | 1.00
         -61
          3900
    626 | 3756
         14400
   6322 |-12644
          1756
```

$\therefore \sqrt{10} \approx 3.16.$

例3 求 $\sqrt{384621}$ 的近似值(精确到0.1).

解

```
          6 2 0 . 1 6
      √ 38'46'21.00'00
        -36
122 |   246
    |  -244
12401 | 200 00
      |-124 01
124026 | 75 9900
       |-74 4156
         1 5744
```

$\therefore \sqrt{384621} \approx 620.2.$

例4 求 $\sqrt{0.02986}$ 的近似值(精确到0.01).

解

```
        0 . 1 7 2
    √ 0.02'98'60
       -1
27 |  198
   | -189
342 | 960
    |-684
      276
```

$\therefore \sqrt{0.02986} \approx 0.17.$

以上四例回答了提出的第一个问题.

3. 为什么可以用"组合"法求 n 元一次方程正整数解的组数?

例1 方程 $x+y+z=12$ 有多少组正整数解?

解 把12看成是12个1用11个加号连接而成,即 $1+1+1+1+1+1+1+1+1+1+1+1$.用两个挡板分别插在任意的两个加号处,每一种插法把12个1分成3部分,这3部分的和分别对应 x,y,z.这样,每一种插法就对应方程的一组正整数解,故原方程解的组数为 $C_{11}^2 = \dfrac{11 \times 10}{2 \times 1} = 55.$

例2 方程 $x_1 + x_2 + x_3 + \cdots + x_n = m (m \geq n \geq 2, m,n \in \mathbf{N})$ 有多少组正整数解?

解 仿照例1的解法,此方程解的组数为

$$C_{m-1}^{n-1} = \frac{A_{m-1}^{n-1}}{(n-1)!} = \frac{(m-1)(m-2)\cdots(m-n+1)}{(n-1)!}.$$

注:$(n-1)! = (n-1)(n-2)\cdots 3 \cdot 2 \cdot 1$

4. 为什么 n 元一次不完全方程组(方程的个数小于 n)的解是无穷组,但它的正整数解的组数却是有限的呢? 怎样求这样的方程组的正整数解呢?

例1 (中国古代民间数学问题)叉耙二十五,一百零八股,问有几杆二股叉,几杆三股叉,几张八齿耙?

解 设二股叉、三股叉分别有 x,y 杆,z 张耙子.

由题意得 $\begin{cases} x+y+z=25 & ① \\ 2x+3y+8z=108 & ② \end{cases}$

由①得 $z = 25-x-y$ ③

将③代入②得

$$2x+3y+8(25-x-y)=108$$
$$6x+5y=92$$
$$y = \frac{92-6x}{5}.$$

要使 y 是正整数,$6x$ 的个位数必须是2,故 x 的个位数必是2或7.

$$\therefore \begin{cases} x=2 \\ y=16 \\ z=7 \end{cases} 或 \begin{cases} x=7 \\ y=10 \\ z=8 \end{cases} 或 \begin{cases} x=12 \\ y=4 \\ z=9 \end{cases} \qquad 答(略)$$

例2 蛤蟆、蟹子、豆虫整十七,数腿恰好一百一,问蛤蟆、蟹子、豆虫各几只?(蛤蟆4条腿,蟹子按8条腿计算,豆虫14条腿)

解 由题意得 $\begin{cases} x+y+z=17 \\ 4x+8y+14z=110 \end{cases}$ 化为 $\begin{cases} x+y+z=17 & ① \\ 2x+4y+7z=55 & ② \end{cases}$

由①得 $z = 17-x-y$ ③

将③代入②得 $2x+4y+7(17-x-y)=55$,化为 $5x+3y=64$.

$\therefore x = \frac{64-3y}{5}$. 要使 x 是正整数,$3y$ 的个位数必须是4或9.

$$\therefore \begin{cases} x=11 \\ y=3 \\ z=3 \end{cases} \text{或} \begin{cases} x=11 \\ y=8 \\ z=1 \end{cases} \qquad 答(略)$$

例3 有二、三、五、八股叉共 8 杆,总股数恰好 50,问这几种叉各有几杆?

解 设二,三,五,八股叉分别有 x,y,z,t 杆.

由题意得:$\begin{cases} x+y+z+t=8 & ① \\ 2x+3y+5z+8t=50 & ② \end{cases}$

由①得 $t=8-x-y-z$ ③

将③代入②得 $2x+3y+5z+8(8-x-y-z)=50$,

化为 $6x+5y+3z=14$.

$$\therefore \begin{cases} x=1 \\ y=1 \\ z=1 \\ t=5 \end{cases} \qquad 答(略)$$

例4 求方程组 $\begin{cases} x+y+z+t=14 & ① \\ 2x+3y+5z+9t=78 & ② \end{cases}$ 的所有正整数解.

解 由①得 $t=14-x-y-z$ ③

将③代入②得 $2x+3y+5z+9(14-x-y-z)=78$.

化简得 $7x+6y+4z=48$.

$$\therefore y=\frac{48-(7x+4z)}{6}=8-\frac{7x+4z}{6}.$$

要使 y 是正整数,$7x+4z$ 必须是 6 的倍数,当然 x 必须是偶数.

(1) 当 $x=2,z=1$ 时,$y=8-\dfrac{14+4}{6}=8-3=5.$ $\therefore \begin{cases} x=2 \\ y=5 \\ z=1 \\ t=6 \end{cases}$

（2）当 $x=2$，$z=4$ 时，$y=8-\dfrac{14+16}{6}=8-5=3$. $\therefore \begin{cases} x=2 \\ y=3 \\ z=4 \\ t=5 \end{cases}$

（3）当 $x=2$，$z=7$ 时，$y=8-\dfrac{14+28}{6}=8-7=1$. $\therefore \begin{cases} x=2 \\ y=1 \\ z=7 \\ t=4 \end{cases}$

（4）当 $x=4$，$z=2$ 时，$y=8-\dfrac{28+8}{6}=8-6=2$. $\therefore \begin{cases} x=4 \\ y=2 \\ z=2 \\ t=6 \end{cases}$

综上，原方程有四组正整数解：

$$\begin{cases} x=2 \\ y=5 \\ z=1 \\ t=6 \end{cases} \text{或} \begin{cases} x=2 \\ y=3 \\ z=4 \\ t=5 \end{cases} \text{或} \begin{cases} x=2 \\ y=1 \\ z=7 \\ t=4 \end{cases} \text{或} \begin{cases} x=4 \\ y=2 \\ z=2 \\ t=6 \end{cases}$$

下面回答提出的问题.

因为 n 元一次不完全方程组的方程个数小于 n，所以只要这些方程中任意两个不矛盾，总可以用加减消元法或代入消元法消元，最后得到一个方程，从得到的这个方程中解出其中的一个未知数用其余未知数表示，这样的方程有无数组解，因此原方程组有无数组解.

由于受到正整数的限制，所以方程组的解将是有限的，但是若常数项是较大的正整数，方程组解的个数可能很多.

5. 为什么我们可以找出无数组勾股数？

用初中的数学知识可以证明下面的恒等式：

$$(a^2-b^2)^2+(2ab)^2=(a^2+b^2)^2.$$

证明 左边 $=a^4-2a^2b^2+b^4+4a^2b^2=a^4+2a^2b^2+b^4=(a^2+b^2)^2=$ 右边，

$\therefore$ 原式成立.

根据这个恒等式,只要 $a,b \in \mathbf{N}^*$,且 $a > b$,$a^2 - b^2$,$2ab$,$a^2 + b^2$ 就组成一组勾股数,在 $a,b \in \mathbf{N}^*$ 且 $a > b$ 的条件下,a,b 的取值有无穷多,所以我们可以根据 $a^2 - b^2$,$2ab$,$a^2 + b^2$ 找出无数组勾股数,请看下表.

a	b	$a^2 - b^2$	$2ab$	$a^2 + b^2$	a	b	$a^2 - b^2$	$2ab$	$a^2 + b^2$
2	1	3	4	5	6	3	27	36	45
3	1	8	6	10	7	3	40	42	58
4	1	15	8	17	8	3	55	48	73
5	1	24	10	26	5	4	9	40	41
6	1	35	12	37	6	4	20	48	52
3	2	5	12	13	7	4	33	56	65
4	2	12	16	20	6	5	11	60	61
5	2	21	20	29	7	5	24	70	74
6	2	32	24	40	7	6	13	84	85
7	2	45	28	53	8	7	15	112	113
4	3	7	24	25	9	8	17	144	145
5	3	16	30	34	10	9	19	180	181

6. 为什么我们可以求某些特殊的一元高次方程的有理根?

➡**预备定理 1:**函数 $f(x)$ 除以 $x - a$ 的余数等于 $f(a)$. (a 为常数)

证明　设 $f(x) = (x - a)g(x) + c$(c 为常数).

　　　　则 $f(a) = (a - a)g(a) + c = c$.

　　　　$\therefore c = f(a)$.

推论　若 $f(x)$ 为多项式函数,且 $f(a) = 0$,则 $f(x)$ 能被 $x - a$ 整除.

➡**预备定理 2:**若整系数一元 n 次方程($n \geqslant 3$)$x^n + a_{n-1}x^{n-1} + a_{n-2}x^{n-2} + \cdots + a_1x + a_0 = 0$ 的常数项 a_0 有 k($k \leqslant n$) 个约数,即 $a_0 = c_1c_2\cdots c_k$,则其整数根只可能为 $\pm c_1$,$\pm c_2$,$\cdots$,$\pm c_k$.

证明　设 $f(x) = x^n + a_{n-1}x^{n-1} + a_{n-2}x^{n-2} + \cdots + a_1x + a_0$.

（1）若 $a_0 = 0$，则 0 是原方程的根；

（2）若 $a_0 \neq 0$，不妨设 c_1 是原方程的根，则 $f(c_1) = 0$.

即 $c_1^n + a_{n-1}c_1^{n-1} + a_{n-2}c_1^{n-2} + \cdots + a_1c_1 + c_1c_2\cdots c_k = 0$. 由已知 c_1 是 a_0 的约数.

又 $f(-c_1) = (-c_1)^n + a_{n-1}(-c_1)^{n-1} + a_{n-2}(-c_1)^{n-2} + \cdots + a_1(-c_1) + (-c_1)c_2\cdots c_k = 0$.

若 $a_0 < 0$，则 $a_0 = -c_1c_2\cdots c_k$，$-c_1$ 仍是 a_0 的约数.

假设 b 不是原方程的根，则 $f(b) \neq 0$.

由以上的证明，我们可以用试根法，即计算 $f(\pm c_1)$，$f(\pm c_2)\cdots f(\pm c_k)$ 是否等于 0，来判断 $\pm c_1$，$\pm c_2$，$\cdots$，$\pm c_k$ 中哪一个是方程 $f(x) = 0$ 的根.

例1 求方程 $x^3 - 3x + 2 = 0$ 的整数根.

解 设 $f(x) = x^3 - 3x + 2$. $f(x) = 0$ 的整数根可能是 ± 1，± 2.

$f(1) = 1^3 - 3 \times 1 + 2 = 0$. $\therefore x = 1$ 是原方程的整数根.

$$\begin{array}{r}
x^2+x-2 \\
x-1 \overline{\smash{\big)}\ x^3 \quad\ -3x+2} \\
\underline{x^3-x^2} \\
x^2-3x \\
\underline{x^2-x} \\
-2x+2 \\
\underline{-2x+2} \\
0
\end{array}$$

$\therefore$ 原方程的其他整数根应由方程 $x^2 + x - 2 = 0$ 确定.

化为 $(x-1)(x+2) = 0$.

$\therefore x = 1$ 或 $x = -2$.

$\therefore$ 原方程有两个重根，一是 $x = 1$，另一整数根为 $x = -2$.

例2 求方程 $x^3 - x^2 - x - 2 = 0$ 的整数根.

解 设 $f(x) = x^3 - x^2 - x - 2$

$f(x) = 0$ 的整数根可能是 ± 1，± 2.

$f(1) = 1 - 1 - 1 - 2 = -3 \neq 0$，

$f(-1) = (-1)^3 - (-1)^2 - (-1) - 2 = -1 - 1 + 1 - 2 = -3 \neq 0$，

$f(2) = 2^3 - 2^2 - 2 - 2 = 8 - 4 - 2 - 2 = 0,$

$\therefore x = 2$ 是原方程的整数根.

$$
\begin{array}{r}
x^2 + x + 1 \\
x-2 \overline{\smash{)}x^3 - x^2 - x - 2} \\
\underline{x^3 - 2x^2} \\
x^2 - x \\
\underline{x^2 - 2x} \\
x - 2 \\
\underline{x - 2} \\
0
\end{array}
$$

$\therefore$ 原方程可化为 $(x-2)(x^2 + x + 1) = 0.$

$\therefore x - 2 = 0$ 或 $x^2 + x + 1 = 0$,

对于方程 $x^2 + x + 1 = 0$,

$\Delta = 1^2 - 4 \times 1 \times 1 = -3 < 0.$

$\therefore$ 方程 $x^2 + x + 1 = 0$ 无实根,当然无整数根.

综上,$x = 2$ 是原方程的整数根.

例3 求方程 $x^4 - 7x^3 + 18x^2 - 22x + 12 = 0$ 的整数根.

解 设 $f(x) = x^4 - 7x^3 + 18x^2 - 22x + 12$. $f(x) = 0$ 的整数根可能是 ± 1,
$\pm 2, \pm 3, \pm 4, \pm 6, \pm 12$.

$f(1) = 1 - 7 + 18 - 22 + 12 = 2 \neq 0$. $f(x)$ 无负根.

$f(2) = 2^4 - 7 \times 2^3 + 18 \times 2^2 - 22 \times 2 + 12 = 16 - 56 + 72 - 44 + 12 = 0$

$\therefore x = 2$ 是原方程的根.

$$
\begin{array}{r}
x^3 - 5x^2 + 8x - 6 \\
x-2 \overline{\smash{)}x^4 - 7x^3 + 18x^2 - 22x + 12} \\
\underline{x^4 - 2x^3} \\
-5x^3 + 18x^2 \\
\underline{-5x^3 + 10x^2} \\
8x^2 - 22x \\
\underline{8x^2 - 16x} \\
-6x + 12 \\
\underline{-6x + 12} \\
0
\end{array}
$$

$\therefore f(x) = 0$ 的其余整数根由方程 $x^3 - 5x^2 + 8x - 6 = 0$ 确定.

$f(2) = 2^3 - 5 \times 2^2 + 8 \times 2 - 6 = 8 - 20 + 16 - 6 = -2 \neq 0$

$$f(3) = 3^3 - 5 \times 3^2 + 8 \times 3 - 6 = 27 - 45 + 24 - 6 = 0$$

∴ $x = 3$ 是原方程的根.

$$\begin{array}{r}
x^2 - 2x + 2 \\
x-3\overline{)\,x^3 - 5x^2 + 8x - 6} \\
\underline{x^3 - 3x^2} \\
-2x^2 + 8x \\
\underline{-2x^2 + 6x} \\
2x - 6 \\
\underline{2x - 6} \\
0
\end{array}$$

由一元二次方程 $x^2 - 2x + 2 = 0$ 知

$$\Delta = (-2)^2 - 4 \times 1 \times 2 = -4 < 0.$$

∴ 此方程无实根,当然无整数根.

综上,原方程的整数根为 $x = 2$ 或 $x = 3$.

7. 一元三次方程为什么至少有一个实数根?

要回答这个问题,得分两种情况.

设一元三次方程为 $ax^3 + bx^2 + cx + d = 0 (a, b, c, d$ 为常数$)$.

(1)当 $a > 0$ 时,设 $f(x) = ax^3 + bx^2 + cx + d$.

$$\lim_{x \to +\infty} \frac{f(x)}{x^3} = \lim_{x \to +\infty} \frac{ax^3 + bx^2 + cx + d}{x^3} = \lim_{x \to +\infty} \frac{a + \frac{b}{x} + \frac{c}{x^2} + \frac{d}{x^3}}{1} = a > 0$$

∵ 当 $x \to +\infty$, $x^3 \to +\infty$, ∴ $f(x) \to +\infty$.

(2)当 $a < 0$ 时,设 $f(x) = ax^3 + bx^2 + cx + d (a, b, c, d$ 为常数$)$.

$$\lim_{x \to +\infty} \frac{f(x)}{x^3} = \lim_{x \to +\infty} \frac{ax^3 + bx^2 + cx + d}{x^3} = \lim_{x \to +\infty} \frac{a + \frac{b}{x} + \frac{c}{x^2} + \frac{d}{x^3}}{1} = a < 0$$

∴ 当 $x \to +\infty$ 时, $x^3 \to +\infty$, $f(x) \to -\infty$.

因此,当 $a > 0$ 时,存在 $M > 0$,使得 $f(M) > 0$;同时存在 $-M$,使得 $f(-M) < 0$.

∴ $f(M) \cdot f(-M) < 0$. 由零点存在性定理得,在区间 $(-M, M)$ 内至少存在一个 x_0,使得 $f(x_0) = 0$.

∴ 一元三次方程 $f(x) = 0$ 至少有一个实数根.

当 $a < 0$ 时,存在 $M > 0$,使得 $f(M) < 0$;同时存在 $-M$,使得 $f(-M) > 0$.

$\therefore f(M)\cdot f(-M)<0.$ 由零点存在性定理得,在区间 $(-M,M)$ 内至少存在一个 x_0,使得 $f(x_0)=0.$

$\therefore$ 一元三次方程 $f(x)=0$ 至少有一个实数根.

8. 为什么有的一元三次方程不用公式也可以求解?一元三次方程的求根公式是怎样推导出来的?

(1)对于一元三次方程 $ax^3+bx^2+cx+d=0\,(a\ne 0,a,b,c,d$ 为常数),

①当 $b=c=d=0$ 时,$x_1=x_2=x_3=0.$

②当 $b=c=0,d\ne 0$ 时化为 $x^3+\dfrac{d}{a}=0\Rightarrow\left(x+\sqrt[3]{\dfrac{d}{a}}\right)\left(x^2-\sqrt[3]{\dfrac{d}{a}}x+\sqrt[3]{\dfrac{d^2}{a^2}}\right)=0.$

$x_1=-\sqrt[3]{\dfrac{d}{a}}$,另两根可由方程 $x^2-\sqrt[3]{\dfrac{d}{a}}x+\sqrt[3]{\dfrac{d^2}{a^2}}=0$ 解出.

特别地,当 $-\dfrac{d}{a}=1$ 时,$x_1=1,x_2=w,x_3=w^2.\left(w=-\dfrac{1}{2}+\dfrac{\sqrt{3}}{2}i,w^2=-\dfrac{1}{2}-\dfrac{\sqrt{3}}{2}i\right)$

③当 $d=0$ 时,原方程可化为 $x(ax^2+bx+c)=0.$

I. 当 $b^2-4ac\ge 0$ 时,$x_1=0,x_{2,3}=\dfrac{-b\pm\sqrt{b^2-4ac}}{2a}$,

II. 当 $b^2-4ac<0$ 时,$x_1=0,x_{2,3}=-\dfrac{b}{2a}\pm\dfrac{i\sqrt{4ac-b^2}}{2a}.$

(2)对于一般的一元三次方程 $ax^3+bx^2+cx+d=0\,(a\ne 0)$,其求根公式推导如下.

两边除以 a 得 $x^3+\dfrac{b}{a}x^2+\dfrac{c}{a}x+\dfrac{d}{a}=0$

令 $s=\dfrac{b}{a},t=\dfrac{c}{a},k=\dfrac{d}{a}$,得 $x^3+sx^2+tx+k=0.$ ①

令 $x=y-\dfrac{s}{3}$ 代入①得 $\left(y-\dfrac{s}{3}\right)^3+s\left(y-\dfrac{s}{3}\right)^2+t\left(y-\dfrac{s}{3}\right)+k=0.$

$y^3-3y^2\cdot\dfrac{s}{3}+3y\cdot\dfrac{s^2}{9}-\dfrac{s^3}{27}+s\left(y^2-\dfrac{2s}{3}y+\dfrac{s^2}{9}\right)+ty-\dfrac{st}{3}+k=0.$

$y^3-sy^2+\dfrac{s^2}{3}y-\dfrac{s^3}{27}+sy^2-\dfrac{2s^2}{3}y+\dfrac{s^3}{9}+ty-\dfrac{st}{3}+k=0.$

化为 $y^3 + \left(t - \dfrac{s^2}{3}\right)y + \dfrac{2}{27}s^3 - \dfrac{st}{3} + k = 0$.

令 $p = t - \dfrac{s^2}{3}$，$q = \dfrac{2}{27}s^3 - \dfrac{st}{3} + k$，则方程化为 $y^3 + py + q = 0$.

设 $y = u + v$ 是方程 $y^3 + px + q = 0$ 的解，

代入得 $u^3 + 3u^2v + 3uv^2 + v^3 + pu + pv + q = 0$

可化为 $(u + v)(3uv + p) + u^3 + v^3 + q = 0$ ①

若 u, v 满足 $uv = -\dfrac{p}{3}$，$u^3 + v^3 = -q$，则①式成立.

由韦达定理得 u^3 和 v^3 是方程 $z^2 + qz - \left(\dfrac{p}{3}\right)^3 = 0$ 的两根.

解之得 $z = -\dfrac{q}{2} \pm \left[\left(\dfrac{q}{2}\right)^2 + \left(\dfrac{p}{3}\right)^3\right]^{\frac{1}{2}}$

不妨设 $A = -\dfrac{q}{2} + \left[\left(\dfrac{q}{2}\right)^2 + \left(\dfrac{p}{3}\right)^3\right]^{\frac{1}{2}}$. 则 $u^3 = A$，$v^3 = B$.

$u = A^{\frac{1}{3}}$ 或 $A^{\frac{1}{3}}w$ 或 $A^{\frac{1}{3}}w^2$.

$v = B^{\frac{1}{3}}$ 或 $B^{\frac{1}{3}}w$ 或 $B^{\frac{1}{3}}w^2$.

但考虑到 $uv = -\dfrac{p}{3}$，

$\therefore u, v$ 只有三组解：$\begin{cases} u_1 = A^{\frac{1}{3}} \\ v_1 = B^{\frac{1}{3}} \end{cases}$ $\begin{cases} u_2 = A^{\frac{1}{3}}w \\ v_2 = B^{\frac{1}{3}}w^2 \end{cases}$ $\begin{cases} u_3 = A^{\frac{1}{3}}w^2 \\ v_3 = B^{\frac{1}{3}}w \end{cases}$

最后方程 $y^3 + py + q = 0$ 的三根为

$y_1 = u_1 + v_1 = A^{\frac{1}{3}} + B^{\frac{1}{3}}$，$y_2 = A^{\frac{1}{3}}w + B^{\frac{1}{3}}w^2$，$y_3 = A^{\frac{1}{3}}w^2 + B^{\frac{1}{3}}w$.

即 $y_1 = \sqrt[3]{-\dfrac{q}{2} + \sqrt{\left(\dfrac{q}{2}\right)^2 + \left(\dfrac{p}{3}\right)^3}} + \sqrt[3]{-\dfrac{q}{2} - \sqrt{\left(\dfrac{q}{2}\right)^2 + \left(\dfrac{p}{3}\right)^3}}$，

$y_2 = w\sqrt[3]{-\dfrac{q}{2} + \sqrt{\left(\dfrac{q}{2}\right)^2 + \left(\dfrac{p}{3}\right)^3}} + w^2\sqrt[3]{-\dfrac{q}{2} - \sqrt{\left(\dfrac{q}{2}\right)^2 + \left(\dfrac{p}{3}\right)^3}}$，

$y_3 = w^2\sqrt[3]{-\dfrac{q}{2} + \sqrt{\left(\dfrac{q}{2}\right)^2 + \left(\dfrac{p}{3}\right)^3}} + w\sqrt[3]{-\dfrac{q}{2} - \sqrt{\left(\dfrac{q}{2}\right)^2 + \left(\dfrac{p}{3}\right)^3}}$.

$\left(\text{其中}, w = -\dfrac{1}{2} + \dfrac{\sqrt{3}}{2}i, w^2 = -\dfrac{1}{2} - \dfrac{\sqrt{3}}{2}i\right)$

$$\because x = y - \frac{s}{3} = y - \frac{b}{3a}.$$

$$\therefore x_1 = y_1 - \frac{b}{3a}, x_2 = y_2 - \frac{b}{3a}, x_3 = y_3 - \frac{b}{3a}.$$

$$\left(p = \frac{3ac - b^2}{3a^2}, q = \frac{2b^3 - 9abc + 27a^2d}{27a^3}\right).$$

由此可见,一元三次方程解起来比较复杂,即使套公式也不简单.

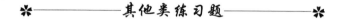

其他类练习题

1. 化简下面的根式.

(1) $\sqrt{3 - 2\sqrt{2}}$ (2) $\sqrt{7 + 2\sqrt{10}}$ (3) $\sqrt{2 + \sqrt{3}}$ (4) $\sqrt{5 - 2\sqrt{6}}$

2. 求下列根式的近似值(精确到 0.01):

(1) $\sqrt{15}$ (2) $\sqrt{2.61}$ (3) $\sqrt{0.123}$ (4) $\sqrt{846}$

3. 方程 $x + y + z + t = 10$ 有多少组正整数解?

4. 叉耙二十五,一百零五股,问有几杆二股叉?几杆三股叉?几张八齿耙?

5. 在直角三角形 ABC 中,斜边 $c=65$,一直角边 $b=56$,求另一直角边 a.

6. 求方程 $x^3-4x^2+3x+2=0$ 的整数根.

数学应用篇

为什么供水站要修在合适的地方？为什么商场将商品单价调整可获得最大利润？为什么工厂实现预定计划要选择适当的数学模型？为什么可以预测孩子成人时的身高，广告投入后产品的销量？为什么"优美椭圆"让人看了舒服？为什么台球运动员在有若干球挡住的情况下也能接到目标球？为什么我们可以测量山的相对高度？为什么科技工作者可以计算出航天器运行的轨道？……下面的实例将作出回答。

1. 如图所示,在一条河的同一旁有 A,B 两个村庄. A,B 到河边垂直距离分别为 $5\,\text{km},4\,\text{km}$. 如果 A,B 两村庄单独在 C,D 处各修一个供水站,费用太大.(每个供水站的造价为 40 万元,而每千米水管的费用为 1 万元.) A,B 两村庄通过协商,决定在河边上合修一个供水站. 现有两个方案.

(1) 供水站建在 D 处;通过计算管道总长度为 $AB+BD=\sqrt{9^2+1^2}+4=(\sqrt{82}+4)\,\text{km}.$

(2) 供水站建在 CD 之间的 P 点处,经技术人员的测量,先找到 A 点关于河 CD 的对称点 A',由 A' 观测 B 点,找到 $A'B$ 与 CD 的交点 P. 技术员断定这就是供水站的最佳位置. 为什么呢?

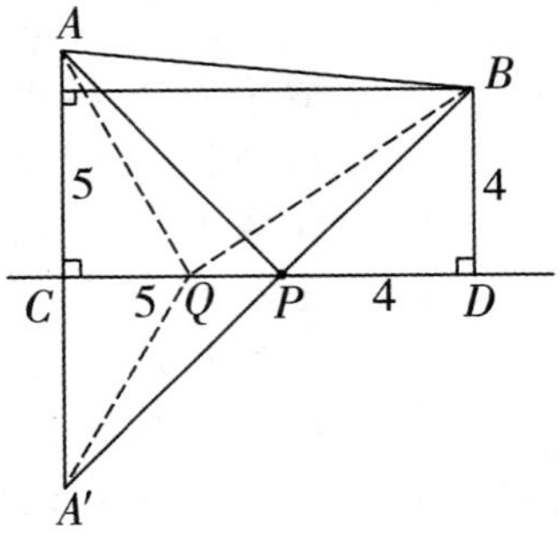

若供水站建在 CD 上异于点 P 的点 Q 处,$\because A'$,A 关于 CD 对称,P,Q 均在 CD 上,

$\therefore AP+BP=A'P+BP=A'B.$

$\therefore AQ+BQ=A'Q+BQ>A'B.$（三角形任意两边之和大于第三边）

$\therefore$ 在此方案的安排下供水站应建在点 P 处.

此时管道总长度为 $A'B=\sqrt{9^2+9^2}=\sqrt{162}\,(\text{km}).$

下面比较 $\sqrt{82}+4$ 与 $\sqrt{162}$ 的大小.

$(\sqrt{82}+4)^2=98+8\sqrt{82}$,$(\sqrt{162})^2=162.$

此时要比较 $8\sqrt{82}$ 与 64 的大小,只需比较 $\sqrt{82}$ 与 8 的大小.

由于 $82>64$,因此 $\sqrt{82}>8$ 成立.

$\therefore \sqrt{82}+4>\sqrt{162}$

综上,点 P 是供水站的最佳位置.

（第 1 题）

2. 如图,A,B,C 是三个小城镇,每两个城镇之间均有直线公路相通. A,B,C 三点恰好为一个等腰直角三角形的三个顶点. $AB=BC=40\,\text{km}$. 在公路 BC 的中点 D 的旁边有一物流中心. 这家物流中心为方便业务运行,决定在 AB,AC 上各建一个分站 E,F,为使 $\triangle DEF$ 周长最小,E,F 应如何选取? 为什么? 最小周长是多少?

分析: 以 BC,BA 所在直线分别为 x,y 轴,建立如图所示的直角坐标系. 则

$B(0,0),C(40,0),A(0,40),D(20,0)$. D 点关于 y 轴的对称点 $D_1(-20,0)$, D 点关于 AC 的对称点 $D_2(40,20)$, 连接 D_1D_2, 交 y 轴于点 E, 交 AC 于点 F, 则 E,F 为分站位置.

证明 若分站分别设在异于点 E,F 的 E_1,F_1 处. 则题目为证明 $\triangle DE_1F_1$ 的周长 > $\triangle DEF$ 的周长.

即 $DE_1 + DF_1 + E_1F_1 > DE + DE + EF$.

$\because D_1$ 与 D 关于 y 轴对称,

$\therefore DE = D_1E$, $DE_1 = D_1E_1$.

又 D_2 与 D 关于 AC 对称, $\therefore DF = D_2F$, $DF_1 = D_2F_1$.

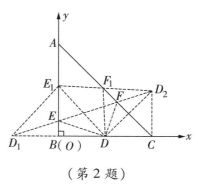

(第2题)

$\therefore DE_1 + DF_1 + E_1F_1 > D_1D_2 = DE + DF + EF$(两点之间直线距离最短)

$\triangle DEF$ 的最小周长为 $D_1D_2 = \sqrt{(40+20)^2 + 20^2} = \sqrt{4000} = 20\sqrt{10}$ (km).

3. 在斯诺克台球比赛中, 如图, A 为母球位置, D 为目标球, 怎么才能接到 D 球呢? 为什么?

细心的运动员一般先走到离目标球 D 较近的边框 EF 的左边, 目测出 D 点关于边框 EF 内边的对称点 D_1, 由 D_1 观测母球 A, 目光连线 AD_1 与 EF 的交点 M 即为接球点. 这样把母球 A 弹出到点 M 处, 边框 EF 就会把母球 A 弹到 D 点处, 从而达到接球的目的. 这是为什么呢?

其实这与光线反射原理相同. 如图所示, 法线 MN $\perp EF$.

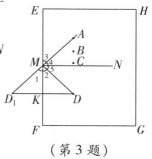

(第3题)

$\because D_1,D$ 关于 EF 对称,

$\therefore \text{Rt}\triangle MD_1K \cong \text{Rt}\triangle MDK$.

$\therefore \angle 1 = \angle 2$.

$\because \angle 1, \angle 3$ 是对顶角,

$\therefore \angle 1 = \angle 3. \therefore \angle 2 = \angle 3. \therefore \angle 4 = \angle 5.$

∴ 点 D 在球的反弹线 MD 上.

以上三例均涉及一点关于一直线的对称点问题.

下面举一些关于最值应用的实例。

4. 某蔬菜种植基地为提高蔬菜产量,计划对甲、乙两种型号蔬菜大棚进行改造,根据预算,改造 2 个甲种型号大棚比 1 个乙种型号大棚多需资金 6 万元,改造 1 个甲种型号大棚和 2 个乙种型号大棚共需资金 48 万元.

(1)改造 1 个甲种型号大棚和 1 个乙种型号大棚所需资金分别是多少元?

(2)已知改造 1 个甲种型号大棚的时间是 5 天,改造 1 个乙种型号大棚的时间是 3 天. 该基地计划改造甲、乙两种蔬菜大棚共 8 个,改造资金最多能投入 128 万元,要求改造时间不超过 35 天. 请问有几种改造方案?哪种方案投入资金最少?为什么?最小是多少?

解 （1)设改造 1 个甲型大棚和 1 个乙型大棚所需资金分别为 x, y 万元.

由题意得 $\begin{cases} 2x - y = 6 \\ x + 2y = 48 \end{cases}$ 解得 $\begin{cases} x = 12 \\ y = 18 \end{cases}$ 答：（略)

（2)设改造甲种型号大棚 t 个,则改造乙种型号大棚 $(8 - t)$ 个,所需资金为 S 万元.

由题意得 $\begin{cases} 12t + 18(8 - t) \leq 128 \\ 5t + 3(8 - t) \leq 35 \end{cases}$ 化为 $\begin{cases} 6t \geq 16 \\ 2t \leq 11 \end{cases}$

∴ $\dfrac{8}{3} \leq t \leq \dfrac{11}{2}$.

∵ t 是正整数,∴ $t = 3, 4, 5$.

当 $t = 3$ 时,$S = 12 \times 3 + 18 \times 5 = 126$,

当 $t = 4$ 时,$S = 12 \times 4 + 18 \times 4 = 120$,

当 $t = 5$ 时,$S = 12 \times 5 + 18 \times 3 = 114$.

∴ 共有三种方案.

∵ $114 < 120 < 126$,

∴ 用第三种方案即改造 5 个甲种型号大棚和 3 个乙种型号大棚所投资金最小,最小为 114 万元.

5. 某商品的进价为每件 40 元. 售价为每件 60 元时,每个月可卖出 100 件,如果每件商品的售价每上涨 1 元,则每个月少卖 2 件. 设每件商品的售价为 x 元(x 为正整数),每个月的售价利润为 y 元,当每件商品的售价是多少元时,每个月可获得最大利润? 为什么? 最大利润是多少?

> **解** 由题意:$y = \left[100 - 2(x - 60) \right](x - 40) = -2x^2 + 300x - 8800.$
>
> 即 $y = -2(x - 75)^2 + 2450.$
>
> ∵ 当 $x - 75$ 的绝对值最小时,y 取最大值,
>
> ∴ 当 $x = 75$ 时,y 有最大值 2450.
>
> ∴ 当每件商品的售价是 75 元时,每个月可获得最大利润,最大利润是 2450 元.

6. 某商场销售某种商品的经验表明,该商品每月的销售量 y(单位:千克)与销售单价 x(单位:元/千克)满足关系:$y = \dfrac{2}{x - 3} + 10(x + 6)^2$,其中,$3 < x < $

6. 若该商品的成本价为 3 元/千克. 试确定销售单价 x 的值,使商场每日销售该商品所获得的利润最大? 为什么? 最大利润是多少?

> **解** 由题意,商场每日销售该商品的利润
>
> $$f(x) = (x - 3)\left[\frac{2}{x - 2} + 10(x + 6)^2 \right].$$
>
> 即 $f(x) = 2 + 10(x - 3)(x - 6)^2.$ $(3 < x < 6)$
>
> $f'(x) = 10\left[(x - 6)^2 + 2(x - 3)(x - 6) \right] = 30(x - 4)(x - 6).$
>
> 令 $f'(x) = 0$ 得 $x_1 = 4, x_2 = 6.$
>
> 当 x 变化时,$f'(x), f(x)$ 的变化情况如下表:

x	$(3, 4)$	4	$(4, 6)$
$f'(x)$	+	0	−
$f(x)$	↗	极大值	↘

> 由表知,函数 $f(x)$ 在区间 $(3, 4)$ 上单调递增,在区间 $(4, 6)$ 上单调递减.
>
> ∴ $x = 4$ 是区间 $(3, 6)$ 上的极大值点,也是该区间上的最大值点.

$$f(x)_{max} = f(4) = 2 + 10(4-3)(4-6)^2 = 42.$$

∴ 当销售单价定为 4 元/千克时,商场每日销售该商品所获得的利润最大,最大为 42 元.

7. 某高科技企业生产产品 A 和产品 B. 需甲、乙两种新材料,生产一件产品 A 需要甲材料 1.5kg,乙材料 1kg,用 5 个工时;生产一件产品 B 需要甲材料 0.5kg,乙材料 0.3kg,用 3 个工时. 生产一件产品 A 的利润为 2100 元,生产一件产品 B 的利润为 900 元. 该企业现在有甲材料 150kg,乙材料 90kg,则在不超过 600 个工时的条件下,生产产品 A,B 的利润之和的最大值是多少? 为什么?

解 设生产产品 A,B 分别为 x 件,y 件,利润之和为 z 万元.

由题意得

$$\begin{cases} 1.5x + 0.5y \leq 150 \\ x + 0.3y \leq 90 \\ 5x + 3y \leq 600 \\ x \geq 0 \\ y \geq 0 \end{cases}$$

目标函数 $z = 2100x + 900y$

上面的不等式组等价于:

$$\begin{cases} 3x + y \leq 300 \\ 10x + 3y \leq 900 \\ 5x + 3y \leq 600 \\ x \geq 0 \\ y \geq 0 \end{cases}$$

如右图所示,作出此不等式组表示的平面区域.(阴影部分)

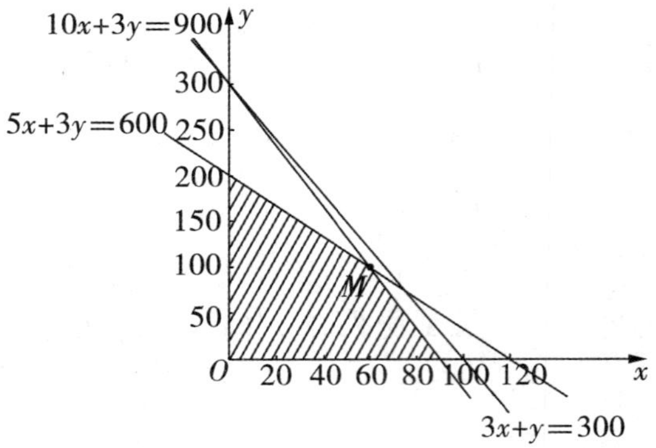

(第 7 题)

由 $\begin{cases} 10x + 3y = 900 \\ 5x + 3y = 600 \end{cases}$ 解得 $\begin{cases} x = 60 \\ y = 100 \end{cases}$ ∴ $M(60,100)$

由目标函数 $z=2100x+900y$ 得 $y=-\dfrac{7}{3}x-\dfrac{1}{900}z.$

当此直线经过点 M 时，z 取得最大值.

∴ 当生产产品 A,B 分别为 60 件，100 件时，利润之和最大；最大值为 $2100\times60+900\times100=216000$（元）.

8. 一种药在病人血液中含量不低于 2 克时，才能起到有效的治疗作用，已知每服用 $m(1\leqslant m\leqslant4,$ 且 $m\in\mathbf{R})$ 克的药剂，药剂在血液中的含量 y（克）随着时间 x（小时）变化的函数关系式近似为 $y=mf(x).$

式中，$f(x)=\begin{cases}\dfrac{10}{4+x},0\leqslant x<6\\[2mm]4-\dfrac{x}{2},6\leqslant x\leqslant8\end{cases}$

（1）若病人一次服用 3 克的药剂，则有效治疗时间可达多少小时？

（2）若病人第一次服用 2 克的药剂，6 小时后再服用 m 克的药剂，要使接下来的 2 小时能够维持有效治疗，求 m 的最小值.

解　（1）∵ $m=3$，∴ $y=\begin{cases}\dfrac{30}{4+x},0\leqslant x<6\\[2mm]12-\dfrac{3x}{2},6\leqslant x\leqslant8\end{cases}$

当 $0\leqslant x<6$ 时，由 $\dfrac{30}{4+x}\geqslant2$　解得 $x\leqslant11$，此时 $0\leqslant x<6$；

当 $6\leqslant x\leqslant8$ 时，由 $12-\dfrac{3}{2}x\geqslant2$　解得 $x\leqslant\dfrac{20}{3}$，此时 $6\leqslant x\leqslant\dfrac{20}{3}$.

综上所述，$0\leqslant x\leqslant\dfrac{20}{3}$.

若一次服用 3 克药剂，则有效治疗时间可达 $\dfrac{20}{3}$ 小时.

（2）当 $6\leqslant x\leqslant8$ 时，$y=2(4-\dfrac{1}{2}x)+m\cdot\dfrac{10}{4+(x-6)}=8-x+\dfrac{10m}{x-2}.$

∵ $8-x+\dfrac{10m}{x-2}$ 对 $6\leqslant x\leqslant8$ 恒成立，

即 $m\geqslant\dfrac{x^2-8x+12}{10}$ 对 $6\leqslant x\leqslant8$ 恒成立 $\Leftrightarrow m\geqslant(\dfrac{x^2-8x+12}{10})_{\max}$

$(6 \leqslant x \leqslant 8)$.

令 $g(x) = \dfrac{x^2 - 8x + 12}{10} = \dfrac{(x-4)^2 - 4}{10}$,

其在区间 $[6,8]$ 单调递增,

∴ 当 $x = 8$ 时,函数 $g(x) = \dfrac{x^2 + 8x + 12}{10}$ 取得最大值 $\dfrac{6}{5}$.

∴ $m \geqslant \dfrac{6}{5}$,即 m 的最小值为 $\dfrac{6}{5}$.

9. 根据资料统计,我国能源生产自 2010 年以来发展速度很快.下面是我国能源生产总值(折合亿吨标准煤)的几个统计数据:2010 年 8.6 亿吨,2015 年 10.4 亿吨,2020 年 12.9 亿吨.有关专家预测,到 2025 年我国能源生产总量将超过 16.1 亿吨.试给出一个简单模型,说明有关专家预测是否合理,若合理,试预测到 2040 年我国能源总量至少能超过多少亿吨?

解 为了方便,可以把已知的三组数据 $(2010, 8.6)$,$(2015, 10.4)$,$(2020, 12.9)$ 变换为数据 $(0, 8.6)$,$(5, 10.4)$,$(10, 12.9)$.用图像或代数方程易见不适合用一次函数对数据拟合,可试用二次函数或 $y = a \cdot b^x$ 拟合.

先用二次函数拟合,设 $y = ax^2 + bx + c$,

则 $\begin{cases} 8.6 = c \\ 10.4 = 25a + 5b + c \\ 12.9 = 100a + 10b + c \end{cases}$ 解得 $\begin{cases} a = 0.014 \\ b = 0.29 \\ c = 8.6 \end{cases}$

得 $y = 0.014x^2 + 0.29x + 8.6$.

将 $x = 15$ 代入得 $y = 16.075 \approx 16.1$ 这与专家预测值相近.

若用 $y = a \cdot b^x$ 拟合,代入数据知不适合.

用二次函数 $y = 0.014x^2 + 0.29x + 8.6$ 预测:

当 $x = 30$ 时,$y = 0.014 \times 900 + 0.29 \times 30 + 8.6 = 29.9 \approx 30$(亿吨)

故可预测到 2040 年,我国能源总量至少能超过 30 亿吨.

10. 某数学老师身高 176cm,他爷爷、父亲、儿子的身高分别是 173cm,170cm,182cm.因儿子的身高与父亲的身高有关,该老师用线性回归分析的方法,预测他孙子的身高为多高?

<blockquote>
解 首先进行数据整理,将父亲和儿子的身高数据列成对应值表:
</blockquote>

父亲身高 x	173	170	176
儿子身高 y	170	176	182

$$\bar{x} = \frac{1}{3}(173 + 170 + 176) = 173,\ \bar{y} = \frac{1}{3}(170 + 176 + 182) = 176.$$

$$\hat{b} = \frac{\sum\limits_{i=1}^{3}(x_i - \bar{x})(y_i - \bar{y})}{\sum\limits_{i=1}^{3}(x_i - \bar{x})^2} = \frac{0 + 0 + (176 - 173)(182 - 176)}{0 + (170 - 173)^2 + (176 - 173)^2} =$$

$$\frac{3 \times 6}{9 + 9} = 1,$$

$$\hat{a} = \bar{y} - \hat{b}\bar{x} = 176 - 1 \times 173 = 3.$$

∴ 线性回归方程为 $y = x + 3$.

从而可以预测他孙子的身高为 $182 + 3 = 185(\text{cm})$.

11. 某国家9月1日总计感染新冠肺炎602.8万例. 某单位用线性回归分析的方法(根据9月1日至10月1日的统计数据)得到线性回归方程为 $y = 5.31x + 597.49$. 问到11月3日(即 $x = 64$)该国家可能感染新冠肺炎总数为多少万例? 当 x 为多少时,$y \approx 1000$?

<blockquote>
解 当 $x = 64$ 时,$y = 5.31 \times 64 + 597.49 = 942.64(\text{万})$.

令 $y = 1000$,得 $1000 = 5.31x + 597.49$,解得 $x \approx 76$.

故到11月3日,该国可能感染新冠肺炎总数为942.64万例;到11月25日将在1000万例以上.
</blockquote>

12. 某食品的保鲜时间 y(单位:小时)与储藏温度 x(单位:℃)满足函数关系 $y = e^{kx+b}$($e = 2.718\cdots$ 为自然对数的底数,k,b 为常数),若该食品在0℃的保鲜时间为192小时,在22℃的保鲜时间为48小时,则该食品在33℃的保鲜时间为多少小时?

<blockquote>
解 由题意得 $\begin{cases} e^b = 192 & ① \\ e^{22k+b} = 48 & ② \end{cases}$

$\dfrac{②}{①}$ 得 $e^{22k} = \dfrac{1}{4}$. ∴ $e^{11k} = \dfrac{1}{2}$ 或 $e^{11k} = -\dfrac{1}{2}$(舍去).
</blockquote>

$\therefore$ 该食品在 33℃ 的保鲜时间为 $e^{33k+b}=(e^{11k})^3e^b=(\frac{1}{2})^3\cdot 192$

$=\frac{1}{8}\times 192=24$(小时).

13. 为什么工人师傅可以根据残破的铁轮求出其半径?如图,是一块残破的铁轮.为了求出此铁轮的半径,首先要找到其圆心.工人师傅用一张纸铺在铁轮下面,描出铁轮的圆弧部分,在圆弧部分选取 A、B、C 三点,分别作出 AC 与 BC 的垂直平分线,两条垂直平分线交于一点 O,O 点即为铁轮的圆心,为什么?

解 因为线段垂直平分线上任一点到线段两端的距离相等,$\therefore OA=OC,OC=OB$.

$\therefore OA=OB=OC$. 又因为不在一直线上的三点确定一个圆,A,B,C 三点在同一圆的圆弧上肯定不共线.

$\therefore O$ 为铁轮圆心.最后只要量出 OA 的长即为铁轮的半径.

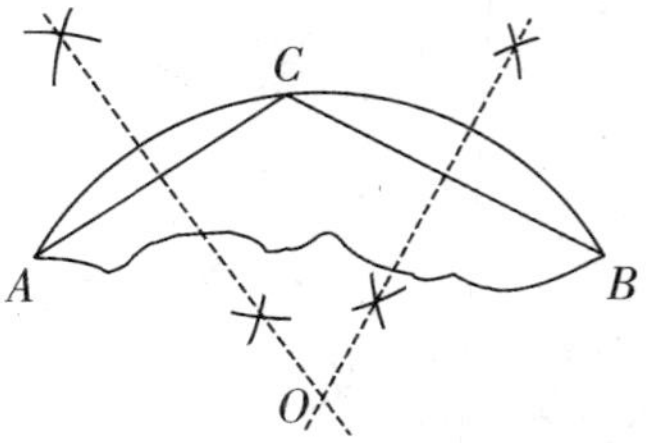

(第 13 题)

14. 如图,在一条笔直水平的公路上有 A,B,C 三点,$AB=2\text{km}$,$BC=2\text{km}$,公路与山之间有一条河,在 A,B,C 三点分别测得这三点对于山顶 E 的仰角分别为 30°,45°,60°. 求山高 DE(精确到 m).

解 设 $DE=h\text{km},AE=l_1\text{km},BE=l_2\text{km},CE=l_3\text{km}$.

在 Rt△ADE 中,$\sin 30°=\frac{h}{l_1}$,

$\therefore l_1=\frac{h}{\sin 30°}=2h$.

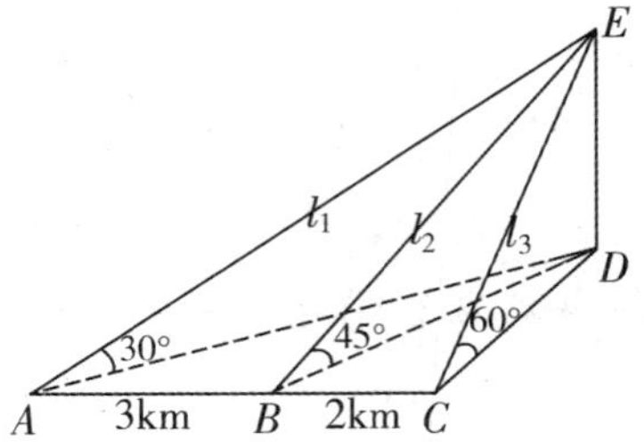

(第 14 题)

同理可得 $l_2=\frac{h}{\sin 45°}=\sqrt{2}h,l_3=\frac{h}{\sin 60°}=\frac{2h}{\sqrt{3}}$.

在△ABE 中,由余弦定理可得

$$\cos \angle ABE = \frac{AB^2 + l_2^2 - l_1^2}{2AB \cdot l_2} = \frac{3^2 + l_2^2 - l_1^2}{2 \times 3l_2} \quad ①$$

在 $\triangle BCE$ 中,由余弦定理可得 $\cos \angle CBE = \dfrac{BC^2 + l_2^2 - l_3^2}{2BC \cdot l_2} =$

$$\frac{2^2 + l_2^2 - l_3^2}{2 \cdot 2l_2} \quad ②$$

$\because \angle ABE + \angle CBE = 180°, \therefore \cos \angle ABE = -\cos \angle CBE.$

由①②得 $\dfrac{2^2 + l_2^2 - l_3^2}{2 \cdot 2l_2} = \dfrac{l_1^2 - l_2^2 - 3^2}{2 \cdot 3l_2}$,

$\therefore 3(2^2 + l_2^2 - l_3^2) = 2(l_1^2 - l_2^2 - 3^2)$,化为 $2l_1^2 - 5l_2^2 + 3l_3^2 = 30$,

$\therefore 2(2h)^2 - 5(\sqrt{2}h)^2 + 3(\dfrac{2h}{\sqrt{3}})^2 = 30$,

即 $8h^2 - 10h^2 + 4h^2 = 30, \therefore h^2 = 15.$

$\because h > 0, \therefore h = \sqrt{15}\,\text{km} \approx 3.873 \times 1000\text{m} = 3873\text{m}.$

故山高 DE 约为 3873m.

15. 如图,$ABCD - A_1B_1C_1D_1$ 是一块长方体木块,P 为上底面上一点,木工师傅要经过 P, C, B 三点把木块的一部分锯下,应该怎样画线? 为什么?

工人师傅是这样画线的:在上底面 $A_1B_1C_1D_1$ 内过点 P 作直线 $EF // B_1C_1$,EF 分别交 A_1B_1 于点 E,交 D_1C_1 于点 F. 连接 BE, CF. 则画线完成. 只须按画线将这部分木块锯下即可. 这是为什么呢?

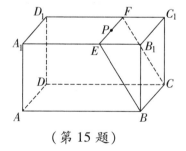

(第15题)

证明　$\because ABCD - A_1B_1C_1D_1$ 是长方体,

$\therefore$ 平面 $ABCD //$ 平面 $A_1B_1C_1D_1$.

$\because$ 直线 BC 和直线 BC 外一点 P 确定一个平面 PBC,此平面与上、下底面相交,$\therefore EF // BC$,又 $B_1C_1 // BC$,$\therefore EF // B_1C_1$.

16. 一只很小的灯泡发出的光会分散地射向各方,但把它安装在手电筒里,经过适当调节,就能射出一束比较强的平行光线,这是为什么呢?

原来在手电筒内的小灯泡后面有一个反光镜,镜面的形状是由抛物线绕它的轴旋转所得到的曲面,叫作旋转抛物面.下面证明抛物线的一条重要性质:从焦点发出的光线经抛物线上一点反射后,反射光线平行于抛物线的轴.

已知 $A(x_0,y_0)$ 为抛物线 $y^2=2px(p>0)$ 上一点,过点 A 作抛物线的切线交 x 轴于点 B. F 为抛物线的焦点,连接 AF,过 A 作 $AC \perp AB$ 交 x 轴于点 C. $\angle 1 = \angle 2$.

求证:$AD /\!/ x$ 轴.

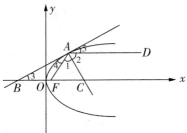

（第 16 题）

> **证明** （1）当 A 位于第一象限时,$y_0<0$.
>
> 由 $y^2=2pc$ 得 $y=\sqrt{2px}$.
>
> $\therefore y' = \sqrt{2p} \cdot \dfrac{1}{2} x^{-\frac{1}{2}} = \dfrac{\sqrt{p}}{\sqrt{2x}}$.
>
> $\therefore$ 切线 AB 的斜率 $K = \dfrac{\sqrt{p}}{\sqrt{2x_0}}$.
>
> $\because AB$ 过点 $A(x_0,y_0)$,$\therefore AB$ 的方程为 $y - y_0 = \dfrac{\sqrt{p}}{\sqrt{2x_0}}(x - x_0)$.
>
> 令 $y=0$ 得 B 点的横坐标为 $x_B = x_0 - y_0 \dfrac{\sqrt{2x_0}}{\sqrt{p}} = x_0 -$
>
> $\dfrac{\sqrt{2px_0} \cdot \sqrt{2x_0}}{\sqrt{p}} = x_0 - 2x_0 = -x_0$,
>
> $\therefore B(-x_0,0)$.
>
> $\because F$ 为抛物线 $y^2=2px$ 的焦点,
>
> $\therefore F\left(\dfrac{p}{2},0\right)$.
>
> $\therefore |BF| = \dfrac{p}{2} - (-x_0) = \dfrac{p}{2} + x_0 = x_0 + \dfrac{p}{2}$.
>
> 又由抛物线的定义得 $|AF| = x_0 + \dfrac{p}{2}$,
>
> $\therefore |AF| = |BF|$,$\therefore \angle 3 = \angle 4$.
>
> 由已知 $\angle 1 = \angle 2$,$AC \perp AB$,$\therefore \angle 5 = \angle 4$.

∴ $\angle 5 = \angle 3$. ∴ $AD \parallel BC$, 即 $AD \parallel x$ 轴.

(2) 当点 A 在第四象限时, 同理可证 $AD \parallel x$ 轴.

(3) 当点 A 与点 O 重合时, 点 B 也与点 O 重合, AD 与 OC 重合.

综上, $AD \parallel x$ 轴.

军用探照灯也是利用上述原理制成的, 应用抛物线的这个性质, 也可以使一束平行于抛物线的光线经过抛物线的反射集中于它的焦点. 人们应用这个原理, 设计了一种加热水和食物的太阳灶.

17. 为什么从椭圆的一个焦点发出的光线经过椭圆反射后, 反射光线交于椭圆的另一个焦点上? 下面用数学方法加以证明.

已知点 $A(x_0, y_0)$ 是椭圆 $\dfrac{x^2}{a^2} + \dfrac{y^2}{b^2} = 1 (a > b > 0)$ 上异于左右顶点的任一点.

过点 A 作椭圆的切线 l, 过点 A 作 $AD \perp l$ 交 x 轴于点 D, F_1, F_2 为椭圆的左、右焦点.

求证: $\angle F_1 AD = \angle DAF_2$.

(第17题)

证明 (1) 若点 A 在第一、二象限, 则 $y_0 > 0, y > 0$.

由 $\dfrac{x^2}{a^2} + \dfrac{y^2}{b^2} = 1$ 得 $y = \dfrac{b}{a}\sqrt{a^2 - x^2}$.

∴ $y' = \dfrac{b}{a} \cdot \dfrac{1}{2} \cdot \dfrac{-2x}{\sqrt{a^2 - x^2}} = -\dfrac{bx}{a\sqrt{a^2 - x^2}}$.

∴ 切线 l 的斜率 $K = -\dfrac{bx_0}{a\sqrt{a^2 - x_0^2}}$.

∵ $AD \perp l$, ∴ $K_{AD} = \dfrac{a\sqrt{a^2 - x_0^2}}{bx_0}$.

∴ AD 的方程为: $y - y_0 = \dfrac{a\sqrt{a^2 - x_0^2}}{bx_0}(x - x_0)$.

令 $y = 0$, 得点 D 的横坐标为

$$x_D = x_0 - y_0 \cdot \dfrac{bx_0}{a\sqrt{a^2 - x_0^2}} = x_0 - \dfrac{b}{a}\sqrt{a^2 - x_0^2} \cdot \dfrac{bx_0}{a\sqrt{a^2 - x_0^2}} =$$

$$x_0 - \frac{b^2}{a^2}x_0 = (1 - \frac{b^2}{a^2})x_0 = \frac{c^2}{a^2}x_0 = e^2x_0.$$

$\therefore D(e^2x_0, 0).$

$\because F_1, F_2$ 为椭圆的焦点, $\therefore F_1(-c, 0), F_2(c, 0).$

$\therefore |F_1D| = e^2x_0 + c, DF_2 = c - e^2x_0$

又 $|AF_1| = a + ex_0, |AF_2| = a - ex_0,$

$$\begin{aligned}
\therefore |AF_1| \cdot |DF_2| &= (a + ex_0)(c - e^2x_0) \\
&= ac + cex_0 - ae^2x_0 - e^3x_0^2 \\
&= ac + \frac{c^2}{a}x_0 - ae^2x_0 - e^3x_0^2 \\
&= ac + \frac{c^2}{a}x_0 - \frac{c^2}{a}x_0 - e^3x_0^2 \\
&= ac - e^3x_0^2,
\end{aligned}$$

$$\begin{aligned}
|AF_2| \cdot |F_1D| &= (e^2x_0 + c)(a - ex_0) \\
&= ae^2x_0 + ac - e^3x_0^2 - cex_0 \\
&= \frac{c}{a}x_0 + ac - e^3x_0^2 - \frac{c^2}{a}x_0 \\
&= ac - e^3x_0^2.
\end{aligned}$$

$\therefore |AF_1| \cdot |DF_2| = |AF_2| \cdot |F_1D|.$

$\therefore \dfrac{|AF_1|}{|AF_2|} = \dfrac{|F_1D|}{|DF_2|}.$　　①

又 $\dfrac{S_{\triangle AF_1D}}{S_{\triangle AF_2D}} = \dfrac{|F_1D|}{|DF_2|},$　　②

$$\frac{S_{\triangle AF_1D}}{S_{\triangle AF_2D}} = \frac{\frac{1}{2}|AF_1| \cdot |AD|\sin\angle F_1AD}{\frac{1}{2}|AF_2| \cdot |AD|\sin\angle DAF_2},　　③$$

由①,②,③得 $\dfrac{\sin\angle F_1AD}{\sin\angle DAF_2} = 1,$

$\therefore \sin\angle F_1AD = \sin\angle DAF_2.$

又 $\angle F_1AD$ 和 $\angle DAF_2$ 均为锐角,

$\therefore \angle F_1AD$ 和 $\angle DAF_2$.

（2）当点 A 在第三、四象限时，同理可证：$\angle F_1AD = \angle DAF_2$.

（3）当点 A 与椭圆的上、下顶点重合时，由椭圆的对称知：
$\angle F_1AD = \angle DAF_2$.

综上，$\angle F_1AD = \angle DAF_2$.

如右图，电影放映机的聚光灯有一个反射镜，它的形状是旋转椭圆面，为了使片门（电影胶片通过的地方）处获得最强光源，灯丝 F_2 与片门 F_1 应位于椭圆的两个焦点处，这就是利用椭圆光学性质的一个实例。

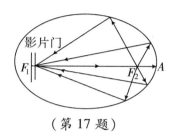

（第 17 题）

18. 如图，我国发射的第一颗人造地球卫星的运行轨道，是以地心（地球的中心）F_2 为一个焦点的椭圆，已知它的近地点 A（离地面最近的点）距地面 439 km，远地点 B（离地面最远的点）距地面 2384 km，并且 F_2，A，B 在同一直线上，地球半径约为 6371 km，求卫星运行的轨道方程及离心率（精确到 1 km）。

解 建立直角坐标系，使点 A，B，F_2 在 x 轴上，F_2 为椭圆的右焦点，因为椭圆的焦点在 x 轴上，所以设它的标准方程为 $\dfrac{x^2}{a^2} + \dfrac{y^2}{b^2} = 1 (a > b > 0)$，

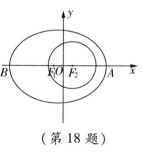

（第 18 题）

则 $a - c = |OA| - |OF_2| = |F_2A| = 6371 + 439 = 6810$，

$a + c = |OB| + |OF_2| = |F_2B| = 6371 + 2384 = 8755$.

解得：$a = 7782.5$，$c = 972.5$.

$\therefore b = \sqrt{a^2 - c^2} = \sqrt{(a+c)(a-c)} = \sqrt{8755 \times 6810} \approx 7722$.

$\therefore$ 卫星的轨道方程是 $\dfrac{x^2}{7783^2} + \dfrac{y^2}{7722^2} = 1$.

离心率 $e = \dfrac{c}{a} = \dfrac{972.5}{7782.5} \approx 0.125$.

19. 某型号导弹的命中率为 0.9, 要有把握地击中目标, 必须有 95% 以上的命中率. 如果两发导弹齐射, 能否达到要求? 为什么?

> **解** $P = 1 - (1 - 0.9)(1 - 0.9) = 1 - 0.01 = 99\% > 95\%$,
>
> ∴ 能达到要求.

20. 什么是黄金分割? 什么是黄金比? 黄金分割与黄金比有哪些应用? 一般地, 点 C 把线段 AB 分成两条线段 AC 和 BC. 如果 $\dfrac{AC}{AB} = \dfrac{BC}{AC}$. 那么称线段 AB 被点 C 黄金分割. 点 C 叫作线段 AB 的黄金分割点. AC 与 AB 的比叫作黄金比. 下面计算黄金比.

> **解** 由 $\dfrac{AC}{AB} = \dfrac{BC}{AC}$ 得 $AC^2 = AB \cdot BC$.
>
> 设 $AB = 1, AC = x$, 则 $BC = 1 - x$,
>
> ∴ $x^2 = 1 \cdot (1 - x)$, 即 $x^2 - x - 1 = 0$.
>
> 解得 $x_1 = \dfrac{-1+\sqrt{5}}{2}, x_2 = \dfrac{-1-\sqrt{5}}{2}$ (不合题意, 舍去).
>
> ∴ 黄金比 $\dfrac{AC}{AB} = \dfrac{\sqrt{5}-1}{2} \approx 0.618$.

(第 20 题)

　　在相当长的一段时期, 人们非常崇拜黄金分割, 比如古希腊的许多矩形建筑中宽与长的比都等于黄金比.

　　值得一提的是, 优选法中的 "0.618" 法与黄金分割密切相关. 20 世纪 70 年代, 这种方法经著名数学家华罗庚 (1910—1985) 的倡导, 在我国得到大规模推广, 取得了很大的成果.

　　离心率 $e = \dfrac{\sqrt{5}-1}{2}$ 的椭圆称为 "优美椭圆". 它之所以称为 "优美椭圆", 是因为大多数人认为这样的椭圆好看, 给人以美感. 所以很多水池被设计成 "优美椭圆" 的形状, 有的梳妆镜也设计成 "优美椭圆" 的形状, 很多画家把美女的脸形画成近似 "优美椭圆" 的形状.

二维平面
三维空间篇

　　现行的数学教材删除了一些定理、公式及一些重要的结论，而这些知识对于提高学生的分析解决问题的能力有很大帮助.在学有余力的情况下，学习这些定理、公式及结论不仅不会加重学生的负担，还能减轻学生的学习压力，使学生在考试中更加得心应手.

第一节 二维平面类

1. 三角形的外角定理:三角形的一个外角等于和它不相邻的两个内角的和.

   已知,D 是三角形 ABC 的边 AB 的延长线上一点,求证:$\angle CBD = \angle A + \angle C$.

   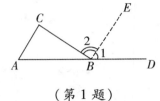

   （第1题）

   证明 过点 B 作 $BE /\!/ AC$(如图),

   则 $\angle 1 = \angle A$,$\angle 2 = \angle C$.

   $\therefore \angle CBD = \angle 1 + \angle 2 = \angle A + \angle C$.

2. 三角形内角平分线的性质2:三角形的内角平分线,将对边分成两条线段,这两条线段与夹这角的两边对应成比例.

   已知:AD 是 $\triangle ABC$ 的内角 $\angle BAC$ 的平分线.

   求证:$\dfrac{BD}{DC} = \dfrac{AB}{AC}$.

   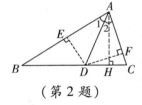

   （第2题）

   证明 过点 A 作 $AH \perp BC$ 于点 H,过点 D 作 $DE \perp AB$ 于点 E,作 $DF \perp AC$ 于点 F.

   $\because AD$ 是 $\angle BAC$ 的平分线,

   $\therefore DE = DF$(角平分线性质1),$\angle 1 = \angle 2$.

   设 $AH = h$,$S_{\triangle ABD} = S_1$,$S_{\triangle ADC} = S_2$.

   则 $\dfrac{S_1}{S_2} = \dfrac{\frac{1}{2}BD \cdot h}{\frac{1}{2}DC \cdot h} = \dfrac{BD}{DC}$ ①

   又 $\dfrac{S_1}{S_2} = \dfrac{\frac{1}{2}AB \cdot DE}{\frac{1}{2}AC \cdot DF} = \dfrac{AB}{AC}$ ②

   由①,②得 $\dfrac{BD}{DC} = \dfrac{AB}{AC}$.

   例1 如图,AD 是三角形 ABC 的内角 $\angle BAC$ 的平分线,$AB = 4$,$AC = 5$,$BC = 6$,则 $BD = $ _____,$DC = $ _____.

解 由三角形内角平分线性质 2 得 $\dfrac{BD}{DC}=\dfrac{AB}{AC}$.

由已知 $AB=4$，$AC=5$，$\therefore \dfrac{BD}{DC}=\dfrac{4}{5}$.

又 $BC=6$，$\therefore BD=6\times\dfrac{4}{4+5}=\dfrac{8}{3}$，$DC=6\times$

$\dfrac{5}{4+5}=\dfrac{10}{3}$.

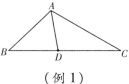

(例 1)

例2 三角形 ABC 的三个顶点的坐标分别为 $A(0,12)$，$B(-5,0)$，$C(35,0)$. $\angle BAC$ 的平分线 AD 交 x 轴于点 D. 则点 D 的坐标为＿＿＿＿.

解 由两点距离公式得

$|AB|=\sqrt{(0+5)^2+(12-0)^2}=13$，

$|AC|=\sqrt{(35-0)^2+(0-12)^2}=37$，

$|BC|=35-(-5)=40$，

$\therefore |BD|=40\times\dfrac{13}{13+37}=\dfrac{52}{5}$.

(例 2)

设 $D(x_0,0)$，则 $x_0=\dfrac{52}{5}-5=\dfrac{2}{5}$，$\therefore D\left(\dfrac{2}{5},0\right)$.

例3 (2013年山东高考数学第20题前两问)椭圆 $C:\dfrac{x^2}{a^2}+\dfrac{y^2}{b^2}=1(a>b>0)$ 的左、右焦点分别是 F_1，F_2，离心率为 $\dfrac{\sqrt{3}}{2}$，过 F_1 且垂直于 x 轴的直线被椭圆 C 截得的线段长为 1. （Ⅰ）求椭圆 C 的方程；（Ⅱ）点 P 是椭圆 C 上除长轴端点外的任一点，连接 PF_1，PF_2，设 $\angle F_1PF_2$ 的平分线 PM 交 C 的长轴与点 $(m,0)$，求 m 的取值范围.

解 （Ⅰ）由于 $c^2=a^2-b^2$，$F_1(-c,0)$.

将 $x=-c$ 代入椭圆 C 的方程得 $y=\pm\dfrac{b^2}{a}$

由已知得 $\dfrac{2b^2}{a} = 1$，$\therefore a = 2b^2$.

又 $e = \dfrac{c}{a} = \dfrac{\sqrt{3}}{2}$，$\therefore a = 2$，$b = 1$.

$\therefore$ 椭圆 C 的方程为 $\dfrac{x^2}{4} + y^2 = 1$.

（Ⅱ）设 $P(x_0, y_0)$.

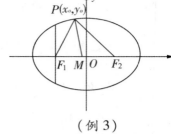

（例3）

$\because F_1，F_2$ 为椭圆 C 的两焦点，$\therefore F_1(-c, 0)$，$F_2(c, 0)$.

$\therefore |PF_1| = a + ex_0 = 2 + \dfrac{\sqrt{3}}{2}x_0$，$|PF_2| = a - ex_0 = 2 - \dfrac{\sqrt{3}}{2}x_0$.

$\because PM$ 是 $\angle F_1PF_2$ 的平分线，$\therefore \dfrac{|MF_1|}{|F_2M|} = \dfrac{|PF_1|}{|PF_2|}$.

即 $\dfrac{m+c}{c-m} = \dfrac{2 + \dfrac{\sqrt{3}}{2}x_0}{2 - \dfrac{\sqrt{3}}{2}x_0}$.

又 $c = \sqrt{a^2 - c^2} = \sqrt{2^2 - 1^2} = \sqrt{3}$，解得 $x_0 = \dfrac{4}{3}m$.

由已知，P 异于椭圆长轴端点.

$\therefore -2 < x_0 < 2$，$\therefore -2 < \dfrac{4}{3}m < 2$，$\therefore -\dfrac{3}{2} < m < \dfrac{3}{2}$.

$\therefore m$ 的取值范围为 $\left(-\dfrac{3}{2}, \dfrac{3}{2}\right)$.

3. 射影定理：直角三角形斜边上的高是两条直角边在斜边上射影的比例中项，每一条直角边是它在斜边上的射影和斜边的比例中项.

已知在直角三角形 ABC 中，$\angle ACB = 90°$，$CD \perp AB$ 于点 D.

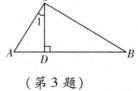

（第3题）

求证：（1）$CD^2 = AD \cdot DB$. （2）$AC^2 = AD \cdot AB$，$BC^2 = DB \cdot AB$.

证明 （1）由已知 $CD \perp AB$，$\therefore \triangle ACD$ 和 $\triangle CBD$ 都是直角三角形.

$\therefore \angle A + \angle 1 = 90°.$ 又 $\angle ACB = 90°, \therefore \angle A + \angle B = 90°.$

$\therefore \angle 1 = \angle B.$

$\therefore Rt\triangle ACD \backsim Rt\triangle CBD. \therefore \dfrac{AD}{CD} = \dfrac{CD}{DB}. \therefore CD^2 = AD \cdot DB.$

(2) 由(1) $\angle 1 = \angle B. \therefore Rt\triangle ACD \backsim Rt\triangle ABC. \therefore \dfrac{AC}{AB} = \dfrac{AD}{AC}.$

$\therefore AC^2 = AD \cdot AB.$ 同理可证:$BC^2 = DB \cdot AB.$

例1 已知 D 是线段 AB 上一点.

求作:线段 CD,使 $CD^2 = AD \cdot DB.$

解 作法:如图.

(1) 分别以 A,B 为圆心,以大于 $\dfrac{1}{2}AB$ 的长为半径画弧. 圆弧交于 E,F 两点,连接 EF 交 AB 于点 $O.$

(2) 以点 O 为圆心,以 OA 长为半径作 $\odot O.$

(3) 以 D 为圆心,以任意长为半径画弧,交 AB 于点 $H,G.$ 分别以 H,G 为圆心,以大于 $\dfrac{1}{2}HG$ 的长为半径画弧交于 M,N 两点. 连接 MN 交 AB 于点 $D.$ 交 $\odot O$ 于点 $C.$ 则 CD 即为所求.

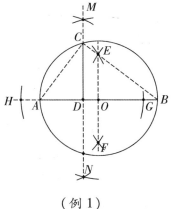

(例1)

证明:连接 $AC,BC.$ 则 $AC \perp BC$(半圆上的圆周角是直角).

由作法知 $CD \perp AB$ 于点 $D.$

由射影定理得 $CD^2 = AD \cdot DB.$

例2 如图,AB 是 $\odot O$ 的弦,直径 $CE \perp AB$ 于点 $D.$ $AB = 12cm, CD = 2cm.$ 求 $\odot O$ 的半径 $R.$

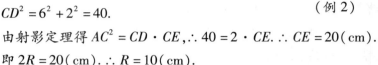

解 连接 $AC,AE.$

∵ CE 是 ⊙O 的直径, ∴ $AC \perp AE.$

又 ∵ 直径 $CE \perp AB,$

∴ D 为 AB 的中点, $AD = \dfrac{1}{2} AB = \dfrac{1}{2} \times 12 = 6$

(cm).

在 Rt△ACD 中, 由勾股定理得 $AC^2 = AD^2 +$

$CD^2 = 6^2 + 2^2 = 40.$

（例 2）

由射影定理得 $AC^2 = CD \cdot CE,$ ∴ $40 = 2 \cdot CE.$ ∴ $CE = 20$(cm).

即 $2R = 20$(cm). ∴ $R = 10$(cm).

4. 相交弦定理:圆的两条相交弦被交点分成的两条线段的乘积相等.

已知:如图, ⊙O 的两条弦 AB,CD 相交于点 $E.$

求证: $AE \cdot EB = CE \cdot ED.$

证明 连接 $AC,BD.$

则 $\angle C = \angle B, \angle A = \angle D,$

∴ △$ACE \backsim$ △$DBE.$

∴ $\dfrac{AE}{DE} = \dfrac{CE}{BE}$ ∴ $AE \cdot BE = CE \cdot DE.$

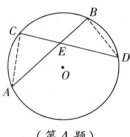

（第 4 题）

例 如第 4 题图,已知 ⊙O 的两条弦 AB,CD 相交于点 E, 且 $AE = 5$cm,

$BE = 2$cm, $CE = 3$cm, 则 $DE =$ _____ cm.

解 由相交弦定理得 $CE \cdot DE = AE \cdot BE.$

∴ $3 \cdot DE = 5 \times 2.$

∴ $DE = \dfrac{10}{3}$(cm)

5. 割线定理:由圆外一点 P 引圆的两条割线

$PB,PD,$ 分别与圆交于 $A,B;C,D.$ 那么 $PA \cdot$

$PB = PC \cdot PD.$

证明 连接 $AD,BC.$ 则 $\angle B = \angle D$ (同弧上

的圆周角相等).

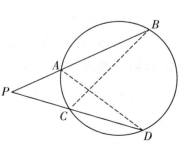

（第 5 题）

在 $\triangle PAD$ 与 $\triangle PCB$ 中,

$\angle P = \angle P$, $\angle D = \angle B$,

$\therefore \triangle PAD \backsim \triangle PCB$, $\therefore \dfrac{PA}{PC} = \dfrac{PD}{PB}$.

$\therefore PA \cdot PB = PC \cdot PD$.

6. **弦切角定理**:弦切角等于它所夹弧上的圆周角.

已知直线 PQ 与 $\odot O$ 相切于点 P,过点 P 引 $\odot O$ 的两条弦 PA,PB(如图),连接 AB.

求证:$\angle APQ = \angle B$.

证明　连接 PO 并延长交 $\odot O$ 于点 M.

连接 AM. 则 $PQ \perp PM$(切线垂直于经过切点的半径),$PA \perp AM$(半径上的圆周角是直角),$\angle M = \angle B$(同弧上的圆周角相等).

$\therefore \angle APQ + \angle APM = 90°$, $\angle APM + \angle M = 90°$.

$\therefore \angle APQ = \angle M$, $\therefore \angle APQ = \angle B$.

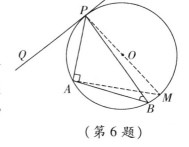

(第6题)

7. **切线割线定理**:从圆外一点 P 引圆的一条切线 PA 和一条割线 PBC. 则 $PA^2 = PB \cdot PC$.

证明　连接 AB,AC. $\because PA$ 是圆的切线,$\therefore \angle 1 = \angle C$(弦切角定理).

在 $\triangle PAB$ 与 $\triangle PCA$ 中,$\angle P = \angle P$,$\angle 1 = \angle C$,$\therefore \triangle PAB \backsim \triangle PCA$.

$\therefore \dfrac{PA}{PC} = \dfrac{PB}{PA}$. $\therefore PA^2 = PB \cdot PC$.

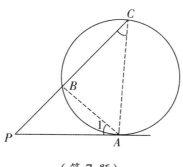

(第7题)

例1 (2017年吉林长春中考题)如图,点 A,B,C 在 $\odot O$ 上. $\angle ABC=29°$,过点 C 作 $\odot O$ 的切线交 OA 的延长线于点 D. 则 $\angle D$ 的大小为(   ).

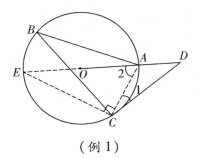

(例1)

A. $29°$ B. $32°$ C. $42°$ D. $58°$

解 延长 AO 交 $\odot O$ 于点 E,连接 CE,AC. 由已知 $\angle 1=\angle E$(弦切角定理). 又 $\angle E=\angle B$(圆周角定理),

$\therefore \angle 1=\angle E=29°$.

$\because AE$ 是 $\odot O$ 的直径,

$\therefore \angle ACE=90°$.

$\therefore \angle 2=90°-29°=61°$.

又 $\because \angle 2$ 是 $\triangle ACD$ 的外角,$\therefore \angle 2=\angle 1+\angle D$

$\therefore \angle D=\angle 2-\angle 1=61°-29°=32°$.

故选 B.

例2 (2017年江苏连云港中考题)如图,线段 AB 与 $\odot O$ 相切于点 B,线段 AO 与 $\odot O$ 相交于点 C. $AB=12,AC=8$,则 $\odot O$ 的半径长为_____.

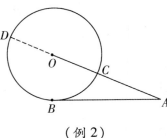

(例2)

解 延长 AO 交 $\odot O$ 于点 D. 设 $\odot O$ 半径为 R. 由切线割线定理得

$AC \cdot AD=AB^2$,

$\therefore 8(8+2R)=12^2$,化为 $4+R=3^2$,

$\therefore R=5$.

例3 (2014 年山东青岛中考题)如图,AB 是 $\odot O$ 的直径,BD,CD 分别是过 $\odot O$ 的点 B,C 的切线,且 $\angle BDC = 110°$,连接 AC,则 $\angle A$ 的度数是_____.

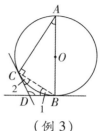

(例3)

解 由已知,$\angle 1 = \angle 2$,$\angle 1 = \angle A$.

在 $\triangle BDC$ 中,$\angle BDC + 2\angle A = 180°$,

$\because \angle BDC = 110°$,

$\therefore \angle A = 35°$.

8. 定比分点坐标公式:如果线段 AB 两端点坐标为 $A(x_1, y_1)$,$B(x_2, y_2)$,点 P 在 AB 上,且 $\dfrac{|AP|}{|PB|} = \lambda$,则 $P(x_0, y_0)$ 满足 $\begin{cases} x_0 = \dfrac{x_1 + \lambda x_2}{1 + \lambda} \\ y_0 = \dfrac{y_1 + \lambda y_2}{1 + \lambda} \end{cases}$

(第8题)

证明 由已知 $\dfrac{|AP|}{|PB|} = \lambda$,

$\therefore |AP| = \lambda |PB|$,$\overrightarrow{AP} = \lambda \overrightarrow{PB}$.

即 $(x_0 - x_1, y_0 - y_1) = \lambda(x_2 - x_0, y_2 - y_0)$,

$\therefore (x_0 - x_1, y_0 - y_1) = (\lambda x_2 - \lambda x_0, \lambda y_2 - \lambda y_0)$.

$\therefore \begin{cases} x_0 - x_1 = \lambda x_2 - \lambda x_0 \\ y_0 - y_1 = \lambda y_2 - \lambda y_0 \end{cases} \quad \therefore \begin{cases} x_0 = \dfrac{x_1 + \lambda x_2}{1 + \lambda} \\ y_0 = \dfrac{y_1 + \lambda y_2}{1 + \lambda} \end{cases}$

例1 已知 $P_1(-2, 6)$,$P_2(4, 8)$.点 P 在线段 P_1P_2 上,且 $\dfrac{|P_1P|}{|PP_2|} = \dfrac{1}{2}$,则点 P 的坐标为_____.

解 由分点坐标公式得,点 P 的坐标为

$$x_0 = \frac{-2 + \dfrac{1}{2} \times 4}{1 + \dfrac{1}{2}} = \frac{-4 + 4}{2 + 1} = 0, \quad y_0 = \frac{6 + \dfrac{1}{2} \times 8}{1 + \dfrac{1}{2}} = \frac{12 + 8}{2 + 1} = \frac{20}{3}.$$

$\therefore P\left(0, \dfrac{20}{3}\right)$.

例2 如图，$A(-21,0)$，$B(48,0)$，$C(0,20)$. $\angle ACD$ 的平分线交 x 轴于点 D，则点 D 的坐标为_____.

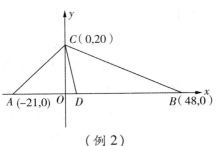

（例2）

解 $|AC| = \sqrt{21^2 + 20^2} = 29$，

$|BC| = \sqrt{48^2 + (-20)^2} = 52.$

由三角形内角平分线性质2得

$$\frac{|AD|}{|DB|} = \frac{|AC|}{|BC|} = \frac{29}{52}.$$

设 $D(x_0, 0)$，

则 $x_0 = \dfrac{-21 + 48 \times \dfrac{29}{52}}{1 + \dfrac{29}{52}} = \dfrac{-21 \times 52 + 48 \times 29}{52 + 29} = \dfrac{300}{81} = \dfrac{100}{27}.$

$\therefore D\left(\dfrac{100}{27}, 0\right).$

9. 抛物线、椭圆、双曲线的统一定义：平面内的一个动点到一个定点和到一条定直线距离的比为 e. 当 $e=1$ 时，动点的轨迹是一条抛物线；当 $0 < e < 1$ 时，动点的轨迹是一个椭圆；当 $e > 1$ 时，动点的轨迹是双曲线.

(1)已知，直线 $l: x = -\dfrac{p}{2}(p>0)$，点 $F\left(\dfrac{p}{2}, 0\right)$.

动点 M 到 l 的距离为 d，且 $|MF| = d$.

求动点 M 的轨迹方程.

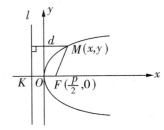

[第9题(1)]

解 设 $M(x,y)$. 由 $|MF| = d$ 得

$$\sqrt{\left(x - \frac{p}{2}\right)^2 + y^2} = \left|x + \frac{p}{2}\right|.$$

将上式平方并化简得 $y^2 = 2px(p>0)$，

即为所求动点 M 的轨迹方程.

(2)已知动点 M 到定点 $F(c,0)$ 和到定直线 $l: x = \dfrac{a^2}{c}$ 的距离的比为 $e = \dfrac{c}{a}$

$(0 < e < 1)$. 求动点 M 的轨迹方程.

解 设 $M(x,y)$. 由已知得 $\dfrac{|MF|}{d} = \dfrac{c}{a}$,

$$\therefore \frac{\sqrt{(x-c)^2+y^2}}{\left|\dfrac{a^2}{c}-x\right|} = \frac{c}{a}.$$

$$\therefore a\sqrt{(x-c)^2+y^2} = c \cdot \left|\frac{a^2}{c}-x\right|.$$

平方得 $a^2(x^2-2cx+c^2+y^2) = a^4 - 2a^2cx + c^2x^2$,

$$\therefore (a^2-c^2)x^2 + a^2y^2 = a^2(a^2-c^2).$$

令 $a^2 - c^2 = b^2$,得 $b^2x^2 + a^2y^2 = a^2b^2$,化为 $\dfrac{x^2}{a^2} + \dfrac{y^2}{b^2} = 1(a>b>0)$,即

为所求.

[第 9 题(2)]

注: 当 l 的方程为 $x = -\dfrac{a^2}{c}$,$F(-c,0)$ 时,同样可得到上面椭圆的方程.

$x = \pm\dfrac{a^2}{c}$ 为椭圆的两条准线,$(-c,0)$,$(c,0)$ 是椭圆的两个焦点.

(3)已知动点 M 与定点 $F(c,0)$ 的距离和它到定直线 $l:x = \dfrac{a^2}{c}$ 的距离的比

是常数 $e = \dfrac{c}{a}(c>a>0)$. 求动点 M 的轨迹方程.

解 设 $M(x,y)$,d 是点 M 到直线 l 的距离.

由题意得 $\dfrac{|MF|}{d} = \dfrac{c}{a}$,

$$\therefore \frac{\sqrt{(x-c)^2+y^2}}{\left|x-\dfrac{a^2}{c}\right|} = \frac{c}{a}.$$

[第 9 题(3)]

化简得 $(c^2-a^2)x^2 - a^2y^2 = a^2(c^2-a^2)$.

令 $c^2 - a^2 = b^2$ 得 $\dfrac{x^2}{a^2} - \dfrac{y^2}{b^2} = 1(a>0,b>0)$,即为所求.

注: 根据双曲线的对称性,与焦点 $F(-c,0)$ 相对应的准线方程为 $x = -\dfrac{a^2}{c}$.

10. 椭圆的焦半径公式的推导：

已知 $P(x_0, y_0)$ 是椭圆 $\dfrac{x^2}{a^2} + \dfrac{y^2}{b^2} = 1\ (a > b > 0)$ 上一

点，$F_1(-c, 0)$，$F_2(c, 0)$ 是椭圆的两个焦点.

求证：$|PF_1| = a + ex_0$，$|PF_2| = a - ex_0$. $\left(e = \dfrac{c}{a}\right)$

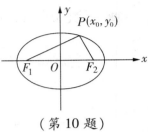

（第10题）

证明 由椭圆第二定义得：$\dfrac{|PF_1|}{d_1} = e$，$\dfrac{|PF_2|}{d_2} = e$.

$\therefore |PF_1| = e\left(x_0 + \dfrac{a^2}{c}\right) = ex_0 + \dfrac{c}{a} \cdot \dfrac{a^2}{c} = a + ex_0$，

$|PF_2| = e\left(\dfrac{a^2}{c} - x_0\right) = \dfrac{c}{a} \cdot \dfrac{a^2}{c} - ex_0 = a - ex_0$，

即 $|PF_1| = a + ex_0$，$|PF_2| = a - ex_0$.

例1 椭圆 $\dfrac{x^2}{a^2} + \dfrac{y^2}{b^2} = 1\ (a > b > 0)$ 的焦点为 F_1，F_2，抛物线 $y^2 = 2px\ (p > 0)$

的焦点为 F_2，M 为椭圆与双曲线在第一

象限的交点.

求证：$\cos \angle MF_1F_2 \cdot \cos \angle MF_2F_1 = \dfrac{ap - b^2}{ap + b^2}$.

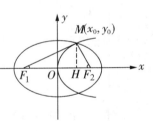

（例1）

证明 设 $M(x_0, y_0)$，过 M 作 $MH \perp x$ 轴于点 H.

则 $H(x_0, 0)$，$|MF_1| = a + ex_0$，

$|MF_2| = a - ex_0$，$F_1(-c, 0)$，$F_2(c, 0)$.

$\because$ 抛物线 $y^2 = 2px\ (p > 0)$ 的焦点为 F_2，

$\therefore c = \dfrac{p}{2}$.

$\therefore \cos \angle MF_1F_2 \cdot \cos \angle MF_2F_1 = \dfrac{|FH|}{|MF_1|} \cdot \dfrac{|HF_2|}{|MF_2|} = \dfrac{x_0 + c}{a + ex_0} \cdot \dfrac{c - x_0}{a - ex_0}$.

由抛物线的定义得 $|MF_2| = x_0 + \dfrac{p}{2} = x_0 + c$.

又 $|MF_2| = a - ex_0$，$\therefore x_0 + c = a - ex_0$，

$\therefore \cos \angle MF_1F_2 \cdot \cos \angle MF_2F_1 = \dfrac{c - x_0}{a + ex_0}$，

且 $(1+e)x_0 = a - c, x_0 = \dfrac{a-c}{1+e}.$

$$\therefore \cos\angle MF_1F_2 \cdot \cos\angle MF_2F_1 = \dfrac{c - \dfrac{a-c}{1+e}}{a + e \cdot \dfrac{a-c}{1+e}} = \dfrac{c(1+e)-(a-c)}{a(1+e)+e(a-c)} =$$

$$\dfrac{c(a+c)-(a^2-ac)}{a(a+c)+c(a-c)} = \dfrac{ac+c^2-a^2+ac}{a^2+ac+ac-c^2} = \dfrac{2ac-(a^2-c^2)}{a^2-c^2+2ac} =$$

$$\dfrac{2a \cdot \dfrac{p}{2}-b^2}{b^2+2a \cdot \dfrac{p}{2}} = \dfrac{ap-b^2}{b^2+ap} = \dfrac{ap-b^2}{ap+b^2}.$$

例2 已知点 P 在椭圆 $\dfrac{x^2}{4}+\dfrac{y^2}{3}=1$ 上. F_1, F_2 为椭圆的左、右焦点,且 $\dfrac{|PF_1|}{|PF_2|}=\dfrac{1}{2}.$

(1)求点 P 的坐标;(2)$\angle F_1PF_2$ 的平分线 PM 交 x 轴于点 M,求点 M 的坐标.

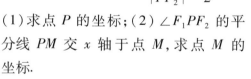

(例2)

解 (1)由已知 $a^2=4, b^2=3, \therefore c^2=a^2-b^2=4-3=1, \therefore c=1, a=2,$

$e=\dfrac{1}{2}.$

由已知 $\dfrac{|PF_1|}{|PF_2|}=\dfrac{1}{2}, \therefore |PF_2|=2|PF_1|.$

设 $P(x_0, y_0)$,则 $a-ex_0 = 2(a+ex_0) \Rightarrow 2-\dfrac{1}{2}x_0 = 2(2+\dfrac{1}{2}x_0).$

解得 $x_0 = -\dfrac{4}{3}$,代入椭圆方程得 $y_0 = \pm\dfrac{\sqrt{15}}{3}.$

$\therefore P\left(-\dfrac{4}{3}, \dfrac{\sqrt{15}}{3}\right)$ 或 $\left(-\dfrac{4}{3}, -\dfrac{\sqrt{15}}{3}\right).$

(2)由(1) $\dfrac{|PF_1|}{|PF_2|}=\dfrac{1}{2}, \therefore PM$ 是 $\angle F_1PF_2$ 的平分线,

$$\therefore \frac{|F_1M|}{|MF_2|} = \frac{|PF_1|}{|PF_2|} = \frac{1}{2}.$$

设 $M(x,0)$ ，由 (1) $F_1(-1,0)$ ， $F_2(1,0)$ ，

$$\therefore x = \frac{-1 + \frac{1}{2} \times 1}{1 + \frac{1}{2}} = \frac{-2 + 1}{2 + 1} = -\frac{1}{3},$$

$$\therefore M\left(-\frac{1}{3}, 0\right).$$

第二节 三维空间类

1. 欧拉公式.

（1）简单多面体：表面能经过连续变形为球面的多面体叫作简单多面体.
棱锥、棱柱、正多面体、凸多面体都是简单多面体.

（2）如果简单多面体的顶点数为 D，面数为 M，棱数为 L，那么 $D+M-L=2$.
这个公式叫作欧拉公式.

注： 原公式为 $V+F-E=2$，为记忆方便现记为 $D+M-L=2$.

2. 各种简单多面体的顶点数、面数、棱数的具体规律.

（1）棱锥：$n(n \geqslant 3)$ 棱锥的顶点数为 $n+1$. 即 $D=n+1$.

面数 $M=n+1$.

棱数 $L=n+n=2n$.

满足欧拉公式 $D+M-L=(n+1)+(n+1)-2n=2$.

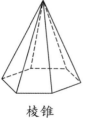 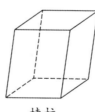 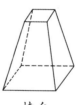

棱锥　　　　　　棱柱　　　　　　棱台

（2）棱柱、棱台：n 棱柱，n 棱台的顶点数为 $D=2n$.

面数 $M=n+2$.

棱数 $L=3n$.

满足欧拉公式 $D+M-L=2n+(n+2)-3n=2$.

（3）正多面体：正四面体中 $D=4，M=4，L=6$. 满足 $D+M-L=4+4-6=2$.

正六面体即正方体中，$D=8，M=6，L=12$. 满足 $D+M-L=8+6-12=2$.

正八面体中，$D=6，M=8，L=12$，满足 $D+M-L=6+8-12=2$.

对于正十二面体，它的每一个面都是正五边形，每 3 个相邻面有 1 个公共点，即正十二面体的顶点.

$\therefore D=5 \times 12 \div 3=20$，当然 $M=12$，每 2 个相邻面有 1 条公共棱.

故 $L = 5 \times 12 \div 2 = 30$. 满足 $D + M - L = 20 + 12 - 30 = 2$.

正二十面体是由 20 个正三角形围成的. 每依次相邻的 5 个正三角形有一个公共顶点.

故 $D = 3 \times 20 \div 5 = 12$. 当然面数 $M = 20$. 由于每两个相邻面有 1 条公共棱, 故 $L = 3 \times 20 \div 2 = 30$. 满足 $D + M - L = 12 + 20 - 30 = 2$.

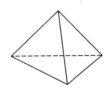 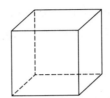 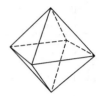

正四面体　　　　　正方体(正六面体)　　　　　正八面体

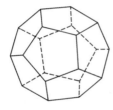 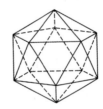

正十二面体　　　　　　　正二十面体

3. 为什么正多面体只有正四、六、八、十二、二十面体这五种?

正多面体的每个面都是全等的正 $n(n \geqslant 3)$ 边形. 正多边形的每个内角的大小为 $\dfrac{(n-2) \cdot 180°}{n}$.

正多面体的每个顶点是由至少 3 个依次连续相交的面的公共顶点. 它的个数 K 受到限制还应满足 $K \dfrac{(n-2) \cdot 180°}{n} < 360°$, 即 $K < \dfrac{2n}{n-2}(n \geqslant 3)$.

设数列 $\{a_n\}$ 满足 $a_n = \dfrac{2n}{n-2}(n \geqslant 3,$ 且 $n \in \mathbf{N})$, 则 $a_n = \dfrac{2}{1 - \dfrac{2}{n}}(n \geqslant 3,$ 且 $n \in \mathbf{N})$.

$\therefore$ 数列 $\{a_n\}$ 从第三项起是一个递减数列, $(a_n)_{\min} = a_3 = \dfrac{2 \times 3}{3-2} = 6$.

$\therefore K < 6$.

又 $K \geqslant 3$, $\therefore 3 \leqslant K < 6$. 又 $K \in \mathbf{N}^*$, $\therefore K = 3, 4, 5$.

这就是说, 构成正 n 面体的面只能是正三角形、正方形和正五边形这三种情况.

（1）正多面体的每个面是正三角形.

①每个顶点是三个正三角形的公共顶点.

正多面体的顶点数 $D = \dfrac{3n}{3} = n$，面数 $M = n$，棱数 $L = \dfrac{3n}{2}$.

由欧拉公式 $D + M - L = 2$，得 $n + n - \dfrac{3n}{2} = 2$.

$\therefore \dfrac{n}{2} = 2, \therefore n = 4.$

②每个顶点是四个正三角形的公共顶点.

$D = \dfrac{3n}{4}, M = n, L = \dfrac{3}{2}n.$

$\therefore \dfrac{3n}{4} + n - \dfrac{3n}{2} = 2. \therefore \dfrac{n}{4} = 2, \therefore n = 8.$

③每个顶点是五个正三角形的公共顶点.

$D = \dfrac{3n}{5}, M = n, L = \dfrac{3}{2}n.$

$\therefore \dfrac{3}{5}n + n - \dfrac{3n}{2} = 2. \therefore \dfrac{n}{10} = 2, \therefore n = 20.$

（2）正多面体的每个面都是正方形.

①每个顶点是三个正方形的公共顶点.

$D = \dfrac{4n}{3}, M = n, L = \dfrac{4}{2}n = 2n.$

$\therefore \dfrac{4n}{3} + n - 2n = 2. \therefore \dfrac{n}{3} = 2, \therefore n = 6.$

②每个顶点是四个或四个以上的正方形的公共顶点.

由于 $K \cdot 90° \geqslant 360° (K \geqslant 4)$. 故不可能构成正多面体.

（3）正多面体的每个面都是正五边形.

①每个顶点是三个正五边形的公共顶点.

$D = \dfrac{5n}{3}, M = n, L = \dfrac{5n}{2}.$

$\therefore \dfrac{5}{3}n + n - \dfrac{5}{2}n = 2. \therefore \dfrac{n}{6} = 2, \therefore n = 12.$

②每个顶点是四个或四个以上的正五边形的公共顶点.

由于 $K \cdot \dfrac{(5-2) \cdot 180°}{5} > 360°(K \geqslant 4)$，故不可能构成正多面体.

综上，正多面体只有五种：正四面体、正方体（正六面体）、正八面体、正十二面体、正二十面体.

4. 为什么我们可以计算出每种正多面体的相邻两个面所成二面角的余弦值？

（1）正四面体.

如图，$ABCD$ 为正四面体. 四个面都是全等的正三角形，设其棱长为1.

设 H 为 AD 的中点. 连接 BH，CH，则 $BH \perp AD$，$CH \perp AD$，

∴ $\angle BHC$ 是二面角 $B-AD-C$ 的平面角.

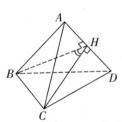

[第4题（1）]

$BH = CH = \dfrac{\sqrt{3}}{2}$，$BC = 1$，在 $\triangle BCH$ 中，由余弦定理可得

$$\cos \angle BHC = \dfrac{(\frac{\sqrt{3}}{2})^2 + (\frac{\sqrt{3}}{2})^2 - 1^2}{2 \times \frac{\sqrt{3}}{2} \times \frac{\sqrt{3}}{2}} = \dfrac{\frac{3}{4} + \frac{3}{4} - 1}{2 \times \frac{3}{4}} = \dfrac{3+3-4}{6} = \dfrac{2}{6} = \dfrac{1}{3}.$$

∴ 正四面体相邻两面所成二面角的余弦值为 $\dfrac{1}{3}$.

（2）正方体（正六面体）.

显然，正方体相邻两面所成二面角是 90°，余弦值为 0.

（3）正八面体.

如图，正四棱锥 $P-ABCD$ 是正八面体的一部分（一半）.

此棱锥的各棱长相等，设其长度为1. 各侧面是正三角形，底面 $ABCD$ 为正方形.

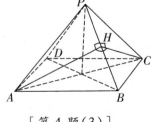

[第4题（3）]

设 H 为 PB 的中点，连接 AH，CH，则 $AH \perp PB$，$CH \perp PB$，

∴ $\angle AHC$ 是二面角 $A-PH-C$ 的平面角，$AH = CH = \dfrac{\sqrt{3}}{2}$，$AC = \sqrt{2}$.

在 $\triangle AHC$ 中,由余弦定理可得

$$\cos \angle AHC = \frac{(\frac{\sqrt{3}}{2})^2 + (\frac{\sqrt{3}}{2})^2 - (\sqrt{2})^2}{2 \times \frac{\sqrt{3}}{2} \times \frac{\sqrt{3}}{2}} = \frac{\frac{3}{4} + \frac{3}{4} - 2}{2 \times \frac{3}{4}} = \frac{3 + 3 - 8}{6} = \frac{-2}{6} = -\frac{1}{3}.$$

故正八面体相邻两面所成二面角的余弦值为 $-\dfrac{1}{3}$.

(4)正十二面体.

如图是正十二面体的一部分为正三棱锥 $P-ABC$,它的侧面是三个全等的顶角为 $108°$ 的等腰三角形.

设侧棱长为 1,则底边 $AB = 2\sin 54°$.

延长 CP,过 A 点作 $AH \perp CP$ 的延长线于点 H,连接 BH,由对称性知 $BH \perp CP$,

∴ $\angle AHB$ 是二面角 $A - PC - B$ 的平面角.

∵ $\angle APC = 108°$,∴ $\angle APH = 180° - 108° = 72°$,

∴ $AH = \sin 72°$,∴ $BH = \sin 72°$.

[第 4 题(4)]

在 $\triangle AHB$ 中,由余弦定理可得:$\cos \angle AHB = \dfrac{AH^2 + BH^2 - AB^2}{2AH \cdot BH} =$

$$\frac{\sin^2 72° + \sin^2 72° - 4\sin^2 54°}{2 \cdot \sin 72° \sin 72°} = \frac{2\sin^2 72° - 4\sin^2 54°}{2\sin^2 72°} = 1 - \frac{2\sin^2 54°}{\sin^2 72°}.$$

为计算 $\cos \angle AHB$ 的精确值,先计算 $\sin 18°$ 的值.

证明:∵ $\cos 54° = \cos(36° + 18°) = \cos 36° \cos 18° - \sin 36° \sin 18° = (1 - 2\sin^2 18°)\cos 18° - 2\sin^2 18° \cos 18° = \cos 18°(1 - 4\sin^2 18°)$,

∵ $\sin 36° = \cos 54°$,∴ $2\sin 18° \cos 18° = \cos 18°(1 - 4\sin^2 18°)$.

∵ $\cos 18° \neq 0$,∴ $2\sin 18° = 1 - 4\sin^2 18°$,∴ $4\sin^2 18° + 2\sin 18° - 1 = 0$.

∴ $\sin 18° > 0$,∴ $\sin 18° = \dfrac{-2 + \sqrt{2^2 - 4 \times 4 \times (-1)}}{2} = \dfrac{-2 + 2\sqrt{5}}{8} = \dfrac{\sqrt{5} - 1}{4}$,

$$\frac{\sin 54°}{\sin 72°} = \frac{\sin 54°}{2\sin 36° \cos 36°} = \frac{\sin 54°}{2\sin 36° \sin 54°} = \frac{1}{2\sin 36°}$$

∴ $\dfrac{\sin^2 54°}{\sin^2 72°} = \dfrac{1}{4\sin^2 36°}$

$$= \frac{1}{4 \times 4\sin^2 18° \cos^2 18°}$$

$$= \frac{1}{16 \times (\frac{\sqrt{5}-1}{4})^2 \left[1 - (\frac{\sqrt{5}-1}{4})^2 \right]}$$

$$= \frac{16}{(6 - 2\sqrt{5})(16 - 6 + 2\sqrt{5})} = \frac{16}{(6 - 2\sqrt{5})(10 + 2\sqrt{5})}$$

$$= \frac{4}{(3 - \sqrt{5})(5 + \sqrt{5})} = \frac{4}{15 + 3\sqrt{5} - 5\sqrt{5} - 5}$$

$$= \frac{4}{10 - 2\sqrt{5}} = \frac{2}{5 - \sqrt{5}} = \frac{2(5 + \sqrt{5})}{25 - 5} = \frac{5 + \sqrt{5}}{10}.$$

$$\therefore \cos\angle AHB = 1 - \frac{2\sin^2 54°}{\sin^2 72°} = 1 - 2 \times \frac{5 + \sqrt{5}}{10} = 1 - \frac{5 + \sqrt{5}}{5} = -\frac{\sqrt{5}}{5}.$$

故正十二面体每相邻两面所成二面角的余弦值为 $-\frac{\sqrt{5}}{5}$.

(5)正二十面体.

如图,是正二十面体的一部分,为正五棱锥 $P - ABCDE$. 它的侧面是五个全等的正三角形,底面为正五边形.

设侧棱长为 1,设 H 为 PB 的中点. 连接 AH, CH, AC. 则 $AH = CH = \frac{\sqrt{3}}{2}$,$\angle ABC = 108°$,

$\therefore AC = 2\sin 54°$.

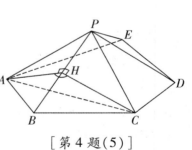

[第 4 题(5)]

$\because H$ 为 PB 的中点,$\therefore AH \perp PB, CH \perp PB$,

$\therefore \angle AHC$ 是二面角 $A - PB - C$ 的平面角.

在 $\triangle AHC$ 中,由余弦定理可得

$$\cos\angle AHC = \frac{AH^2 + CH^2 - AC^2}{2AH \cdot CH}$$

$$= \frac{(\frac{\sqrt{3}}{2})^2 + (\frac{\sqrt{3}}{2})^2 - (2\sin 54°)^2}{2 \times \frac{\sqrt{3}}{2} \times \frac{\sqrt{3}}{2}} = \frac{\frac{3}{4} + \frac{3}{4} - 4\sin^2 54°}{2 \times \frac{3}{4}}$$

$$= \frac{3+3-16\sin^2 54°}{6} = 1 - \frac{8}{3}\sin^2 54°$$

$$= 1 - \frac{8}{3}(3\sin 18° - 4\sin^3 18°)$$

$$= 1 - \frac{8}{3}\left[3 \times \frac{\sqrt{5}-1}{4} - 4 \times (\frac{\sqrt{5}-1}{4})^3\right] = \frac{1-2\sqrt{5}}{3}.$$

∴ 正二十面体每相邻两面所成二面角的余弦值为 $\frac{1-2\sqrt{5}}{3}$.

5. 欧拉公式应用举例.

例1 一个简单多面体的各面都是三角形,证明它的顶点数 D 和面数 M 有 $M = 2D - 4$ 的关系.

证明 由已知简单多面体的各面都是三角形,又相邻两面都有 1 条公共棱,

∴ 棱数 $L = \frac{3M}{2}$. 由欧拉公式 $D + M - L = 2$ 得 $D + M - \frac{3M}{2} = 2$.

∴ $2D + 2M - 3M = 4$, ∴ $M = 2D - 4$.

例2 一个凸多面体的各面都是四边形,证明它的顶点数 D 和面数 M 有 $M = D - 2$ 的关系.

证明 由已知凸多面体的各面都是四边形,又相邻两面都有一条公共棱,

∴ 棱数 $L = \frac{4M}{2} = 2M$.

由欧拉公式 $D + M - L = 2$ 得 $D + M - 2M = 2$.

∴ $M = D - 2$.

例3 C_{70} 分子有与 C_{60} 分子类似的球状多面体结构,它有 70 个顶点,以每个顶点为一端都有 3 条棱. 各面是五边形或六边形,求 C_{70} 分子中五边形和六边形的个数.

解 设 C_{70} 分子中五边形和六边形分别有 x 个和 y 个.

C_{70} 分子这个多面体的顶点数 $D = 70$,面数 $M = x + y$,棱数 $L = \frac{1}{2}(3 \times 70) = 105$.

由欧拉公式可得 $70+(x+y)-105=2$,$\therefore x+y=37$. ①

又棱数也可由多边形的边数表示,于是得 $\dfrac{1}{2}(5x+6y)=105$ ②

①②联立,解得 $\begin{cases} x=12 \\ y=25 \end{cases}$

$\therefore C_{70}$ 分子中有五边形 12 个,六边形 25 个.

6. 为什么有些图形经过折叠能围成一个立方体,有的不能?

为了回答这个问题,只要将一个正方体的表面沿某些棱剪开,展成一个平面图形即可,展成的平面图形有如下形状:

(1)"1,4,1"型.

第 1 行的 1 个正方形有 4 个位置;

第 2 行有 4 个正方形;

第 3 行的 1 个正方形有 4 个位置.

[第6题(1)]

故可剪开 $4\times1\times4=16$ 种图形,当然,这样的每一种图形都可围成一个正方体

(2)"1,3,2"型.

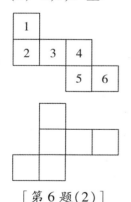

第 1 行的正方形有 3 个位置;

第 2 行有 3 个正方形;

第 3 行的 2 个正方形有 2 种情况(见左下).

共可剪开 $3\times1\times2=6$ 种图形. 每一种图形又可围成一个正方体.

[第6题(2)]

(3)"2,2,2"型.

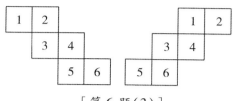

这两种图形都可
围成一个正方体.

[第6题(3)]

7. 怎样将能围成正方体的图形中,迅速找出某一格的对面是哪一格? 它有什么规律?

实践是检验真理的唯一标准,当你将不同类型的图形围成正方体,认真观察并从中找出规律,就能迅速找出某一格的对面是哪一格. 如第6题(1)中,(1,6)(2,4)(3,5)为三组对面的格子. 规律是:中间隔1格,两旁是对面. 而在第6题(3)中,(1,5)(2,4)(3,6)为三组对面的格子,因为折叠时1,5,6只能同时向第二行折,而最后6向左折. 故1不论在2,3,4格的哪一格的上方,都与5是对面格,2,4显然是对面格. 而余下的3,6为对面格.

对于拖"2,2,2"型,找对面规律性强,"邻行隔1格". 即(1,4)(2,5)(3,6)为三组对面的格子.

8. 为什么曲面上的两点(包含两点分别在不同的平面内)可以找到最短路径?

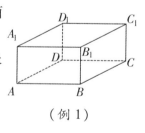

例1 在长方体 $ABCD-A_1B_1C_1D_1$ 中,点 A 沿长方体表面到 C_1 点的最短距离是多少? 为什么? ($AB=5cm,AD=4cm,AA_1=3cm$)

(例1)

解 分两种情况.

(1)展开长方体表面,得矩形 ABC_1D_1,连接 AC_1.

在 Rt△ABC_1 中,$AB=5cm,BC_1=(3+4)cm=7cm$.

由勾股定理得 $AC_1=\sqrt{5^2+7^2}=\sqrt{25+49}=\sqrt{74}$(cm).

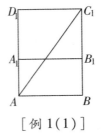

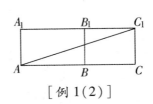

[例1(1)]　　　　　　　[例1(2)]

(2) 展开长方体表面,得矩形 A_1ACC_1.

连接 AC_1,在 $Rt\triangle ACC_1$ 中,$AC = 5 + 4 = 9(cm)$,$CC_1 = 3(cm)$.

由勾股定理得 $AC_1 = \sqrt{9^2 + 3^2} = \sqrt{90}(cm)$.

∵ $\sqrt{74} < \sqrt{90}$,且两点之间直线距离最短,

∴ A 沿长方体表面到 C_1 点的最短距离为 $\sqrt{74}$ cm.

例2 如图,M 是圆锥母线 PA 的中点. 圆锥的轴截面为等边三角形,底面半径 $OA = 5cm$. 点 B 沿圆锥表面到达点 M 的最短距离是多少? 为什么?

解 沿母线 PB 将圆锥侧面展开,设展开后所得扇形圆心角为 θ(弧度).

由题意得 $\theta \cdot PB = 2\pi \cdot OA$.

∴ $10\theta = 2\pi \cdot 5$,∴ $\theta = \pi$. ∴ 展开后的扇形为半圆. 设 A' 为圆弧 $\overparen{BB'}$ 的中点,则展开后,A 与 A' 重合,M 与 M' 重合.

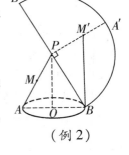

(例2)

∴ $PA' \perp PB$,M' 为 PA' 的中点. 连接 BM'.

在 $Rt\triangle BPM'$ 中,$PB = 10cm$,$PM' = 5cm$,由勾股定理得

$BM' = \sqrt{10^2 + 5^2} = \sqrt{125} = 5\sqrt{5}(cm)$.

∵ 两点间直线距离最短,

∴ 点 B 沿圆锥表面到达点 M 的最短距离为 $5\sqrt{5}$ cm.

9. 为什么在球面上两点之间的最短连线的长度是经过这两点的大圆在这两点间的一段劣弧的长?

如图,$\odot O$ 的半径为 R,在 y 轴的正半径上取一点 O_1,现在以 O_1 为圆心,以 r ($R > r$) 为半径作一 $\odot O_1$,要使 $\odot O_1$ 与 $\odot O$ 相交,必须满足 $R - r < OO_1 < R +$

r 这一条件,显然此时 $\odot O_1$ 的半径为 $r = O_1 D$,点 D 必在大圆 $\odot O$ 外(如图).
因此,$\odot O$ 的 AB 劣弧长 < $\odot O_1$ 的 AB 劣弧长. 这就证明了一个事实:交于两点所有圆弧中,半径最大的圆的劣弧长 < 半径小的圆的劣弧长. 这就证明了地球球面上两点之间的最短距离是经过这两点的大圆在这两点间的一段劣弧的长. 这段劣弧的长度叫作两点的球面距离. 图 2 中 $\overparen{PQ}$ 的长度就是 P,Q 两点的球面距离. 飞机和轮船都是尽可能以大圆弧为航线航行.

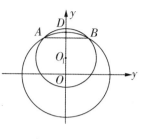

(第 9 题图 1)

例 如图 2,点 P 是位于赤道上的一点,点 Q 位于北纬 $60°$ 圈上.P,Q 两点的经度差为 $60°$.求 P,Q 两点的球面距离.(地球的半径用 R 表示)

解 如图,设 Q 点所在纬度圈的圆心为 O_1,其半径 $r = O_1 Q$,则 $OO_1 \perp O_1Q$,$OO_1 \perp$ 赤道平面.过 Q 作 $QH \perp$ 赤道平面,连接 OP,PQ,PH.

在 $\mathrm{Rt}\triangle OQH$ 中,$OH = R\cos 60° = \dfrac{R}{2}$,$QH = R\sin 60° = \dfrac{\sqrt{3}}{2}R$.

在 $\triangle POH$ 中,由余弦定理可得

(第 9 题图 2)

$$PH^2 = R^2 + \left(\dfrac{R}{2}\right)^2 - 2R \cdot \dfrac{R}{2}\cos 60° = R^2 + \dfrac{R^2}{4} - \dfrac{R^2}{2} = \dfrac{3}{4}R^2.$$

在 $\mathrm{Rt}\triangle PQH$ 中.$PQ = \sqrt{PH^2 + QH^2} = \sqrt{\dfrac{3}{4}R^2 + \dfrac{3}{4}R^2} = \sqrt{\dfrac{6}{4}R^2} = \dfrac{\sqrt{6}}{2}R.$

在 $\triangle POQ$ 中,由余弦定理得 $\cos \angle POQ = \dfrac{R^2 + R^2 - \dfrac{6}{4}R^2}{2R \cdot R} = \dfrac{4-3}{4} = \dfrac{1}{4}.$

$\therefore \overparen{PQ}$ 的长 $= R \cdot \arccos \dfrac{1}{4}.$

注:$\arccos \dfrac{1}{4}$ 表示一个角,它的弧度数等于余弦值为 $\dfrac{1}{4}$ 的锐角的弧度数.

10. 三垂线定理及其逆定理.

(1)三垂线定理:在平面内的一条直线,如果和这个平面的一条斜线的射影垂直,那么它也和这条斜线垂直.

> **例** 已知:如图,PA,PO 分别是平面 α 的垂线,斜线 AO 是 PO 在平面 α 内的射影,且 $a \subset \alpha, a \perp AO$.
>
> 求证:$a \perp PO$.

> **证明** $\because PA \perp \alpha, a \subset \alpha, \therefore PA \perp a$.
>
> 又 $a \perp AO, AO \cap PA = A$,
>
> $\therefore a \perp$ 平面 PAO.
>
> $\because PO \subset$ 平面 $PAO, \therefore a \perp PO$.

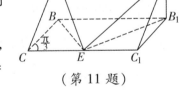

(第10题)

(2)三垂线定理的逆定理:在平面内的一条直线,如果和平面的一条射线垂直,那么它也和这条斜线的射影垂直.

其证明过程与三垂线定理的证明过程类似.(略)

11. 为什么三垂线定理及其逆定理可以使证明线线垂直、线面垂直、面面垂直的步骤更简便?

由于用三垂线定理及其逆定理证明两条直线垂直时,省去了证明线面垂直的步骤.因此可以使证明线线垂直、线面垂直、面面垂直的步骤更简便,且更易找到解题证题思路.

> **例** 如图,在三棱柱 $ABC - A_1B_1C_1$ 中,$AB \perp$ 侧面 BB_1C_1C,$BC = 1$,$\angle BCC_1 = \dfrac{\pi}{3}$,$BB_1 = 2$.

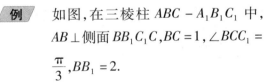

(第11题)

试在 CC_1(不包含端点 C,C_1)上确定一点 E,使得 $EA \perp EB_1$.

分析:要使 $EA \perp EB_1$,只要 $EB_1 \perp EA$ 在平面 BCC_1B_1 内的射影 BE.

> **解** 设点 E 在 CC_1 上且满足 $EA \perp EB_1$,由于 $AB \perp$ 平面 BB_1C_1C,BE 是 AE 在平面 BB_1C_1C 内的射影,因此只需 $B_1E \perp BE$ 即可.
>
> 不妨设 $CE = x(0 < x < 2)$,则 $C_1E = 2 - x$.
>
> $\because \angle BCC_1 = \dfrac{\pi}{3}, \therefore$ 由余弦定理得 $BE^2 = x^2 + 1^2 - 2 \cdot 1 \cdot x \cdot \cos \dfrac{\pi}{3} = x^2 - x + 1$.

又 $\angle BCC_1 = \pi - \dfrac{\pi}{3} = \dfrac{2\pi}{3}$, ∴ 由余弦定理得 $B_1E^2 = (2-x)^2 + 1^2 -$

$2(2-x)\cos\dfrac{2\pi}{3} = x^2 - 5x + 7$.

若 $B_1E \perp BE$, 则 $BE^2 + B_1E^2 = BB_1^2$, 即 $x^2 - x + 1 + x^2 - 5x + 7 = 4$.

化为 $2x^2 - 6x + 4 = 0$, 即 $x^2 - 3x + 2 = 0$.

解得 $x = 1$ 或 $x = 2$(舍去). ∴ $x = 1$.

∵ $CC_1 = 2$, ∴ E 为 CC_1 的中点.

∴ 当 E 为 CC_1 的中点时, $EB_1 \perp BE$, ∴ $EB_1 \perp EA$, 即 $EA \perp EB_1$.

12. 为什么可以不用向量法求二面角的平面角?

一般地说,解决某些数学问题可以有多种方法. 比较而言,总有一种方法是最好的,就求二面角的大小来说,有的用向量法好,有的用非向量法好.

例1 在三棱锥 $A-BCD$ 中, $AB = AD = 5$, $BD = 6$, $BC = DC = 4$, $AC = 3$. 则二面角 $A-BD-C$ 的余弦值为_____.

解 设 H 为 BD 的中点,连接 AH, CH.

∵ $AB = AD$, ∴ $AH \perp BD$. 同理 $CH \perp BD$.

∴ $\angle AHC$ 是二面角 $A-BD-C$ 的平面角.

由已知可得 $AH = 4$, $CH = \sqrt{4^2 - 3^2} = \sqrt{7}$.

在 $\triangle AHC$ 中,由余弦定理可得

$$\cos AHC = \dfrac{AH^2 + CH^2 - AC^2}{2AH \cdot CH} =$$

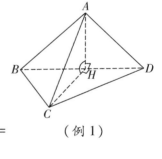

(例1)

$$\dfrac{4^2 + (\sqrt{7})^2 - 3^2}{2 \times 4 \times \sqrt{7}} = \dfrac{14}{2 \times 4\sqrt{7}} = \dfrac{\sqrt{7}}{4}$$

例2 在四棱锥 $P-ABCD$ 中. $ABCD$ 是边长为 1 的菱形,且 $\angle DAB = 60°$, $PA = PD = \sqrt{2}$, $PB = 2$, E, F 分别是 BC, PC 的中点.

(1)求证: $AD \perp$ 平面 DEF.

(2)求二面角 $P-AD-B$ 的余弦值.

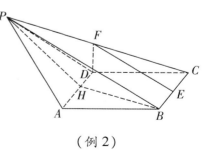

(例2)

(1) **证明** 设 H 是 AD 的中点,连接 PH,BH,BD.

$\because PA = PD,\therefore AD \perp PH$.

$\because ABCD$ 为菱形且 $\angle DAB = 60°$,

$\therefore \triangle ABD$ 和 $\triangle DBC$ 都是正三角形.

$\therefore AD \perp BH$. 又 $\because PH \cap BH = H,\therefore AD \perp$ 平面 PBH.

$\because E,F$ 分别为 BC,PC 的中点,$\therefore EF /\!/ PB,DE \perp BC$.

$\because ABCD$ 为菱形,$\therefore AD /\!/ BC. \therefore DE /\!/ BH$.

$\because DE \not\subset$ 平面 $PBH,BH \subset$ 平面 $PBH,\therefore ED /\!/$ 平面 PBH.

$\because DE \cap EF = E,\therefore$ 平面 $EFD /\!/$ 平面 PBH.

$\because AD \perp$ 平面 $PBH,\therefore AD \perp$ 平面 EFD.

(2) **解** 由(1)$AD \perp PH,AD \perp BH,\therefore \angle PHB$ 是二面角 $P - AD - B$ 的平面角.

$\because PA = PD = \sqrt{2},AD = 1,\therefore PH = \sqrt{(\sqrt{2})^2 - (\frac{1}{2})^2} = \frac{\sqrt{7}}{2}$,

$BH = \frac{\sqrt{3}}{2}$.

又由已知 $PB = 2,\therefore$ 在 $\triangle PBH$ 中,由余弦定理可得

$$\cos \angle PHB = \frac{PH^2 + BH^2 - PB^2}{2PH \cdot BH} = \frac{(\frac{\sqrt{7}}{2})^2 + (\frac{\sqrt{3}}{2})^2 - 2^2}{2 \times \frac{\sqrt{7}}{2} \times \frac{\sqrt{3}}{2}} = $$

$$\frac{7+3-16}{2\sqrt{21}} = \frac{-6}{2\sqrt{21}} = -\frac{\sqrt{21}}{7}.$$

$\therefore$ 二面角 $P - AD - B$ 的余弦值为 $-\frac{\sqrt{21}}{7}$.

例3 如图,在三棱锥 $A - OBC$ 中,$OA \perp$ 平面 $OBC,OB \perp OC,OA = 5,OB = 4,OC = 3$,则二面角 $A - BC - O$ 的正切值为_____.

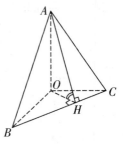

(例3)

解 过 O 作 $OH \perp BC$ 于点 H,连接 AH. 由三垂线定理得 $BC \perp AH$,

∴ $\angle AHO$ 是二面角 $A - BC - O$ 的平面角.

在 Rt△BOC 中,$OH = \dfrac{OB \cdot OC}{BC} = \dfrac{4 \times 3}{5} = \dfrac{12}{5}$.

在 Rt△AHO 中,$\tan \angle AHO = \dfrac{OA}{OH} = \dfrac{5}{\dfrac{12}{5}} = \dfrac{25}{12}$.

例4 如图,平面 $\alpha \cap$ 平面 $\beta = CD$,$PA \perp \alpha$ 于点 A,$PB \perp \beta$ 于点 B,$PA = 2$,$PB = 1$,$AB = \sqrt{7}$.

求二面角 $\alpha - CD - \beta$ 的大小.

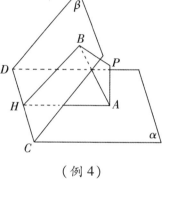

解 ∵ $PA \perp \alpha$,$\alpha \cap \beta = CD$,∴ $PA \perp CD$. 同理 $PB \perp CD$.

又 $PA \cap PB = P$,∴ $CD \perp$ 平面 PAB.

设平面 $PAB \cap CD = H$,则 $CD \perp AH$,$CD \perp BH$,∴ $\angle BHA$ 为二面角 $\alpha - CD - \beta$ 的平面角.

在 △PAB 中,$PA = 2$,$PB = 1$,$AB = \sqrt{7}$,

∴ $\cos \angle APB = \dfrac{2^2 + 1^2 - (\sqrt{7})^2}{2 \times 2 \times 1} = -\dfrac{1}{2}$.

∴ $\angle APB = 120°$.

∵ $\angle PAH = \angle PBH = 90°$,∴ $\angle BHA = 60°$.

∴ 二面角 $\alpha - CD - \beta$ 的大小为 $60°$.

（例4）

注:以上例题,若用向量法,多有不当;而下面的实例用向量法则非常恰当.

例5 在四棱锥 $C - ABDE$ 中,△ABC 为正三角形. $AE \perp$ 平面 ABC,$BD \perp$ 平面 ABC. M 为 CD 上一点. $BD = BC = 2AE = 2$.

(1)求证:$AE /\!/$ 平面 BCD.

(2)当 $EM \perp BD$ 时,求二面角 $M - AB - C$ 的余弦值.

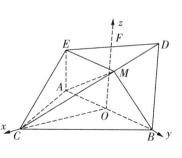

（例5）

(1) **证明** $\because AE \perp$ 平面 ABC, $BD \perp$ 平面 ABC, $\therefore AE /\!/ BD$.

又 $\because AE \not\subset$ 平面 BCD, $BD \subset$ 平面 BCD, $\therefore AE /\!/$ 平面 BCD.

(2) **解** 设 O, F 分别为 AB, DE 的中点. 连接 OC, OF.

$\because \triangle ABC$ 为正三角形, $\therefore OC \perp AB$, OF 为梯形 $ABDE$ 的中位线.

$\therefore OF /\!/ AE$. $\therefore OF \perp$ 平面 ABC.

以 O 为原点, 分别以 OC, OB, OF 为 x, y, z 轴方向建立空间直角坐标系 $O-xyz$.

设 $M(x_1, y_1, z_1)$, 由题意, $E(0, -1, 1)$, $A(0, -1, 0)$, $B(0, 1, 0)$, $D(0, 1, 2)$, $C(\sqrt{3}, 0, 0)$.

$\because M$ 在 CD 上, 设 $K\overrightarrow{CD} = \overrightarrow{CM}$.

$\therefore K(-\sqrt{3}, 1, 2) = (x_1 - \sqrt{3}, y_1, z_1)$.

$\therefore \begin{cases} x_1 - \sqrt{3} = -\sqrt{3}x \\ y_1 = K \\ z_1 = 2K \end{cases}$

$\therefore M(\sqrt{3} - \sqrt{3}K, K, 2K)$.

由 $EM \perp BD \Rightarrow \overrightarrow{EM} \cdot \overrightarrow{BD} = 0$,

即 $(x_1, y_1 + 1, z_1 - 1)(0, 0, 2) = 0$, 得 $2(z_1 - 1) = 0$.

$\therefore z_1 = 1$.

$\therefore \overrightarrow{AM} = \left(\dfrac{\sqrt{3}}{2}, \dfrac{3}{2}, 1\right)$, $\overrightarrow{BM} = \left(\dfrac{\sqrt{3}}{2}, -\dfrac{1}{2}, 1\right)$.

设 $\overrightarrow{a} = (x_0, y_0, z_0)$ 是平面 MAB 的法向量, 则

$\begin{cases} \overrightarrow{AB} \cdot \overrightarrow{a} = 0 \\ \overrightarrow{BM} \cdot \overrightarrow{a} = 0 \end{cases} \Rightarrow \begin{cases} (0, 2, 0)(x_0, y_0, z_0) = 0 \\ \dfrac{\sqrt{3}}{2}x_0 - \dfrac{1}{2}y_0 + z_0 = 0 \end{cases}$

取 $x_0 = \sqrt{3}$ 得 $\begin{cases} x_0 = \sqrt{3} \\ y_0 = 0 \\ z_0 = -\dfrac{3}{2} \end{cases}$

$$\therefore \vec{a}\left(\sqrt{3}, 0, -\frac{3}{2}\right).$$

取平面 ABC 的法向量 $\vec{b} = (0, 0, 1)$.

设二面角 $M - AB - C$ 的大小为 θ, 由题意 θ 为锐角,

$$\cos\theta = \frac{|\vec{a} \cdot \vec{b}|}{|\vec{a}||\vec{b}|} = \frac{\frac{3}{2}}{1 \cdot \sqrt{3 + 0 + \frac{9}{4}}} = \frac{\frac{3}{2}}{\frac{\sqrt{21}}{2}} = \frac{3}{\sqrt{21}} = \frac{\sqrt{21}}{7}.$$

$\therefore$ 二面角 $M - AB - C$ 的余弦值为 $\frac{\sqrt{21}}{7}$.

例6 如图所示的几何体中, $BE \perp BC$, $EA \perp AC$, $BC = 2$, $AC = 2\sqrt{2}$, $\angle ACB = 45°$, $AD /\!/ BC$, $BC = 2AD$.

(1) 求证: $AE \perp$ 平面 $ABCD$.

(2) 若 $\angle ABE = 60°$, 点 F 在 EC 上, 且满足 $EF = tEC(0 < t < 1)$. 若二面角 $F - AD - C$ 的余弦值为 $\frac{2\sqrt{7}}{7}$, 求 t 的值.

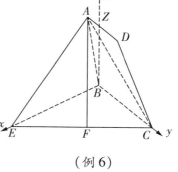

(例6)

(1) **证明** 在 $\triangle ABC$ 中, $BC = 2$, $AC = 2\sqrt{2}$, $\angle ACB = 45°$.

由余弦定理可得

$$AB^2 = BC^2 + AC^2 - 2BC \cdot AC \cdot \cos 45°$$

$$= 2^2 + (2\sqrt{2})^2 - 2 \times 2 \times 2\sqrt{2} \times \frac{\sqrt{2}}{2}$$

$$= 4.$$

$\therefore AB = 2$, $AC^2 = AB^2 + BC^2$.

$\therefore \triangle ABC$ 是直角三角形, $AB \perp BC$.

又 $BC \perp AE$, $EA \perp AC$, $AC \cap BC = C$, $\therefore AE \perp$ 平面 $ABCD$.

(2) **解** 由 (1) $BC \perp$ 平面 ABE, $BC \subset$ 平面 BEC, $\therefore$ 平面 $BEC \perp$ 平面 ABE.

过点 B 作 $BZ \perp BE$，则 $BZ \perp$ 平面 BEC.

如图，以 BE, BC 所在直线分别为 x, y 轴，BZ 为 z 轴，建立如图所示的空间直角坐标系 $B - xyz$，

则 $B(0,0,0), C(0,2,0), E(4,0,0), A(1,0,\sqrt{3}), D(1,1,\sqrt{3})$.

$\because EF = tEC, \therefore F(4-4t, 2t, 0), \overrightarrow{AD} = (0,1,0), \overrightarrow{AF} = (3-4t, 2t, -\sqrt{3})$.

设平面 ADF 的法向量为 $\vec{n} = (x,y,z)$，则

$$\begin{cases} \overrightarrow{AC} \cdot \vec{n} = 0 \\ \overrightarrow{AF} \cdot \vec{n} = 0 \end{cases} \Rightarrow \begin{cases} y = 0 \\ (3-4t)x + 2ty - \sqrt{3}z = 0 \end{cases}$$

令 $x = 1$，则 $y = 1, z = \dfrac{3-4t}{\sqrt{3}}. \therefore \vec{n}\left(1, 0, \dfrac{3-4t}{\sqrt{3}}\right)$.

由(1)知 $EA \perp$ 平面 ABD，$\overrightarrow{EA} = (-3, 0, \sqrt{3})$ 为平面 $ABCD$ 的一个法向量.

由已知 $\dfrac{|\overrightarrow{EA} \cdot \vec{n}|}{|\overrightarrow{EA}||\vec{n}|} = \dfrac{|4t|}{2\sqrt{3}\sqrt{1 + 0 + \dfrac{(3-4t)^2}{3}}} = \dfrac{2\sqrt{7}}{7}$，

化简得 $3t^2 - 8t + 4 = 0$.

解得 $t = \dfrac{2}{3}$ 或 $t = -2$（舍去），$\therefore t = \dfrac{2}{3}$.

例7 已知在四棱锥 $P - ABCD$ 中，$PD \perp$ 平面 $ABCD$，$AD \perp DC$，$BC \perp DC$（如图），$AD = DC = PD = 2$，$BC = 1$，PA 上是否存在一点 M，使二面角 $A - MB - D$ 的余弦值为 $\dfrac{1}{9}$？若存在，求出点 M 的坐标；若不存在，请说明理由.

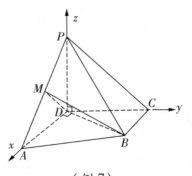

（例7）

解 由题意，以 D 为原点，分别以 DA, DC, DP 为 x, y, z 轴方向建立如图所示的空间直角坐标系 $D - xyz$. 则 $D(0,0,0), A(2,0,0)$，

$C(0,2,0),B(1,2,0),P(0,0,2).$

设存在点 $M(a,0,2-a)(0<a<2)$，使二面角 $A-MB-D$ 的余弦值为 $\dfrac{1}{9}$. 则 $\overrightarrow{BA}=(1,-2,0),\overrightarrow{BM}=(a-1,-2,2-a),\overrightarrow{DB}=(1,2,0).$

设 $\overrightarrow{m}=(x_1,y_1,z_1)$ 是平面 ABM 的法向量，则 $\begin{cases} \overrightarrow{m}\cdot\overrightarrow{BA}=0 \\ \overrightarrow{m}\cdot\overrightarrow{BM}=0 \end{cases}$

$\therefore \begin{cases} x_1-2y_1=0 \\ (a-1)x_1-2y_1+(2-a)z_1=0 \end{cases}$

取 $y_1=1$，则 $x_1=2$，得 $\overrightarrow{m}=(2,1,2).$

设 $\overrightarrow{n}=(x_2,y_2,z_2)$ 是平面 MBD 的法向量，则

$\begin{cases} \overrightarrow{n}\cdot\overrightarrow{BM}=0 \\ \overrightarrow{n}\cdot\overrightarrow{DB}=0 \end{cases} \Rightarrow \begin{cases} (a-1)x_2-2y_2+(2-a)z_2=0 \\ x_2+2y_2=0 \end{cases}$

取 $y_2=-1$，得 $x_2=2.$

$\therefore \overrightarrow{n}=(2,-1,\dfrac{2a}{a-2}).$

由 $\cos\theta=\dfrac{|\overrightarrow{m}\cdot\overrightarrow{n}|}{|\overrightarrow{m}|\cdot|\overrightarrow{n}|}$

$=\dfrac{\left|4-1+\dfrac{4a}{a-2}\right|}{\sqrt{2^2+1^2+2^2}\cdot\sqrt{2^2+(-1)^2+(\dfrac{2a}{a-2})^2}}$

$=\dfrac{|7a-6|}{3\sqrt{9a^2-20a+20}}=\dfrac{1}{9},$

化为 $27a^2-46a+19=0$，解得 $a=1$ 或 $a=\dfrac{19}{27}$（舍去）.

$\therefore M(1,0,1).$

$\therefore$ 存在点 $M(1,0,1)$ 满足题设条件.

幻方篇

　　什么叫作幻方呢？为什么要称为幻方呢？在一个n×n的方格中，有1，2，3，…，$n^2(n\geq3)$，这n^2个数形成一个方阵，如果方阵的每行、每列及两条对角线上的数之和都相等，那么这个方阵就称为n阶幻方.大多数人都感到幻方非常神奇，不可思议，竟然能把这么多的数调理得每行、每列、两条对角线上数之和都相等，这简直像变魔术一样梦幻.因此，数学家将其称为"幻方".填写幻方有哪些方法？它有哪些规律？幻方是否仅有唯一解？一般来说，填写幻方有三类方法：变换生成法、数组法以及模块法，这三类方法各有千秋.

第一节 变换生成法

一、奇阶幻方的填写步骤.

1. 把 $1,2,3,\cdots,n^2(n\geq3)$ 按从小到大的顺序填写,且每一行都要比上一行向左移动一格;

2. 把右上角和左下角相当于腰长为 $\dfrac{n-1}{2}$ 格的等腰直角三角形割下,分别平移到左上角和右下角的位置,使其变为一个 $n\times n$ 阶方阵;

3. 把上述方阵中的第 1 行从下向右上 45°方向填写,第 2 行以及以后各行的数都填写到上面数的下方;

4. 把右上角和左下角相当于腰长为 $\dfrac{n-1}{2}$ 格的等腰直角三角形割下,分别平移到右下角和左上角的位置,就可以得到 n 阶 $(n\geq3,n$ 为奇数)幻方.

具体举例如下.

例1 3 阶幻方:

```
  （1）        （2）       （3）       （4）
    1 2│3      3 1 2         2        ┌─────┐
  │ 4 5 6 │  ⇒ 4 5 6  ⇒    1 6    ⇒  │8 1 6│
  7│8 9      8 9 7        3 5 7      │3 5 7│
                          4 9        │4 9 2│
                            8        └─────┘
```

例2 5 阶幻方:

```
          （1）                    （2）
     1  2  3│4  5            4  5  1  2  3
     6  7  8  9│10          10  6  7  8  9
   11 12 13 14 15      ⇒   11 12 13 14 15   ⇒
   16│17 18 19 20          17 18 19 20 16
 21 22│23 24 25            23 24 25 21 22
```

（3）　　　　　　　　　（4）

```
        3
      2 9
    1 8 15     ⇒
    5 7 14 16
   4 6 13 20 22
  10 12 19 21
  11 18 25
  17 24
  23
```

```
17 24  1  8 15
23  5  7 14 16
 4  6 13 20 22
10 12 19 21  3
11 18 25  2  9
```

二、偶阶幻方的填写步骤.

1. 双偶阶（$4n$ 阶 $n \in \mathbf{N}^*$）幻方.

（1）4 阶（基础）幻方.

a. 从小到大依次填写成 4×4 阶方阵；

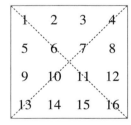

b. 将对角线上的数进行对称交换就得到 4 阶幻方（如图）.

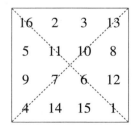

（2）8 阶幻方.

先将 8 阶幻方表示成如图所示的 4 个 4 阶幻方：$\begin{array}{|cc|} A & C \\ D & B \end{array}$. 其中，$A$ 为基础 4 阶幻方，B 的每个元素是由 A 中的每个元素加 16 而成，C 的每个元素是由 A 中的每个元素加 32 而成，D 的每个元素是由 A 中的每个元素加 48

而成. 然后将 A,D 左侧两列元素整体对调,并将 B,C 右侧两列元素整体对调即可.

16	2	3	13	48	34	35	45
5	11	10	8	37	43	42	40
9	7	6	12	41	39	38	44
4	14	15	1	36	46	47	33
64	50	51	61	32	18	19	29
53	59	58	56	21	27	26	24
57	55	54	60	25	23	22	28
52	62	63	49	20	30	31	17

$\Rightarrow$

64	50	3	13	48	34	19	29
53	59	10	8	37	43	26	24
57	55	6	12	41	39	22	28
52	62	15	1	36	46	31	17
16	2	51	61	32	18	35	45
5	11	58	56	21	27	42	40
9	7	54	60	25	23	38	44
4	14	63	49	20	30	47	33

　　类似地,12 阶幻方可用 4 个 6 阶幻方表示 A,B,C,D,不过要左右两边分别对调 3 列.

　　16 阶幻方可用 4 个 8 阶幻方变换生成,20 阶幻方可用 4 个 10 阶幻方生成. 至于上述所提 6 阶幻方、10 阶幻方,它们是单偶阶(仅能被 2 整除不能被 4 整除的阶数幻方,称为单偶阶幻方). 下面就介绍单偶阶幻方的变换生成方法.

2. 单偶阶($4n+2$ 阶,$n \in \mathbf{N}^{*}$)幻方.

　　将单偶阶幻方表示为 $4n+2$($n \in \mathbf{N}^{*}$)阶幻方,将其等分为 4 份,称为

下图所示 A,B,C,D 四个 $2n+1$ 阶奇阶幻方.

A 用 1 至 $(2n+1)^2$ 填写成 $2n+1$ 阶幻方;B 用 $(2n+1)^2+1$ 至 $2(2n+1)^2$ 填写成 $2n+1$ 阶幻方;C 用 $2(2n+1)^2+1$ 至 $3(2n+1)^2$ 填写而成 $2n+1$ 阶幻方;D 用 $3(2n+1)^2+1$ 至 $4(2n+1)^2$ 填写成 $2n+1$ 阶幻方

A	C
D	B

在 A 阵中取左侧 n 列与 D 阵对应小格对调;在 C 阵中取右侧 $n-1$ 列与 B 阵对应小格对调;最后在 A 阵中间取中心格与左侧一格与 D 阵对应格对调.(要强调的是左侧 1 列 A,D 的中心格不动)

8	1	6	26	19	24
3	5	7	21	23	25
4	9	2	22	27	20
35	28	33	17	10	15
30	32	34	12	14	16
31	36	29	13	18	11

$\Rightarrow$ 6 阶幻方

35	1	6	26	19	24
3	32	7	21	23	25
31	9	2	22	27	20
8	28	33	17	10	15
30	5	34	12	14	16
4	36	29	13	18	11

5 阶幻方

17	24	1	8	15
23	5	7	14	16
4	6	13	20	22
10	12	19	21	3
11	18	25	2	9

⇩

10 阶幻方

92	99	1	8	15	67	74	51	58	40
98	80	7	14	16	73	55	57	64	41
4	81	88	20	22	54	56	63	70	47
85	87	19	21	3	60	62	69	71	28
96	93	25	2	9	61	68	75	52	34
17	24	76	83	90	42	49	26	33	65
23	5	82	89	91	48	30	32	39	66
79	6	13	95	97	29	31	38	45	72
10	12	94	96	78	35	37	44	46	53
11	18	100	77	84	36	43	50	27	59

$4n+2$　当 $n=3$ 时, $4n+2=14$

14 阶幻方的生成

30	39	48	1	10	19	28	128	137	146	99	108	117	126
38	47	7	9	18	27	29	136	145	105	107	116	125	127
46	6	8	17	26	35	37	144	104	106	115	124	133	135
5	14	16	25	34	36	45	103	112	114	123	132	134	143
13	15	24	33	42	44	4	111	113	122	131	140	142	102
21	23	32	41	43	3	12	119	121	130	139	141	101	110
22	31	40	49	2	11	20	120	129	138	147	100	109	118
177	186	195	148	157	166	175	79	88	97	50	59	68	77
185	194	154	156	165	174	176	87	96	56	58	67	76	78
193	153	155	164	173	182	184	95	55	57	66	75	84	86
152	161	163	172	181	183	192	54	63	65	74	83	85	94
160	162	171	180	189	191	151	62	64	73	82	91	93	53
168	170	179	188	190	150	159	70	72	81	90	92	52	61
169	178	187	196	149	158	167	71	80	89	98	51	60	69

⇓

14 阶幻方

177	186	195	1	10	19	28	128	137	146	99	108	68	77
185	194	154	9	18	27	29	136	145	105	107	116	76	78
193	153	155	17	26	35	37	144	104	106	115	124	84	86
5	161	163	172	34	36	45	103	112	114	123	132	85	94
160	162	171	33	42	44	4	111	113	122	131	140	93	53
168	170	179	41	43	3	12	119	121	130	139	141	52	61
169	178	187	49	2	11	20	120	129	138	147	100	60	69
30	39	48	148	157	166	175	79	88	97	50	59	117	126
38	47	7	156	165	174	176	87	96	56	58	67	125	127
46	6	8	164	173	182	184	95	55	57	66	75	133	135
152	14	16	25	181	183	192	54	63	65	74	83	134	143
13	15	24	180	189	191	151	62	64	73	82	91	142	102
21	23	32	188	190	150	159	70	72	81	90	92	101	110
22	31	40	196	149	158	167	71	80	89	98	51	109	118

第二节 数组调整法

为得到不同的同阶幻方,使其多样化,可以用数组调整法. 其大体程序为:先填写两条主对角线,再考虑满足每行和相等的要求,最后考虑满足每列和相等的要求. 为此,先计算相关数据,为填写做好准备工作.

(1)每行、每列、每条主对角线的和.

由于 $1,2,3,\cdots,n^2$ 组成一个首项为1,末项为 n^2,项数为 n^2 的等差数列,故所求数之和为

$$\frac{1}{n}\cdot\frac{n^2(1+n^2)}{2}=\frac{n(n^2+1)}{2}.$$

(2)每格的均值为: $\frac{1}{n}\cdot\frac{n(n^2+1)}{2}=\frac{n^2+1}{2}$.

(3)数组:下面两行数中上下相对的数组成一个和为 n^2+1 的数组.

①奇阶幻方数组:

$$\binom{1}{n^2}\binom{2}{n^2-1}\binom{3}{n^2-2}\cdots\cdots\binom{\frac{n^2-1}{2}}{\frac{n^2+3}{2}}\frac{n^2+1}{2}$$

②偶阶幻方数组:

$$\binom{1}{n^2}\binom{2}{n^2-1}\binom{3}{n^2-2}\cdots\cdots\binom{\frac{n^2}{2}}{\frac{n^2}{2}+1}$$

由于奇阶幻方与偶阶幻方的结构不同,因此填写方法也有区别,下面分别介绍这两类幻方填写的具体方法.

◈ 奇阶幻方

1. 当 $n=3$ 时.

(1)计算中心数 $a_{22}=\frac{3^2+1}{2}=5$.

(2)写出数组: $\binom{1}{9}\binom{2}{8}\binom{3}{7}\binom{4}{6}5$

(3)填写中心数 $a_{22}=5$.

(4)填写两条主对角线.

现有4个数组：$\binom{1}{9}\binom{2}{8}\binom{3}{7}\binom{4}{6}$,经试验,只有两个偶数组适合.（如图）

2		4
	5	
6		8

[第1题(4)]

(5)由于每行、每列的和为 $\dfrac{3(3^2+1)}{2}=3\times 5=15$,因此容易计算出：$a_{12}=15-(2+4)=9$,$a_{21}=15-(2+6)=7$,$a_{23}=15-(4+8)=3$,$a_{32}=15-(6+8)=1$.

(6)把计算出的结果填在相应空格内,到此,就得到了3阶幻方.（如图）

2	9	4
7	5	3
6	1	8

[第1题(6)]

2. 当 $n=5$ 时.

(1)计算中心数 $a_{33}=\dfrac{5^2+1}{2}=13$.

(2)写出数组：

△1	2	△3	△4	△5	6	△7	8	△9	10	△11	12	△13
25	24	23	22	21	20	19	18	17	16	15	14	

(3)填写中心数 $a_{33}=13$.

(4)为保证在填写对角线后每行剩余的空格中能填写整个数组,先填写中心列,再填写对角线.中心列应选取有一定间隔的同奇（或同偶数组）.以填写奇数组为例,选取数组 $\binom{1}{25}\binom{3}{23}$,这4个数所在位置应关于中心对称（如图）.由于每行数之和为 $5\times 13=65$,填写对角线后剩余两空格数之和为 26，故 $a_{11} + a_{15} = 65 - 26 - 1 = 38$，在剩余的数组中选取 $a_{11} = 22$，$a_{15} = 16$．同理选取 $a_{22} = 21$，$a_{24} = 15$．并把这 4 个数所在数组中的另一个数分别填在与中心对称的位置上（如右图）．并将已填写的数组用"△"作出记号．

22		1		16
	21	3	15	
19	9	13	17	7
	11	23	5	
10		25		4

[第 2 题（4）]

（5）填写中心行（第 3 行）．选两个奇数组 $\begin{pmatrix} 7 \\ 19 \end{pmatrix} \begin{pmatrix} 9 \\ 17 \end{pmatrix}$，分别将 4 个数填在与中心对称的格内，并作出已填写的记号．

（6）填写第 1 列与第 5 列．现在只剩下 4 个数组 $\begin{pmatrix} 2 \\ 24 \end{pmatrix} \begin{pmatrix} 6 \\ 20 \end{pmatrix} \begin{pmatrix} 8 \\ 18 \end{pmatrix} \begin{pmatrix} 12 \\ 14 \end{pmatrix}$，第 1 列已填 3 个数之和为 $22 + 19 + 10 = 51$，剩余两数之和应为 $65 - 51 = 14$，由于 $2 + 12 = 14$．因此选取数组 $\begin{pmatrix} 2 \\ 24 \end{pmatrix} \begin{pmatrix} 12 \\ 14 \end{pmatrix}$，并将数组中的另一个数分别填在同一行且关于中心列对称的位置．（如图）

22		1		16
12	21	3	15	14
19	9	13	17	7
2	11	23	5	24
10		25		4

[第 2 题（6）]

（7）填写第 2 列与第 4 列．

现在只剩下两个数组：$\begin{pmatrix} 6 \\ 20 \end{pmatrix} \begin{pmatrix} 8 \\ 18 \end{pmatrix}$．第 2 列已填写的 3 个数之和为 $21 + 9 + 11 = 41$，剩余两数之和应为：$65 - 41 = 24$，恰好 $18 + 6 = 24$．用相同的方法写上这 4 个数，这样就完成了 5 阶幻方的填写（如图）．

22	18	1	8	6
12	21	3	15	14
19	9	13	17	7
2	11	23	5	24
10	6	25	20	4

[第 2 题(7)]

若选择中心列为偶数组,以 $\binom{2}{24}\binom{6}{20}$ 为例,可得到下面的 5 阶幻方:

25	7	2	19	12
4	23	6	10	22
5	8	13	18	21
17	16	20	3	9
14	11	24	15	1

[第 2 题(7)]

3. 当 $n = 11$ 时(奇高阶幻方).

(1) 中心数 $a_{66} = \dfrac{11^2 + 1}{2} = 61$.

(2) 写出数组.

∨ 1	△ 2	3	△ 4	5	△ 6	7	△ 8	9	△ 10	11	△ 12	13	△ 14
121	120	119	118	117	116	115	114	113	112	111	110	109	108

△ 15	△ 16	17	△ 18	19	△ 20
107	106	105	104	103	102

△ 21	∨ 22	∨ 23	∨ 24	△ 25	△ 26	27	△ 28	29	△ 30	31	∨ 32	△ 33	△ 34
101	100	99	98	97	96	95	94	93	92	91	90	89	88

△ 35	△ 36	∨ 37	△ 38	△ 39	∨ 40

117

87 86 85 84 83 82

$\overset{\triangle}{41}$ 42 $\overset{\checkmark}{43}$ $\overset{\checkmark}{44}$ 45 $\overset{\checkmark}{46}$ 47 $\overset{\checkmark}{48}$ 49 $\overset{\checkmark}{50}$ $\overset{\triangle}{51}$ $\overset{\checkmark}{52}$ 53 54

81 80 79 78 77 76 75 74 73 72 71 70 69 68

55 56 57 58 $\overset{\triangle}{59}$ $\overset{\checkmark}{60}$ 61

67 66 65 64 63 62

(3)用填写5阶幻方相同的方法,填写中心列与两条对角线(见下图)并将已填写数组用"√"作出记号.

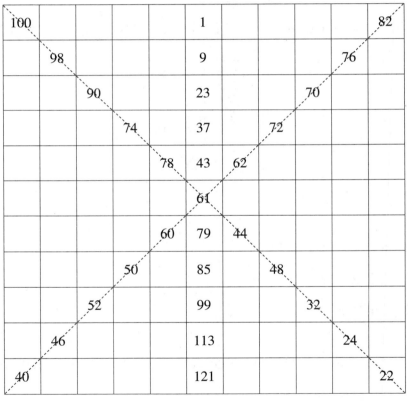

[第3题(3)]

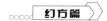

(4)用铅笔填写第 1 行到第 9 行,此时情况如下图,并将已填写数组用"△"作出记号.

100	2	3	4	5	1	117	118	119	120	82
116	98	115	114	112	9	10	8	7	76	6
11	12	90	13	14	23	108	109	70	110	111
107	106	105	74	104	37	18	72	17	16	15
19	20	21	25	78	43	62	97	101	102	103
96	95	94	93	92	61	30	29	28	27	26
31	33	34	35	60	79	44	87	88	89	91
59	86	42	50	53	85	69	48	80	36	63
41	84	52	77	54	99	68	45	32	38	81
51	46	58	75	55	113	67	47	64	24	71
40	83	57	73	56	121	66	49	65	39	22

671	671	671	671	12	0	-12	38	0	6	0
-520	-412	-514	-408							
151	259	157	263							
0	-6	0	-38							

[第 3 题(4)]

(5)由外向内填写各列. 每列和应为 $11 \times \dfrac{11^2+1}{2} = 11 \times 61 = 671$.

①第 1 列已填的 10 个数之和为 520,671 $-$ 520 $=$ 151,下面的工作就要从余下的数组中找到 3 个数,使其和为 151. 显然 59 $+$ 41 $+$ 51 $=$ 151,于是将 59,41,51 这三个数依次填到第 1 列的 3 个空格中,并将它们所在数组的

另一数填到同行且关于中心列对称的位置,此时,第 1 列数之和与 671 之差为 0,已经达到要求,同时第 11 列也达到要求.

②第 2 列已填的 10 个数之和为 412,671 - 412 = 259,此时把余下数组中最大的 3 个数都填上还少 6. 同时,将这 3 个最大的数 86,84,83 所在数组中另一个数填到同行且关于中心列对称的位置,并在第 2 列与第 10 列的下方记下差数 -6,6.

③用类似的方法填完第 3,9 列,第 4,8 列,第 5,7 列,并在相应列的下方记下差数.(见上图).

(6)列与列之间进行同行对调调整.

①调整第 10 列与第 2 列. 注意到 89 - 33 = 56,36 - 86 = -50,而 56 - 50 = 6 符合对调要求,于是将 33 与 89 对调,86 与 36 对调,对调后,这两列差数均为 0.

②调整第 4 列与第 8 列. 通过观察,心算知,这两列有 4 行的差数接近 38. 总差数为 36,对调后,第 4 列与第 8 列的差数分别为 -2,2. 可将 4,5 对调,同时 13,14 对调,对调后第 4 列的差数为 0,第 5 列的差数变为 10.

$$
\begin{array}{lll}
25 & 97 & \text{差 } 72 \\
93 & 29 & \text{差 } -64 \\
35 & 87 & \text{差 } 52 \\
73 & 49 & \text{差 } -24 \\
\end{array}
$$

③调整第 5 列与第 7 列. 列出相关数据并标出差数:

差数之代数和为 62 - 16 - 14 - 12 - 10 = 10 符合要求,对调后,第 5 列差数为 0,第 7 列差数为 -2.

差数	第5列	第7列
62	92	30
-16	53	69
-14	54	68
-12	55	67
-10	56	66

④调整第 7 列与第 8 列. 通过观察,只需将 118 与 119 对调,同时将 8 与 7 对调,最后将 117 与 119 对调即可. 到此,就得到了 11 阶幻方(如图).

100	2	3	5	4	1	119	117	118	120	82
116	98	115	114	112	9	10	7	8	76	6
11	12	90	14	13	23	108	109	70	110	111
107	106	105	74	104	37	18	72	17	16	15
19	20	21	97	78	43	62	25	101	102	103
96	95	94	29	30	61	92	93	28	27	26
31	89	34	87	60	79	44	35	88	33	91
59	36	42	50	69	85	53	48	80	86	63
41	84	52	77	68	99	54	45	32	38	81
51	46	58	75	67	113	55	47	64	24	71
40	83	57	49	66	121	56	73	65	39	22

[第 3 题 (6)]

◆ 偶阶幻方

1. 当 $n=2$ 时, 2 阶幻方无解. (这也是定义幻方阶数 $n \geqslant 3$ 的原因)

2. 当 $n=4$ 时.

(1) 计算每格均值: $\dfrac{4^2+1}{2}=\dfrac{17}{2}$.

(2) 计算每条主对角线的和 (每行、每列的和): $4 \times \dfrac{17}{2}=34$.

(3) 写出数组:

$\overset{\triangle}{1}$	2	3	$\overset{\triangle}{4}$	$\overset{\triangle}{\underline{5}}$	$\overset{\triangle}{6}$	$\overset{\triangle}{7}$	$\overset{\triangle}{\underline{8}}$
16	15	14	13	$\underline{12}$	11	10	$\underline{9}$

(4)填写两条对角线：

选取 4 个数组 $\begin{pmatrix}1\\16\end{pmatrix}\begin{pmatrix}4\\13\end{pmatrix}\begin{pmatrix}6\\11\end{pmatrix}\begin{pmatrix}7\\10\end{pmatrix}$，并用中心对称的

形式填写对角线(如图).

(5)填写第 1 行与第 4 行共 4 个空格.

由 $a_{12}+a_{13}=34-(1+13)=20$，适合此条件的余下

的数中有两组适合：$15+5=20,8+12=20$. 若将第一

组数填在第 1 行，而第 1 列需两个较大的数 14,15. 因此只能取 8 和 12，使

$a_{12}=8,a_{13}=12$，则 $a_{42}=34-(8+10+11)=5,a_{43}=34-(12+6+7)=9$.

(6)填写第 2 行与第 3 行共 4 个空格. 此时余下的 4 个数为 15,14,2,3. 又

考虑到第 1 列两数之和应为 $34-(1+4)=29$. 故选 $a_{21}=15,a_{31}=14$. 则

$a_{24}=3,a_{34}=2$. 这样就得到了 4 阶幻方(如图).

[第 2 题(4)]

3. 当 $n=6$ 时.

(1)计算每格均值：$\dfrac{6^2+1}{2}=\dfrac{37}{2}$.

(2)计算每条主对角线的和(每行、每列的和)：$6\times\dfrac{37}{2}=111$.

[第 2 题(6)]

(3)写出数组：

1	2	3	4	5	6	7	8	9	10	11	12	13	14	15	16	17	18
36	35	34	33	32	31	30	29	28	27	26	25	24	23	22	21	20	19

(4)填写两条主对角线.

选取 6 个数组 $\begin{pmatrix}1\\36\end{pmatrix}\begin{pmatrix}4\\33\end{pmatrix}\begin{pmatrix}9\\28\end{pmatrix}\begin{pmatrix}11\\26\end{pmatrix}\begin{pmatrix}14\\23\end{pmatrix}$

$\begin{pmatrix}18\\19\end{pmatrix}$，并用中心对称的形式填写两条对角

线(如右图).

(5)填写每行两个空格，使每行余下的两个

空格恰好能填上同一数组的两个数，$111-37=74$.

[第 3 题(5)]

①填写第 1 行两个空格与第 6 行的两个空格.

由 $74 - (1 + 18) = 55$,从余下的数组中选取 35 和 20,填在 a_{12} 和 a_{15} 的位置上,而与之同数组的 2 和 17 则填在与中心对称的 a_{65} 和 a_{62} 的位置.

②填写第 2,5 行每行的两个空格.

由 $74 - (4 + 23) = 47$,取 $31 + 16 = 47$,而与 31,16 同数组的 6 和 21,则填在 a_{56} 和 a_{51} 的位置.

③填写第 3,4 行每行的两个空格.

由 $74 - (9 + 11) = 54$,取 $29 + 25 = 54$,将 29,25 分别填在 a_{32} 和 a_{35} 处,与 29,25 同数组的 8 和 12 则分别填在 a_{45} 和 a_{42} 处. 此时情况如图.

(6)填写各列余下的空格.

①填写第 1,6 两列.

由 $111 - (1 + 31 + 21 + 19) = 39$. 在余下的数组中取 $32 + 7 = 39$,使 $a_{31} = 32, a_{41} = 7$,与 32,7 同数组的 5 与 30 则填在 a_{36} 和 a_{46} 处,即要数组同行.

②计算第 2,5 列和,恰好都为 111,不需调整.

③填写第 3,4 列. 由 $111 - (9 + 26) = 76$,此时余下 4 个数组:$\binom{3}{34} \binom{10}{27} \binom{13}{24} \binom{15}{22}$. 经计算知 $3 + 27 + 24 + 22 = 76$,将此 4 数依次填在第 3 列空格处,而与同数组的 4 个数则填在与之同行的空格中,至此,便得到一个 6 阶幻方(如图).

1	35	3	34	20	18
31	4	27	10	23	16
32	29	9	11	25	5
7	12	26	28	8	30
21	14	24	13	33	6
19	17	22	15	2	36

[第 3 题(6)]

4. 当 $n = 12$ 时（高阶幻方举例）.

与填写 6 阶幻方类似，均匀设计对角线，并在每行再填写两个数，为后面整体填写数组创造条件，接着依次填写各行与调整的方法与填写 11 阶幻方的方法相同.

下面是未调整时 12 阶幻方与调整后的 12 阶幻方（如图）.

72	100	1	2	3	4	141	142	143	144	108	10
98	71	140	139	138	137	8	7	6	5	20	101
88	9	70	11	12	13	132	133	134	30	136	102
90	131	130	69	129	128	17	16	40	15	14	91
92	18	19	21	68	22	123	50	124	126	127	80
81	122	121	120	119	67	60	26	25	24	23	82
63	27	28	29	31	85	78	114	116	117	118	64
65	113	112	111	95	110	35	77	34	33	32	53
54	36	38	105	39	41	104	106	76	107	109	55
43	103	115	99	97	96	49	48	46	75	42	57
44	125	51	52	56	58	87	89	93	94	74	47
135	37	86	84	83	79	66	62	61	59	45	73

（第 4 题）

72	100	2	1	3	141	4	143	144	142	108	10
98	71	140	137	138	8	139	7	5	101	20	6
88	9	70	136	12	132	13	133	11	30	134	102
90	131	17	69	129	15	128	16	40	130	14	91
92	18	127	21	68	22	123	50	19	80	126	124
81	122	121	26	119	67	60	25	120	24	23	82
27	118	28	29	31	85	78	114	117	64	63	116
65	34	33	111	95	110	35	77	112	32	113	53
36	54	107	105	39	104	41	106	76	38	55	109
42	43	115	99	97	49	96	48	46	75	103	57
44	125	51	52	56	58	87	89	94	93	74	47
135	45	59	84	83	79	66	62	86	61	37	73

(第 4 题)

需要肯定的是任何 $n(n \geqslant 3)$ 阶幻方的解不是唯一的,就以最简单的 3 阶幻方为例,它至少有 8 个解:

6	1	8
7	5	3
2	9	4

8	1	6
3	5	7
4	9	2

2	9	4
7	5	3
6	1	8

8	3	4
1	5	9
6	7	2

6	7	2
1	5	9
8	3	4

2	7	6
9	5	1
4	3	8

4	3	8
9	5	1
2	7	6

4	9	2
3	5	7
8	1	6

第三节 模块法

填写幻方的方法有好几种,模块法是其中的一种. 用这种方法填写 $4n$ 阶幻方可以填写阶数较大的幻方.

先做准备工作,计算相关数据,并介绍有关概念.

(1)幻方中每格的均值: $\dfrac{(4n)^2+1}{2}=\dfrac{16n^2+1}{2}$.

(2)适合填写幻方的 2 阶方阵称有效模块,简称模块. 有效模块中 4 个数的和为: $\dfrac{16n^2+1}{2}\times 4=2(16n^2+1)$.

(3)记模块 $A=\begin{pmatrix} a & b \\ c & d \end{pmatrix}$,将其中 4 个数进行对角对调,得到一个新模块 $B=\begin{pmatrix} d & c \\ b & a \end{pmatrix}$,则称模块 B 为 A 的相配模块.

(4)每条主对角线的和 = 每行的和 = 每列的和 $=4n\cdot\dfrac{16n^2+1}{2}=2n(16n^2+1)$.

下面通过介绍 4 阶,8 阶,12 阶幻方的填写,探索 $4n(n\in \mathbf{N}^*)$ 阶幻方的填写方法.

1. 4 阶幻方.

(1)通过试验,写出下列模块对应的 2 阶方阵:

① $\begin{matrix} 1 & 15 \\ 14 & 4 \end{matrix}$ ② $\begin{matrix} 5 & 11 \\ 10 & 8 \end{matrix}$ ③ $\begin{matrix} 9 & 7 \\ 6 & 12 \end{matrix}$ ④ $\begin{matrix} 13 & 3 \\ 2 & 16 \end{matrix}$

(2)画一个田字格,将模块①④放在如图位置.

检验一下是否符合对角线的要求,对角线的和应为 $\dfrac{1+16}{2}\times 4=34$,而 $1+16+4+13=34$,适合.

1	15		
14	4		
		13	3
		2	16

（3）变换出②③的相配模块：

②的相配模块为
$$\begin{array}{cc} 8 & 10 \\ 11 & 5 \end{array}$$
，③的相配模块为
$$\begin{array}{cc} 12 & 6 \\ 7 & 9 \end{array}$$

（4）将②③的相配模块放到两个空格中，就得到了如图所示的 4 阶幻方（经检验符合要求）.

1	15	12	6
14	4	7	9
8	10	13	3
11	5	2	16

2.8 阶幻方.

（1）写出 16 个模块对应的 2 阶方阵：

①
$$\begin{array}{cc} 1 & 63 \\ 62 & 4 \end{array}$$
②
$$\begin{array}{cc} 5 & 59 \\ 58 & 8 \end{array}$$
③
$$\begin{array}{cc} 9 & 55 \\ 54 & 12 \end{array}$$
④
$$\begin{array}{cc} 13 & 51 \\ 50 & 16 \end{array}$$

⑤
$$\begin{array}{cc} 17 & 47 \\ 46 & 20 \end{array}$$
⑥
$$\begin{array}{cc} 21 & 43 \\ 42 & 24 \end{array}$$
⑦
$$\begin{array}{cc} 25 & 39 \\ 38 & 28 \end{array}$$
⑧
$$\begin{array}{cc} 29 & 35 \\ 34 & 32 \end{array}$$

⑨
$$\begin{array}{cc} 33 & 31 \\ 30 & 36 \end{array}$$
⑩
$$\begin{array}{cc} 37 & 27 \\ 26 & 40 \end{array}$$
⑪
$$\begin{array}{cc} 41 & 23 \\ 22 & 44 \end{array}$$
⑫
$$\begin{array}{cc} 45 & 19 \\ 18 & 48 \end{array}$$

⑬
$$\begin{array}{cc} 49 & 15 \\ 14 & 52 \end{array}$$
⑭
$$\begin{array}{cc} 53 & 11 \\ 10 & 56 \end{array}$$
⑮
$$\begin{array}{cc} 57 & 7 \\ 6 & 60 \end{array}$$
⑯
$$\begin{array}{cc} 61 & 3 \\ 2 & 64 \end{array}$$

(2)画一个 4×4 方格表,将模块①,⑯;②,⑮放在关于中心对称的方格中

(如下图).每条主对角线的和应为 $\frac{1+64}{2} \times 8 = 65 \times 4 = 260$. $1 + 64 + 4 +$

$61 + 5 + 60 + 8 + 57 = 260$ 适合.

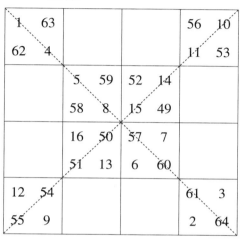

(3)变换出③④⑬⑭的相配模块:

③的相配模块为 $\begin{array}{cc} 12 & 54 \\ 55 & 9 \end{array}$,④的相配模块为 $\begin{array}{cc} 16 & 50 \\ 51 & 13 \end{array}$,⑬的相配模块为

$\begin{array}{cc} 52 & 14 \\ 15 & 49 \end{array}$,⑭的相配模块为 $\begin{array}{cc} 56 & 10 \\ 11 & 53 \end{array}$,并将③⑭;④⑬的相配模块分别放

到关于中心对称的位置(如上图).

(4)此时情形概括为如图形式(见右图),还有8个空
格,需要4个相配模块.

A	B	A	B
B	A	B	A
A	B	A	B
B	A	B	A

(5)⑤⑥⑦⑧对应的相配模块依次为: $\begin{array}{cc} 20 & 46 \\ 47 & 17 \end{array}$

$\begin{array}{cc} 24 & 42 \\ 43 & 21 \end{array}$ $\begin{array}{cc} 28 & 38 \\ 39 & 25 \end{array}$ $\begin{array}{cc} 32 & 34 \\ 35 & 29 \end{array}$.相配模块记为 B,原模块记为 A. 将此4

个相配模块与余下的 4 个原模块放在对于行或列都相邻的位置（见右上图）. 具体情况如下图：（经检验符合要求）

1	63	20	46	33	31	56	10
62	4	47	17	30	36	11	53
24	42	5	59	52	14	37	27
43	21	58	8	15	49	26	40
41	23	16	50	57	7	32	34
22	44	51	13	6	60	35	29
12	54	45	19	28	38	57	7
55	9	18	48	39	25	6	60

3. 12 阶幻方.

其形式如下图：

A	B	A	B	A	B
B	A	B	A	B	A
A	B	A	B	A	B
B	A	B	A	B	A
A	B	A	B	A	B
B	A	B	A	B	A

到此，我们已经找到了填写 $4n(n \in \mathbf{N}^*)$ 阶幻方的方法.

4. $4n(n \in \mathbf{N}^*)$ 阶幻方.

(1) 写出 $\dfrac{(4n)^2}{4} = 4n^2$ 个模块对应的 2 阶方阵.

①
$$\begin{array}{cc} 1 & 16n^2 - 1 \\ 16n^2 - 2 & 4 \end{array}$$
②
$$\begin{array}{cc} 5 & 16n^2 - 5 \\ 16n^2 - 6 & 8 \end{array}$$
③
$$\begin{array}{cc} 9 & 16n^2 - 9 \\ 16n^2 - 10 & 12 \end{array}$$

④
$$\begin{array}{cc} 13 & 16n^2-13 \\ 16n^2-14 & 16 \end{array}$$

⑤
$$\begin{array}{cc} 17 & 16n^2-17 \\ 16n^2-18 & 20 \end{array}$$

⑥
$$\begin{array}{cc} 21 & 16n^2-21 \\ 16n^2-22 & 24 \end{array}$$

⑦
$$\begin{array}{cc} 25 & 16n^2-25 \\ 16n^2-26 & 28 \end{array}$$

⑧
$$\begin{array}{cc} 29 & 16n^2-29 \\ 16n^2-30 & 32 \end{array}$$ ……

$(4n^2-7)$
$$\begin{array}{cc} 16n^2-31 & 31 \\ 30 & 16n^2-28 \end{array}$$

$(4n^2-6)$
$$\begin{array}{cc} 16n^2-27 & 27 \\ 26 & 16n^2-24 \end{array}$$

$(4n^2-5)$
$$\begin{array}{cc} 16n^2-23 & 23 \\ 22 & 16n^2-20 \end{array}$$

$(4n^2-4)$
$$\begin{array}{cc} 16n^2-19 & 19 \\ 18 & 16n^2-16 \end{array}$$

$(4n^2-3)$
$$\begin{array}{cc} 16n^2-15 & 15 \\ 14 & 16n^2-12 \end{array}$$

$(4n^2-2)$
$$\begin{array}{cc} 16n^2-11 & 11 \\ 10 & 16n^2-8 \end{array}$$

$(4n^2-1)$
$$\begin{array}{cc} 16n^2-7 & 7 \\ 6 & 16n^2-4 \end{array}$$

$(4n^2)$
$$\begin{array}{cc} 16n^2-3 & 3 \\ 2 & 16n^2 \end{array}$$

（2）画一个 $2n \times 2n$ 的方格表,将模块①,$(4n^2)$;②,$(4n^2-1)$;…放在一条对角线上的方格中,使其两两关于中心对称,并作出已填写的记号(以后也是随填随记,以做到不重不漏).

（3）模仿（2）,变换出与此相等数量的相配模块,填到另一条对角线的方格中.

（4）设原模块为 A,变换模块为 B. 在余下的方阵中,依次变换其中一半的方阵. 按同行同列 A,B 相邻相间原则排放余下的模块. 这样就得到 $4n$ （$n \in \mathbf{N}^*$）阶幻方.

用此方法得到的 $4n$ 阶幻方,可变换出很多不同的幻方,以 8 阶幻方为例. 每条对角线上的 4 个模块可任意排列,且余下的每 4 个 A 模块及每 4 个 B 模块也可任意排列. 因此,一个这样的 8 阶幻方,至少有 4! ×4! ×4! × 4! $=24^4=576 \times 576 = 331776$ 个解.

为什么用模块法构成的 $4n(n \in \mathbf{N}^*)$ 阶幻方合乎幻方要求?

证明 （1）按做法求第一条对角线各格的数之和.

模块①为
$$\begin{array}{cc} 1 & 16n^2-1 \\ 16n^2-2 & 4 \end{array},$$

模块 $4n^2$ 为
$$\begin{array}{cc} 16n^2-3 & 3 \\ 2 & 16n^2 \end{array},$$

注意到 $1+16n^2=4+(16n^2-3)=1+16n^2$.

模块②为
$$\begin{array}{cc} 5 & 16n^2-5 \\ 16n^2-6 & 8 \end{array},$$
模块 $4n^2-1$ 为
$$\begin{array}{cc} 16n^2-7 & 7 \\ 6 & 16n^2-4 \end{array},$$
注

意到 $5+(16n^2-4)=8+16n^2-7=1+16n^2$ ······由于对角线上的模

块数 $2n$ 为偶数,故第一条对角线上各格数之和为 $4n \cdot \dfrac{16n^2+1}{2}=$

$2n(16n^2+1)$,符合要求.

（2）按等差数列公式求 A 模块后变换出 B 模块后,求另一条对角
线各格数之和.

$n+1$
$$\begin{array}{cc} 1+4n & 16n^2-4n-1 \\ 16n^2-4n-2 & 4+4n \end{array}$$

$\Rightarrow B$ $n+1$
$$\begin{array}{cc} 4+4n & 16n^2-4n-2 \\ 16n^2-4n-1 & 1+4n \end{array}$$

注意到 $16n^2-4n-2+3-4n=16n^2+1$.

$4n^2-n$
$$\begin{array}{cc} 16n^2-4n-3 & 3+4n \\ 2+4n & 16n^2-4n \end{array}$$

$\Rightarrow B$ $4n^2-n$
$$\begin{array}{cc} 16n^2-4n & 2+4n \\ 3+4n & 16n^2-4n-3 \end{array}$$

注意到 $2+4n+16n^2-4n-1=16n^2+1$.

$$\boxed{n+2}\quad\begin{array}{cc} 5+4n & 16n^2-4n-5 \\ 16n^2-4n-6 & 8+4n \end{array}$$

$$\Rightarrow B\ \boxed{n+2}\quad\begin{array}{cc} 8+4n & 16n^2-4n-6 \\ 16n^2-4n-5 & 5+4n \end{array}$$

注意到 $16n^2-4n-6+7+4n=16n^2+1$.

$$\boxed{4n^2-n-1}\quad\begin{array}{cc} 16n^2-4n-7 & 7+4n \\ 6+4n & 16n^2-4n-4 \end{array}$$

$$\Rightarrow B\ \boxed{4n^2-n-1}\quad\begin{array}{cc} 16n^2-4n-4 & 6+4n \\ 7+4n & 16n^2-4n-7 \end{array}$$

注意到 $6+4n+16n-4n-5=16n^2+1$.

……

故另一条对角线各格数之和为 $4n\cdot\dfrac{16n^2+1}{2}=2n(16n^2+1)$ 符合要求.

③对于任意两个模块 A, B, 设 $A=\begin{pmatrix} a & b \\ c & d \end{pmatrix}$, $B=\begin{pmatrix} a' & b' \\ c' & d' \end{pmatrix}$, 有

$a+b=16n^2$, $c+d=16n^2+2$, $a+c=16n^2-1$, $b+d=16^2+3$.

$a'+b'=16n^2$, $c'+d'=16n^2+2$, $a'+c'=16n^2-1$, $b'+d'=16n^2+3$.

B 的相配模块为 $B'=\begin{pmatrix} d' & c' \\ b' & a' \end{pmatrix}$, AB' 相配后, 行和为

$a+b+d'+c'=16n^2+16n^2+2=32n^2+2$.

$c+d+b'+a'=16n^2+2+16n^2=32n^2+2$.

列和为 $a+c+d'+b'=16n^2-1+16n^2+3=32n^2+2$.

$\qquad b+d+c'+a'=16n^2+3+16n^2-1=32n^2+2$.

由于 $4n$ 阶幻方每行每列都有 $2n$ 个模块, 是偶数, 可以配对, 故这样的排列可以使各行、各列的和都相等.

高中数学
学习中的十
万个为什么

第一节 为什么有的同学数学成绩好，有的同学数学成绩差？

数学成绩好的同学在以下几个方面做得比较好.

（1）能够熟练掌握各章节的定义、定理、公式、法则以及它们之间的内在联系.

（2）能够掌握各种基本题型的解法、规律，并能在此基础上不断提高应变能力，有兴趣尝试解答新题型及综合解答题.

（3）扩大知识面，能学到一些一般同学不会的有用的数学知识和方法.

（4）深知考试失分原因，并不断加以克服改正. 如①粗心马虎，考虑问题不全面；②解答题步骤不规范；③找不到解题思路，不会做；④答题速度慢，会做的题没有时间做.

（5）具有坚强的意志品格，不因一时挫折而消沉，而是积极找原因，想方设法解决问题.

有些同学数学学习成绩差，主要原因如下.

（1）学习方法欠佳. 对基础知识不熟悉，有的只是死记硬背，不求甚解. 解决问题时不问为什么，一味生搬硬套，结果处处碰壁，逐渐对数学失去学习兴趣.

（2）对数学基础知识、基本方法掌握不全面，未能及时查漏补缺.

（3）缺乏迎难而上的意志品质，未能虚心向数学学习好的同学学习.

如果能迎难而上，脚踏实地，虚心学习先进的学习方法，循序渐进，是可以逐步提高数学成绩的.

第二节 为什么有的同学会做错选择题？准而快地做选择题有何绝招？

一般地，做错选择题常见的具体原因有以下几方面：①运算失误；②推理错误；③忽视数形结合的解题方法；④考虑问题不全面，漏掉特殊情况；⑤综合运用知识方法解决问题的能力缺乏；⑥不会的问题多，胡乱猜测.

数学选择题分两类：一类是单选题，另一类是多选题.

单选题的解题口诀为：直接不利就筛选，筛选必定伴检验，图象、特值准而快，考虑问题要全面.

大多数单选题都要用直接法解答. 即由已知条件及有关知识方法得到正确答案，与选项对照即可. 但有些较复杂的选择题用直接法解虽能得到正确答案，却用时较多. 不如将选择中的答案代入已知条件检验是否正确，从而排除错项，得到正确答案. 有的题须自己画出图象或图形，才能准而快地解决问题. 需要强调的是"特值"法，有些含字母的不等式、错误的函数的单调区间、最值等问题可取特殊值、特殊位置解决（解答题则不允许这样做）. 对于多种可能的问题，要全面考虑，特别不要忘记特殊情况.

多选题的解题口诀为：逐一验证是关键，模棱两可宁不选，若能确定两错项，其余两项是答案.

下面详细列举各章容易做错的选择题的正确解法.

1 集合与常用逻辑用语

1. 若集合 $A = \{x \in \mathbf{R} \mid ax^2 - 3x + 2 = 0\}$ 中只有 1 个元素,则 $a = ($).

A. $\dfrac{9}{2}$ B. $\dfrac{9}{8}$ C. 0   D. 0 或 $\dfrac{9}{8}$

解 分两种情况:

(1)当 $a = 0$ 时,A 中只有 1 个元素 $\dfrac{2}{3}$;

(2)当 $a \neq 0$ 时,令 $\Delta = (-3)^2 - 8a = 0$,得 $a = \dfrac{9}{8}$,故选 D.

注:①易漏掉 $a = 0$ 这种特殊情况而选错;②具体操作:〈1〉$a = 0$,〈2〉$9 - 8a = 0 \Rightarrow a = \dfrac{9}{8}$.

2. 若 $\{x \mid ax^2 + 2ax + 1 > 0\} = \mathbf{R}$,则有(   ).

A. $a < 1$ B. $-1 < a < 1$ C. $0 < a < 1$ D. $0 \leqslant a < 1$

解 (1)当 $a = 0$ 时,满足题设条件;

(2)当 $a \neq 0$ 时,由 $\begin{cases} a > 0 \\ (2a)^2 - 4a < 0 \end{cases} \Rightarrow 0 < a < 1$.

综上,$0 \leqslant a < 1$,选 D.

注:容易漏掉 $a = 0$ 这种特殊情况.

3. "$a \neq b$" 是 "$a^2 \neq b^2$" 的(   ).

A. 充分不必要条件   B. 必要不充分条件

C. 充要条件   D. 既不充分也不必要条件

解 原命题 $\Leftrightarrow$ "$a^2 = b^2$" 是 "$a = b$" 的什么条件.

由 $a^2 = b^2 \nRightarrow a = b$($a = -b$ 亦可).

但由 $a = b \Rightarrow a^2 = b^2$,故选 B.

注:①有人不会转化;②对充分、必要、充要条件概念模糊.

4. 已知集合 $P = \{x \mid x^2 - 8x - 20 \leqslant 0\}$,集合 $S = \{x \mid 1 - m < x < 1 + m\}$. 若 $x \in P$ 是 $x \in S$ 的必要条件,则 m 的取值范围为(   ).

A. $(-3,3)$　　　B. $(0,3)$　　　C. $(-\infty,3]$　　　D. $(0,3]$

解　由 $x^2-8x-20\leq0$ 得 $-2\leq x\leq10$. 由 $x\in P$ 是 $x\in S$ 的必要条件,则 $S\subseteq P$.

当 $S=\varnothing$ 时,$1-m\geq1+m\Rightarrow m\leq0$

当 $S\neq\varnothing$ 时,由 $\begin{cases}1-m<1+m\\1-m\geq-2\\1+m\leq10\end{cases}\Rightarrow\begin{cases}m>0\\m\leq3\\m\leq9\end{cases}$

$\Rightarrow0<m\leq3$,

综上,$m\leq3$,选 C.

注:未能将问题转化为 $S\subseteq P$ 可能是错误的主要原因.

2 函数概念、基本初等函数、导数的应用

1. 已知 $f(m) = \dfrac{12\sqrt{m^2+1}}{3m^2+4}$，则 $f(m)$ 的最大值为（   ）.

   A. $2\sqrt{3}$ B. 3   C. $\dfrac{12\sqrt{2}}{7}$ D. $3\sqrt{3}$

解 设 $\sqrt{m^2+1}=t(t\geqslant 1)$，则 $m^2+1=t^2, 3m^2+4=3(m^2+1)=3t^2+1$.

$\therefore f(m)=g(t)=\dfrac{12t}{3t^2+1}=\dfrac{12}{3t\dfrac{1}{t}}=\dfrac{12}{2t+\left(t+\dfrac{1}{t}\right)}\leqslant g(1), g(1)=\dfrac{12}{3+1}=$

$3, \therefore f(m)\leqslant 3.$ 选 B.

注: 选错的主要原因可能是盲目运用均值定理而忽视均值定理成立的条件.

2. 函数 $f(x)=\ln(x^2-2x-8)$ 的单调递增区间是（   ）.

   A. $(-\infty, -2)$ B. $(-\infty, -1)$ C. $(1, +\infty)$ D. $(4, +\infty)$

解 由 $\begin{cases} x^2-2x-8>0 \\ x>1 \end{cases}$ 得 $\begin{cases} x<-2 \text{ 或 } x>4 \\ x>1 \end{cases} \Rightarrow x>4.$ 选 D.

注: 容易忽视对数函数的定义域.

3. 已知函数 $f(x)=\begin{cases} x(1-x), x\geqslant 0 \\ x(1+x), x<0 \end{cases}$，则函数 $f(x)$ 为（   ）.

   A. 奇函数   B. 偶函数

   C. 非奇非偶函数   D. 既是奇函数，又是偶函数

解法 1 当 $x>0$ 时，$-x<0$，此时 $f(-x)=-x[1+$
$(-x)]=-x(1-x)=-f(x)$；

当 $x<0$ 时，$-x>0$，此时，$f(-x)=-x[1-$
$(-x)]=-x(1+x)=-f(x)$；

当 $x=0$ 时，$-x=0$，此时，$f(-x)=0$，
$f(x)=0$，即 $f(-x)=-f(x)$.

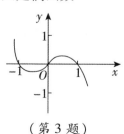

（第 3 题）

综上, $f(-x)=-f(x)$, $\therefore f(x)$ 为奇函数, 选 A.

解法2 画出图象, $f(x)=\begin{cases} -\left(x-\dfrac{1}{2}\right)^2+\dfrac{1}{4}, & x\geqslant 0 \\ \left(x+\dfrac{1}{2}\right)^2-\dfrac{1}{4}, & x<0 \end{cases}$

关于原点对称, 选 A.

4. 已知函数 $f(x)$ 满足 $f(x+4)=-f(x)$, 且 $f(4)=100$, 则 $f(2020)=$
( ).

  A. 100   B. 200   C. 300   D. 400

解 $\because f(x+4)=-f(x)$, $\therefore f(x)$ 是周期为 8 的周期函数.

   $\therefore f(2020)=f(8\times 252+4)=f(4)=100.$ 选 A.

注:(1)若现推导 $f(x+8)=f[(x+4)+4]=-f(x+4)=f(x)$, 耽误时间.

(2)记住下列结论是准而快解决此类问题的关键:

① $f(x+T)=f(x)$, 周期为 T;

② $f(x+a)=-f(a)$, 周期为 $2a$;

③ $f(x+a)=f(x-a)$, 周期为 $2a$;

④ $f(x+a)=-\dfrac{1}{f(x)}$, 周期为 $2a$;

⑤ $f(x)$ 图象关于直线 $x=a$ 与 $x=b$ 都对称, 则周期为 $2|b-a|$;

⑥ $f(x)$ 图象关于点 $(a,0)$ 对称, 又关于点 $(b,0)$ 对称, 则周期为 $2|b-a|$;

⑦ $f(x)$ 图象关于点 $(a,0)$ 对称, 又关于直线 $x=b$ 对称, 则周期为 $4|b-a|$.

5. 定义在 **R** 上的函数满足 $f(x)=f(4-x)$, 且 $f(x)+f(-x)=0$, 则 $f(2020)=$
( ).

  A. 100   B. 0   C. -100 D. 200

解 $\because f(x)=f(4-x)$, $\therefore f(x)$ 的图象关于直线 $x=2$ 对称; 又 $f(x)+$
   $f(-x)=0$, $\therefore f(x)$ 为奇函数. $\therefore f(x)$ 的图象关于原点对称且
   $f(0)=0.$ $\therefore f(x)$ 是周期函数. $T=4|2-0|=8.$

   $\because f(x)=f(4-x)$, $f(0)=0$, $\therefore f(4)=f(4-4)=f(0)=0.$

   $\therefore f(2020)=f(8\times 252+4)=f(4)=0$, 选 B.

注:若 $f(x)=f(2a-x)$ 或 $f(a+x)=f(a-x)$, 则 $f(x)$ 的图象关于直线 $x=$

a 对称.

6. 若函数 $f(x)=2x^2+ax+3$ 在 $(1,2)$ 上有两个不同的零点,则 a 的取值范围为（　　）.

　A. $(-5,2)$　　　　B. $(-2,2\sqrt{6})$　　　C. $(-5,-2\sqrt{6})$　D. $(0,2)$

解　$\begin{cases} f(1)>0 \\ f(2)>0 \\ 1<-\dfrac{a}{4}<2 \\ a^2-24>0 \end{cases} \Rightarrow \begin{cases} a+5>0 \\ 2a+11>0 \\ -8<a<-4 \\ a<-2\sqrt{6}\ \text{或}\ a>2\sqrt{6} \end{cases}$

$\Rightarrow \begin{cases} a>-5 \\ a>-\dfrac{11}{2} \\ -8<a<-4 \\ a<-2\sqrt{6}\ \text{或}\ a>2\sqrt{6} \end{cases}.$

$\therefore\ -5<a<-2\sqrt{6}$,选 C.

（第6题）

注:可能出错的原因为未能列全不等式组,画出图象.

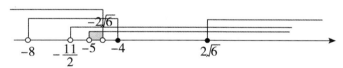

7. 已知函数 $f(x)=ax^2-x-\ln x$ 有两个零点,则实数 a 的取值范围为（　　）.

　A. $\left(\dfrac{1}{e},1\right)$　　　　B. $(0,1)$　　　　C. $\left(-\infty,\dfrac{1+e}{e^2}\right)$　D. $\left(0,\dfrac{1+e}{e^2}\right)$

解　$f(x)$ 的定义域为 $(0,+\infty)$. $f'(x)=2ax-1-\dfrac{1}{x}=\dfrac{2ax^2-x-1}{x}$. 若 $a\leqslant 0$,则 $f'(x)<0$,则 $f(x)$ 在 $(0,+\infty)$ 单调递减,这与已知矛盾.

（第7题）

$\therefore a > 0$，排除 A，C. 取 $a = \dfrac{1}{2}$，画图象（原函数），$\begin{cases} y = \dfrac{1}{2}x^2 - x \\ y = \ln x \end{cases} \Rightarrow$

$\begin{cases} y = \dfrac{1}{2}(x-1)^2 - \dfrac{1}{2} \\ y = \ln x \end{cases}$，选 B.

8. 若直线 $y = kx + b$ 是曲线 $y = \ln x + 2$ 的切线，也是曲线 $y = \ln(x+1)$ 的切线，则 $b = ($ $)$.

    A. 1   B. 2   C. $1 - \ln 2$ D. $\ln 2 - 1$

解 设两切点坐标分别为 $(x_1, \ln x_1 + 2)$，$(x_2, \ln(x_2 + 1))$.

则两切线方程分别为 $y - \ln x_1 - 2 = \dfrac{1}{x_1}(x - x_1)$，

$$y - \ln(x_2 + 1) = \dfrac{1}{x_2 + 1}(x - x_2).$$

化简得

$$\begin{cases} y = \dfrac{1}{x_1}x + \ln x_1 + 1 \\ y = \dfrac{1}{x_2 + 1}x + \ln(x_2 + 1) - \dfrac{x_2}{x_2 + 1} \end{cases}$$

$$\Rightarrow \begin{cases} \dfrac{1}{x_1} = \dfrac{1}{x_2 + 1} \\ \ln x_1 + 1 = \ln(x_2 + 1) - \dfrac{x_2}{x_2 + 1} \end{cases}$$

解得 $x_1 = \dfrac{1}{2}$. $\therefore b = \ln x_1 + 1 = \ln \dfrac{1}{2} + 1 = 1 - \ln 2$. 选 C.

注：未能做对的主要原因可能是解方程组的能力差，或多解了 x_2 浪费时间.

9. 已知函数 $f(x) = x(\ln x - ax)$ 有两个极值点，则实数 a 的取值范围是
（   ）.

    A. $(0, 1)$ B. $\left(0, \dfrac{1}{2}\right)$ C. $(0, e)$ D. $\left(1, \dfrac{1}{2}\right)$

解 $f(x)$ 的定义域为 $(0,+\infty)$，$f'(x)=\ln x-ax+$

$x\left(\dfrac{1}{x}-a\right)=\ln x-2ax+1$. 令 $f'(x)=0$ 得 $2a=$

$\dfrac{\ln x+1}{x}$，设 $g(x)=\dfrac{\ln x+1}{x}$，则 $g'(x)=\dfrac{1-\ln x-1}{x^2}=$

$-\dfrac{\ln x}{x^2}$，易知 $g(x)$ 在 $(0,1)\nearrow$，在 $(1,+\infty)\searrow$.

（第9题）

$\therefore g(x)_{\max}=g(1)=1$. $g(x)$ 的图象大致如右图所示. 若 $f(x)$ 有两

个极值点，则直线 $y=2a$ 和 $y=g(x)$ 的图象有两个不同交点.

$\therefore 0<2a<1$，$\therefore 0<a<\dfrac{1}{2}$. 选 B.

注：①图象；②转化.

10.（多选）关于函数 $f(x)=\dfrac{1}{x}\left(1+\dfrac{2}{e^x-1}\right)$，下列结论正确的是（   ）.

A. 图象关于 y 轴对称   B. 图象关于原点对称

C. 在 $(-\infty,0)$ 上单调递增   D. $f(x)$ 恒大于 0

解 对于 A,B 选项，先化简函数解析式便于判断其奇偶性.

$$f(x)=\frac{1}{x}\cdot\frac{e^x-1+2}{e^x-1}=\frac{e^x+1}{x(e^x-1)}.$$

$$\therefore f(-x)=\frac{e^{-x}+1}{-x(e^{-x}-1)}=\frac{1+e^x}{-x(1-e^x)}=\frac{e^x+1}{x(e^x-1)}=f(x).$$

$\therefore f(x)$ 为偶函数，其图象关于 y 轴对称，A 对 B 错.

对于 C 选项，$f'(x)=-\dfrac{1}{x^2}\cdot\dfrac{e^x+1}{e^x-1}+\dfrac{1}{x}\cdot\left[0-2(e^x-1)^{-2}\cdot e^x\right]=$

$-\dfrac{e^x+1}{x^2(e^x-1)}-\dfrac{2e^x}{x(e^x-1)^2}=-\dfrac{(e^{2x}-1)+2xe^x}{x^2(e^x-1)^2}.$

当 $x\in(-\infty,0)$ 时，$e^{2x}-1<0$，$2xe^x<0$，$\therefore f'(x)>0$.

$\therefore f(x)$ 在 $(-\infty,0)\nearrow$. C 对；显然 $f(x)>0$ 恒成立，D 对.

综上，选 ACD.

11.（多选）关于函数 $f(x)=x\cdot\sin x$，$x\in[-\pi,\pi]$，下列结论正确的有

（   ）.

A.$f(x)$为偶函数   B.$f(x)$为奇函数

C.$f(x)$有 3 个零点   D.$f\left(\dfrac{\pi}{4}\right)<f\left(\dfrac{\pi}{3}\right)$

解 $f(-x)=(-x)\sin(-x)=(-x)\cdot(-\sin x)=x\cdot\sin x=f(x)$.

$\therefore A\surd, B\times$.

对于选项 C, 令 $f(x)=0$ 得 $x\sin x=0.\Rightarrow x=0$ 或 $\sin x=0.\Rightarrow x=k\pi$

$(k\in\mathbf{Z}).x\in[-\pi,\pi].\Rightarrow x=-\pi,0,\pi.$ 有 3 个零点. $C\surd$.

对于选项 $D,f\left(\dfrac{\pi}{4}\right)-f\left(\dfrac{\pi}{3}\right)=\dfrac{\pi}{4}\sin\dfrac{\pi}{4}-\dfrac{\pi}{3}\sin\dfrac{\pi}{3}=\dfrac{\pi}{4}\cdot\dfrac{\sqrt{2}}{2}-\dfrac{\pi}{3}\cdot$

$\dfrac{\sqrt{3}}{2}<0.\therefore D\surd$.

综上, 选 ACD.

12. (多选) 已知函数 $f(x)$ 是定义在 $\mathbf{R}$ 上的奇函数, 当 $x<0$ 时, $f(x)=\mathrm{e}^x(x+1)$, 则 (   ).

A. 当 $x>0$ 时, $f(x)=-\mathrm{e}^{-x}(x-1)$

B. 函数 $f(x)$ 有 2 个零点

C.$f(x)<0$ 的解集为 $(-\infty,-1)\cup(0,1)$

D. $\forall x_1,x_2\in\mathbf{R}$ 都有 $|f(x_1)-f(x_2)|<2$

解 $\because f(x)$ 是定义在 $\mathbf{R}$ 上的奇函数, 且 $x<0$ 时, $f(x)=\mathrm{e}^x(x+1)$.

$\therefore f(-x)=-f(x)=-\mathrm{e}^x(x+1)=-\mathrm{e}^{-(-x)}[-(-x)+1]$.

$\therefore$ 当 $x>0$ 时, $f(x)=-\mathrm{e}^{-x}(-x+1)$. A 错.

$$f(x)=\begin{cases}\mathrm{e}^x(x+1),&x<0\\-\mathrm{e}^{-x}(-x+1),&x>0\end{cases}$$

对于 $B,f(x)$ 有 3 个零点: $-1,0,1.$ 故 B 错.

又 $\because$ 多选, $\therefore$ 选 CD.

13. (多选) 已知 $f(x)=\begin{cases}\lg(x-3),&x>3\\\lg\dfrac{1}{3-x},&x<3\end{cases}$, 若 $f(a)<f(6-a)$, 则下列结论正

确的是 (   ).

A. 函数 $f(x)$ 在 $(-\infty,3)$ 单调递增

B. 函数 $f(x)$ 在 $(3, +\infty)$ 单调递减

C. 函数 $f(x)$ 的图象关于点 $(3,0)$ 对称

D. $a \in (-\infty, -4) \cup (-3, -2]$

解 对于选项 A. $\dfrac{1}{3-x}$ 在 $(-\infty, 3)$ ↗ $\Rightarrow \lg \dfrac{1}{3-x}$ 在 $(-\infty, 3)$ ↗, A 对.

对于选项 B. $x-3$ 在 $(3, +\infty)$ ↗ $\Rightarrow \lg(x-3)$ 在 $(3, +\infty)$ ↗, B 错.

显然 $f(x)$ 图象关于点 $(3,0)$ 对称. C 对.

对于选项 D, 取 $a = -1$ 检验, $f(-1) = \lg \dfrac{1}{4}$, $f(6+1) = f(7) = \lg 4$, $\lg \dfrac{1}{4} < \lg 4$.

适合 $f(a) < f(6-a)$, 但 $-1 \notin (-\infty, -4) \cup (-3, -2]$,

故 D 错.

选 AC.

14. 已知函数 $f(x)$ 对 $\forall x \in \mathbf{R}$, 满足 $f(x) = -f(6-x)$, $f(x+1) = f(-x+1)$. 若 $f(a) = -f(2020)$, $a \in [5,9]$, 且 $f(x)$ 在 $[5,9]$ 上为单调函数. 则下列结论正确的是(　　).

A. $f(3) = 0$

B. $a = 8$

C. $f(x)$ 是周期为 4 的周期函数

D. $y = f(x)$ 的图象关于点 $(1,0)$ 对称

解 对于选项 A. 由 $f(x) = -f(6-x)$, 令 $x = 3$, 则 $f(3) = -f(3) \Rightarrow 2f(3) = 0 \Rightarrow f(3) = 0$, A 对.

对于选项 C. 由 $f(x) = -f(6-x)$ 及 $f(x+1) = f(-x+1)$ 不能确定 $f(x)$ 是周期为 4 的周期函数, C 错.

∵ $f(x+1) = f(-x+1)$. ∴ $f(x)$ 的图象关于直线 $x = 1$ 对称,

故 D 错. 只能选 AB.

3 三角函数

三角函数选择题重点、难点集中在函数 $y = A\sin(\omega x + \varphi)$ 及 $y = A\sin(\omega x + \varphi) + h$ 的图象和性质的考察上. 这部分还牵扯两角和与差的三角函数公式. 公式多, 内容杂. 很多同学在此问题上屡屡受挫的主要原因是公式不熟, 基础知识掌握不准确, 不完整. 为此, 特列出这部分的主要知识、方法如下.

1. 掌握化三角函数为一个角的三角函数的题型及方法.

(1) $a\sin\alpha + b\cos\alpha$ 型. $(a > 0, b \neq 0)$

$$a\sin\alpha + b\cos\alpha = \sqrt{a^2 + b^2}\sin(\alpha + \varphi).$$

$$\left(\cos\varphi = \frac{a}{\sqrt{a^2 + b^2}}, \sin\varphi = \frac{b}{\sqrt{a^2 + b^2}}\right)$$

(2) $a\sin^2\alpha + b\sin\alpha\cos\alpha + c\cos^2\alpha$ 型.

$$a\sin^2\alpha + b\sin\alpha\cos\alpha + c\cos^2\alpha = \frac{a}{2}(1 - \cos2\alpha) + \frac{b}{2}\sin2\alpha + \frac{c}{2}(1 + \cos2\alpha) =$$

$$\frac{1}{2}\sqrt{b^2 + (c - a)^2}\sin(2\alpha + \varphi) + \frac{a + c}{2}.$$

$$\left(\cos\varphi = \frac{b}{\sqrt{b^2 + (c - a)^2}}, \sin\varphi = \frac{c - a}{b^2 + (c - a)^2}\right)$$

2. 关于函数 $f(x) = A\sin(\omega x + \varphi)$. $(A > 0, \omega > 0, |\varphi| < \pi$ 或范围更小.$)$

(1) $f(x)_{\max} = A, f(x)_{\min} = -A$.

(2) $T = \dfrac{2\pi}{\omega}$.

(3) $f(x)$ 为偶函数 $\Rightarrow \varphi = k\pi + \dfrac{\pi}{2}(k \in \mathbf{Z})$.

(4) $f(x)$ 为奇函数 $\Rightarrow \varphi = k\pi(k \in \mathbf{Z})$.

(5) $f(x)$ 的对称轴方程: $\omega x + \varphi = k\pi + \dfrac{\pi}{2}(k \in \mathbf{Z})$.

(6) $f(x)$ 的对称中心的横坐标满足: $\omega x + \varphi = k\pi(k \in \mathbf{Z})$, 纵坐标为 0.

(7) $f(x)$ 的单调增区间满足: $2k\pi - \dfrac{\pi}{2} \leqslant \omega x + \varphi \leqslant 2k\pi + \dfrac{\pi}{2}(k \in \mathbf{Z})$, 从中解

出 x 的不等式;

$f(x)$ 的单调减区间满足: $2k\pi + \dfrac{\pi}{2} \leqslant \omega x + \varphi \leqslant 2k\pi + \dfrac{3\pi}{2}(k \in \mathbf{Z})$, 从中解出 x 的不等式.

(8)判断 $f(x)$ 在区间 (α, β) 的单调性,可用特值法验之. 即 $f(\alpha) - f(\beta) < 0$ $\Rightarrow f(x)$ 在 (α, β) ↗; $f(\alpha) - f(\beta) > 0 \Rightarrow f(x)$ 在 (α, β) ↘.

3. 关于函数 $f(x) = A\sin(\omega x + \varphi) + h$ 与 2 不同之处:

(1) $f(x)_{\max} = A + h, f(x)_{\min} = -A + h$;

(2) $f(x)$ 的对称中心的横坐标满足: $\omega x + \varphi = k\pi(k \in \mathbf{Z})$,纵坐标为 h.

4. 关于 $f(x) = A\cos(\omega x + \varphi)$ 及 $f(x) = A\cos(\omega x + \varphi) + h$ 的有关问题仿以上正弦问题的处理方法.

5. $f(x) = A|\sin\omega x|$ 的周期 $T = \dfrac{\pi}{\omega}(A > 0, \omega > 0)$.

$f(x) = A|\sin(\omega x + \varphi)|$ 的周期 $T = \dfrac{\pi}{\omega}(A > 0, \omega > 0)$.

$f(x) = A|\sin(\omega x + \varphi) + h|$ 的周期仍为 $T = \dfrac{2\pi}{\omega}(A > 0, \omega > 0, h \neq 0)$.

◆ **三角函数选择题易出错部分举例如下.**

1. 函数 $f(x) = \sin(x + \varphi)$ 在 $[0, \pi]$ 上为增函数,则 φ 的值可以是(　　).

A. 0　　　　　　B. $\dfrac{\pi}{2}$　　　　　　C. π　　　　　　D. $\dfrac{3\pi}{2}$

解　由 $2k\pi - \dfrac{\pi}{2} \leqslant x + \varphi \leqslant 2k\pi + \dfrac{\pi}{2}(k \in \mathbf{Z}) \Rightarrow 2k\pi - \dfrac{\pi}{2} - \varphi \leqslant x \leqslant 2k\pi +$

$\dfrac{\pi}{2} - \varphi$,取 $k = 1$ 得 $\dfrac{3\pi}{2} - \varphi \leqslant x \leqslant \dfrac{5\pi}{2} - \varphi$.

$\because x \in [0, \pi], \therefore \varphi$ 取 $\dfrac{3\pi}{2}$,选 D.

2. 设函数 $f(x) = \sin^2 x + b\sin x + c$,则 $f(x)$ 的最小正周期(　　).

A. 与 b 有关且与 c 有关　　　　　　B. 与 b 有关但与 c 无关

C. 与 b 无关且与 c 无关　　　　　　D. 与 b 无关但与 c 有关

解　当 $b = 0$ 时, $T = \pi$;当 $b \neq 0$ 时, $T = 2\pi$. 故选 B.

3. (多选)已知函数 $f(x) = \sin 2x - \sqrt{3}\cos 2x$,其图象为 E,则下列结论正确的是(   ).

A. 直线 $l: x = \dfrac{\pi}{12}$ 是图象 E 的一条对称轴

B. 将图象 E 向左平移 $\dfrac{\pi}{4}$ 个单位,可以得到 $y = 2\sin\left(2x + \dfrac{\pi}{6}\right)$ 的图象

C. 函数 $f(x)$ 的减区间为 $\left[k\pi - \dfrac{\pi}{12}, k\pi + \dfrac{5\pi}{12}\right](k \in \mathbf{Z})$

D. 图象 E 关于点 $\left(\dfrac{\pi}{6}, 0\right)$ 对称

解 $f(x) = 2\sin\left(2x - \dfrac{\pi}{3}\right)$.

对于选项 A. 由 $2x - \dfrac{\pi}{3} = k\pi + \dfrac{\pi}{2}(k \in \mathbf{Z}) \Rightarrow 2x = k\pi + \dfrac{5\pi}{6} \Rightarrow x = \dfrac{k\pi}{2} + \dfrac{5\pi}{12}(k \in \mathbf{Z})$.

令 $k = -1$ 得 $x = -\dfrac{\pi}{12}$. A 错.

对于选项 B. 先将 x 的系数提出得 $f(x) = 2\sin 2\left(x - \dfrac{\pi}{6}\right)$,向左平移 $\dfrac{\pi}{4}$ 个单位后得 $y = 2\sin 2\left(x - \dfrac{\pi}{6} + \dfrac{\pi}{4}\right) = 2\sin 2\left(x + \dfrac{\pi}{12}\right) = 2\sin\left(2x + \dfrac{\pi}{6}\right)$, B 对.

对于选项 C. 由 $2k\pi + \dfrac{\pi}{2} \leqslant 2x - \dfrac{\pi}{3} \leqslant 2k\pi + \dfrac{3\pi}{2}(k \in \mathbf{Z}) \Rightarrow 2k\pi + \dfrac{5\pi}{6} \leqslant 2x \leqslant 2k\pi + \dfrac{11\pi}{6}(k \in \mathbf{Z}) \Rightarrow k\pi + \dfrac{5\pi}{12} \leqslant x \leqslant k\pi + \dfrac{11\pi}{12}(k \in \mathbf{Z})$. C 错.

由于是复选,D 对,选 BD.

注:有的同学可能在平移时未将 x 的系数提出就用"左加右减"的口诀,造成失误.

4. (多选)声音是由物体振动产生的声波. 纯音的数学模型是函数 $y = A\sin\omega t$. 我们听到的声音是由纯音合成的,称为复合音. 若一个复合音的数

学模型是函数 $f(x) = \sqrt{3}\,|\cos x| + |\sin x|$，则下列结论正确的是(　　).

A. $f(x)$ 是偶函数

D. $f(x)$ 是周期函数

C. $f(x)$ 在区间 $\left[0, \dfrac{\pi}{2}\right]$ 单调递增

D. $f(x)$ 的最大值为 2

解　对于选项 A. $f(-x) = \sqrt{3}\,|\cos(-x)| + |\sin(-x)|$

$$= \sqrt{3}\,|\cos x| + |-\sin x|$$

$$= \sqrt{3}\,|\cos x| + |\sin x| = f(x)，\text{A 对.}$$

对于选项 B. $T = \pi$，B 对.

对于选项 C. $f(0) - f\left(\dfrac{\pi}{2}\right) = \sqrt{3}\,|\cos 0| + |\sin 0| - \sqrt{3}\left|\cos\dfrac{\pi}{2}\right| -$

$\left|\sin\dfrac{\pi}{2}\right| = \sqrt{3} + 0 - 0 - 1 = \sqrt{3} - 1 > 0.$ C 错.

对于选项 D，化为一个角的三角函数，当 $x = \dfrac{\pi}{6}$ 时, $f(x)_{\max} = 2.$ D 对.

故选 ABD.

5. (多选)(2020 年全国 Ⅰ 第 10 题)下图是函数 $y = \sin(\omega x + \varphi)$ 的部分图象，
则 $\sin(\omega x + \varphi) = ($　　$).$

A. $\sin\left(x + \dfrac{\pi}{3}\right)$　　　B. $\sin\left(\dfrac{\pi}{3} - 2x\right)$　　　C. $\cos\left(2x + \dfrac{\pi}{6}\right)$　　　D. $\cos\left(\dfrac{5\pi}{6} - 2x\right)$

解　由 $\dfrac{T}{2} = \dfrac{2\pi}{3} - \dfrac{\pi}{6} \Rightarrow \dfrac{T}{2} = \dfrac{\pi}{2} \Rightarrow T =$

$\pi. \therefore \dfrac{2\pi}{|\omega|} = \pi. \therefore |\omega| = 2.$

由图象知, $\omega = -2$,

$\therefore y = \sin(-2x + \varphi).$

由于图象过 $\left(\dfrac{\pi}{6}, 0\right).$

$\therefore \sin\left(-2 \times \dfrac{\pi}{6} + \varphi\right) = 0.$

$\therefore -\dfrac{\pi}{3} + \varphi = k\pi\,(k \in \mathbf{Z}) \Rightarrow \varphi = k\pi + \dfrac{\pi}{3}\,(k \in \mathbf{Z}).$

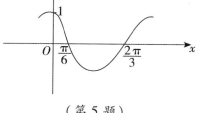

(第 5 题)

取 $k=0$ 得 $\varphi=+\dfrac{\pi}{3}$. $\therefore y=\sin\left(-2x+\dfrac{\pi}{3}\right)$. A $\times$,B $\checkmark$.

又 $y=\sin\left(\dfrac{\pi}{3}-2x\right)=\cos\left[\dfrac{\pi}{2}-\left(\dfrac{\pi}{3}-2x\right)\right]=\cos\left(2x+\dfrac{\pi}{6}\right)$.

$\therefore$ C $\checkmark$,D $\times$.

综上,选 BC.

6. (多选)设函数 $f(x)=\sin\left(\omega x+\dfrac{\pi}{5}\right)(\omega>0)$,已知 $f(x)$ 在 $[0,2\pi]$ 有且仅有

5 个零点. 下列结论正确的是(　　　).

A. $f(x)$ 在 $(0,2\pi)$ 有且仅有 3 个极大值点

B. $f(x)$ 在 $(0,2\pi)$ 有且仅有 2 个极小值点

C. $f(x)$ 在 $\left(0,\dfrac{\pi}{10}\right)$ 单调递增

D. ω 的取值范围是 $\left[\dfrac{12}{5},\dfrac{29}{10}\right)$

 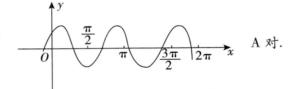

A 对.

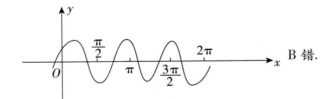

B 错.

(第 6 题)

对于选项 C.

观察图象约有 $2.5T$. 合 $\dfrac{5n}{2}\cdot\dfrac{2\pi}{\omega}=2\pi$ 得 $\omega=\dfrac{5}{2}$.

设 $f(x)=\sin\left(\dfrac{5}{2}x+\dfrac{\pi}{5}\right)$,$f'(x)=\dfrac{5}{2}\cos\left(\dfrac{5}{2}x+\dfrac{\pi}{5}\right)>0$,$x\in\left(0,\dfrac{\pi}{10}\right)$,

$f(x)\nearrow$　C 对.

对于选项 D.

由 $\sin\left(\omega x+\dfrac{\pi}{5}\right)=0$ 得 $\omega x+\dfrac{\pi}{5}=k\pi\,(k\in\mathbf{Z})$.

$\Rightarrow \omega x=k\pi-\dfrac{\pi}{5}\Rightarrow x=\dfrac{k\pi}{\omega}-\dfrac{\pi}{5\omega}\,(k\in\mathbf{Z})$.

$\because x\in\left[0,2\pi\right]$

$\therefore 0\leqslant\dfrac{k\pi}{\omega}-\dfrac{\pi}{5\omega}\leqslant2\pi\Rightarrow0\leqslant\dfrac{k}{\omega}-\dfrac{1}{5\omega}\leqslant2\Rightarrow0\leqslant5k-1\leqslant10\omega\Rightarrow\omega\geqslant\dfrac{k}{2}-\dfrac{1}{10}$,

$\because f(x)$ 有 5 个零点，$\therefore x\geqslant2\cdot\dfrac{2\pi}{\omega}$.

$\therefore 2\pi\geqslant\dfrac{4\pi}{\omega}$，$\therefore \omega\geqslant2$.

$\therefore k\geqslant5$，当 $k=5$ 时，$\omega\geqslant\dfrac{5}{2}-\dfrac{1}{10}=\dfrac{12}{5}$.

当 $k=6$ 时，$\omega<\dfrac{6}{2}-\dfrac{1}{10}=\dfrac{29}{10}$.

$\therefore \omega$ 的取值范围为 $\left[\dfrac{12}{5},\dfrac{29}{10}\right)$.　D 对.

综上，选 ACD.

4 数 列

1. 等差数列 $\{a_n\}$ 的前 n 项和为 S_n，$S_n = n^2$，记 $b_n = [\lg a_n]$，其中，$[x]$ 表示不超过 x 的最大整数，则数列 $\{b_n\}$ 的前 501 项的和为（　　）.

    A. 948　　　　　B. 949　　　　　C. 950　　　　　D. 951

  解　$a_1 = S_1 = 1^2 = 1$，当 $n \geqslant 2$ 时，$a_n = S_n - S_{n-1} = n^2 - (n-1)^2 = 2n - 1$

    $\therefore a_n = 2n - 1(n \in \mathbf{N}^*)$. $T_{501} = 0 \times 5 + 1 \times 45 + 2 \times 450 + 3 \times 1 = 948$.

    选 A.

  注：可能失误的原因是①对 $[x]$ 不理解；②对于对数的首数无法确定；③分类不科学。

2. 数列 $\{F_n\}$：$F_1 = F_2 = 1$，$F_n = F_{n-1} + F_{n-2}(n > 2)$. 最初记载于意大利数学家斐波那契在 1202 年所著的《算盘全书》，若将数列 $\{F_n\}$ 的每一项除以 2 所得的余数按原来的顺序构成新的数列 $\{a_n\}$，则数列 $\{a_n\}$ 的前 50 项的和为（　　）.

    A. 33　　　　　B. 34　　　　　C. 49　　　　　D. 50

  解　$F_n : 1, 1, 2, 3, 5, 8, 13, 21, 34, 55, 89, \cdots$

    则 $a_n : 1, 1, 0, 1, 1, 0, 1, 1, 0, 1, 1, \cdots$

    是周期 $T = 3$ 的周期数列

    $S_{50} = (1 + 1 + 0) \times 16 + a_1 + a_2 = 2 \times 16 + 1 + 1 = 34$

    选 B.

3. 记数列 $\{a_n\}$ 的前 n 项和为 S_n，若 $a_n = \dfrac{S_n}{2} - 1$，则 $S_7 = ($　　$)$.

    A. -250　　　　B. -251　　　　C. -253　　　　D. -254

  解　$a_1 = S_1 = \dfrac{S_1}{2} - 1$，$\therefore \dfrac{S_1}{2} = -1$，$\therefore S_1 = -2$.

    当 $n \geqslant 2$ 时，$S_n - S_{n-1} = \dfrac{S_n}{2} - 1 \Rightarrow 2S_n - 2S_{n-1} = S_n - 2$

    $\Rightarrow S_n = 2S_{n-1} - 2 \Rightarrow S_n - 2 = 2(S_{n-1} - 2) \Rightarrow \dfrac{S_n - 2}{S_{n-1} - 2} = 2$.

$\Rightarrow \{S_n - 2\}$ 是公比为 2 的等比数列, 首项为 $S_1 - 2 = -2 - 2 = -4$.

$\therefore S_n - 2 = (-4) \times 2^{n-1}, S_n = 2 + (-4) \times 2^{n-1}$.

$\therefore S_7 = 2 + (-4) \times 2^6 = 2 - 4 \times 64 = -254$.

选 D.

4. (多选) 已知等差数列 $\{a_n\}$ 的前 n 项和为 S_n, 公差 $d \neq 0$, $S_6 = 90$, a_7 是 a_3 与 a_9 的等比中项, 则下列选项正确的是(　　).

A. $a_1 = 22$

B. $d = -2$

C. 当 $n = 10$ 或 $n = 11$ 时, S_n 取得最大值

D. 当 $S_n > 0$ 时, n 的最大值为 20

解 由已知得 $\begin{cases} 6a_1 + \dfrac{6 \times 5}{2}d = 90 \\ (a_1 + 6d)^2 = (a_1 + 2d)(a_1 + 8d) \end{cases}$

$\Rightarrow \begin{cases} 2a_1 + 5d = 30 \\ a_1^2 + 12a_1 d + 36d^2 = a_1^2 + 10a_1 d + 16d^2 \end{cases}$

$\Rightarrow \begin{cases} 2a_1 + 5d = 30 \\ 2a_1 d = -20d^2 \end{cases}$

$\because d \neq 0, \therefore a_1 = -10d \Rightarrow -20d + 5d = 30 \Rightarrow d = -2$.

$\therefore 2a_1 = 10 + 30, \therefore a_1 = 20$. 　A 错, B 对.

对于选项 C, $S_n = 20n + \dfrac{n(n-1)}{2}(-2) = 20n - n^2 + n = -n^2 + 21n =$

$-\left(n - \dfrac{21}{2}\right)^2 + \dfrac{441}{4}$. 　C 对.

对于选项 D, 令 $S_n > 0$, 得 $-n^2 + 21n > 0 \Rightarrow n < 21$. $\because n \in \mathbf{N}, \therefore n \leqslant 20$

$\therefore n$ 的最大值为 20. 　D 对.

综上, 选 BCD.

注: 可能出错的原因是运算失误.

5. (多选) 已知数列 $\{a_n\}$ 的前 n 项和为 S_n, $a_1 = 1$, $S_{n+1} = S_n + 2a_n + 1$, 数列

$\left\{\dfrac{2^n}{a_n a_{n+1}}\right\}$ 的前 n 项和为 T_n. $n \in \mathbf{N}^*$, 则下列选项正确的是(　　).

A. 数列 $\{a_n + 1\}$ 是等差数列　　　　　B. 数列 $\{a_n + 1\}$ 是等比数列

C. 数列 $\{a_n\}$ 的通项公式为 $a_n = 2^n - 1$　　D. $T_n < 1$

解 由已知得 $1 + a_2 = 1 + 2 + 1, \therefore a_2 = 3.$

$\because S_{n+1} = S_n + 2a_n + 1, ①$

$\therefore S_n = S_{n-1} + 2a_{n-1} + 1 (n \geq 2) ②$

①－②得 $a_{n+1} = a_n + 2a_n - 2a_{n-1}.$

$\Rightarrow a_{n+1} - a_n = 2(a_n - a_{n-1}) \Rightarrow \dfrac{a_{n+1} - a_n}{a_n - a_{n-1}} = 2 \Rightarrow \{a_{n+1} - a_n\}$ 是公比为 2

的等比数列，首项为 $a_2 - a_1 = 3 - 1 = 2.$

$\therefore a_{n+1} - a_n = 2 \cdot 2^{n-1}$　即 $a_{n+1} - a_n = 2^n$

$\therefore a_2 - a_1 = 2$　$a_3 - a_2 = 2^2$　……　$a_n - a_{n-1} = 2^{n-1}$

将这 $(n-1)$ 个等式相加得 $a_n - a_1 = \dfrac{2(1 - 2^{n-1})}{1 - 2} = 2^n - 2 (n \geq 2)$

$\therefore a_n = 1 + 2^n - 2 = 2^n - 1,$ 当 $n = 1$ 时，亦成立. $\therefore$ C 对.

对于选项 A，$a_n + 1 = 2^n$　$\therefore$ A 错，B 对.

对于选项 D，$\dfrac{2^n}{(2^n - 1)(2^{n+1} - 1)} = \dfrac{1}{2^n - 1} - \dfrac{1}{2^{n+1} - 1},$

$\therefore T_n = \dfrac{1}{2 - 1} - \dfrac{1}{2^2 - 1} + \dfrac{1}{2^2 - 1} - \dfrac{1}{2^3 - 1} + \cdots + \dfrac{1}{2^n - 1} - \dfrac{1}{2^{n+1} - 1} = 1 -$

$\dfrac{1}{2^{n+1} - 1} < 1.$

D 对.

综上，BCD.

6. (多选)记数列 $\{a_n\}$ 的前 n 项和为 S_n，若存在实数 H，使得 $\forall n \in \mathbf{N}^*$ 都有 $|S_n| < H$. 则称数列 $\{a_n\}$ 为"和有界数列". 下列说法正确的是(　　　　).

A. 若 $\{a_n\}$ 是等差数列，且公差 $d \neq 0$，则 $\{a_n\}$ 是"和有界数列"

B. 若 $\{a_n\}$ 是等差数列，且 $\{a_n\}$ 是"和有界数列"，则公差 $d = 0$

C. 若 $\{a_n\}$ 是等比数列，且公比 $|q| < 1$，则 $\{a_n\}$ 是"和有界数列"

D. 若 $\{a_n\}$ 是等比数列，且 $\{a_n\}$ 是"和有界数列"，则 $\{a_n\}$ 的公比 $|q| < 1$

解 对于选项 A，因为 $d \neq 0$，当 $n \to \infty$ 时，$S_n \to \infty$. A 错.

对于选项 B，$\left| na_1 + \dfrac{n(n-1)}{2}d \right| < H \Rightarrow d = 0.$ B 对.

对于选项 C，若 $|q| < 1 \Rightarrow q^n \to 0$ $|S_n| = \left| \dfrac{a_1(1-q^n)}{1-q} \right|$

当 $n \to +\infty$ 时，$|S_n|_{n \to +\infty} = \left| \dfrac{a}{1-q} \right| < H.$ C 对.

对于选项 D，取数列为 $1, -1, 1, -1, a_1 = 1, q = -1$，满足 $|S_n| < 2$ 但 $|q| = 1$，与 $|q| < 1$ 矛盾，故 D 错.

综上，选 BC.

注：可能出错的原因，①对新概念缺乏理解；②对极限当 $|q| < 1, n \to +\infty$ 时 $q^n \to 0$ 不知道.

5 不等式

1. 已知 $x \in \mathbf{R}$，则 "$|x-2| < 1$" 是 "$x^2 + 2x - 3 > 0$" 的 (　　).

    A. 充分不必要条件　　　　　　B. 必要不充分条件

    C. 充要条件　　　　　　　　　D. 既不充分也不必要条件

解　由 $|x-2| < 1 \Rightarrow -1 < x-2 < 1 \Rightarrow 1 < x < 3$，

由 $x^2 + 2x - 3 > 0 \Rightarrow x < -3$ 或 $x > 1$. 选 A.

2. 已知 x, y 是正实数，则 "$y < x < 1$" 是 "$x + y < 2$" 的 (　　).

    A. 充分不必要条件　　　　　　B. 必要不充分条件

    C. 充要条件　　　　　　　　　D. 既不充分也不必要条件

解　由 $y < x < 1 \Rightarrow x + y < 2$，充分.

但由 $x + y < 2 \nRightarrow y < x < 1$，不必要. 选 A.

3. 已知 $a_1, a_2 \in (0, 1)$，记 $M = a_1 a_2$，$N = a_1 + a_2 - 1$，则 M, N 的大小关系是 (　　)

    A. $M < N$　　　　　B. $M > N$　　　　　C. $M = N$　　　　　D. 不确定

解法1　$M - N = a_1 a_2 - (a_1 + a_2 - 1) = a_1 a_2 - a_1 - a_2 + 1 = (a_1 - 1)(a_2 - 1) = (1 - a_1)(1 - a_2) > 0$.

$\therefore M > N$. 选 B

解法2　取 $a = 0.5, b = 0.6$，则 $M = 0.5 \times 0.6 = 0.3$，$N = 0.5 + 0.6 - 1 = 0.1$.

$0.3 > 0.1$，$\therefore M > N$. 选 B.

注: 两种解法比较还是解法2简便,解法1多用于解答题.

4. 已知 $-1 < x + y < 4, 2 < x - y < 3$. 则 $3x + 2y$ 的取值范围为 (　　).

    A. $\left(-\dfrac{5}{2}, \dfrac{25}{2}\right)$　　　B. $\left(-\dfrac{3}{2}, \dfrac{23}{2}\right)$　　　C. $\left(-\dfrac{5}{2}, \dfrac{23}{2}\right)$　　　D. $\left(-\dfrac{3}{2}, \dfrac{25}{2}\right)$

解　设 $3x + 2y = m(x+y) + n(x-y) = (m+n)x + (m-n)y$.

$\therefore \begin{cases} m+n = 3 \\ m-n = 2 \end{cases}$ 解得 $\begin{cases} m = \dfrac{5}{2} \\ n = \dfrac{1}{2} \end{cases}$

$$\therefore 3x + 2y = \frac{5}{2}(x+y) + \frac{1}{2}(x-y).$$

$$\because -1 < x+y < 4, 2 < x-y < 3,$$

$$\therefore -\frac{5}{2} < \frac{5}{2}(x+y) < \frac{20}{2}, 1 < \frac{1}{2}(x-y) < \frac{3}{2}.$$

$$\therefore -\frac{3}{2} < 3x + 2y < \frac{23}{2}. \text{ 选 B.}$$

注:出错原因为①单独求 x, y 的取值范围;②未掌握这种解法.

5.（多选）已知 $1 < b^n < a^n, n \in \mathbf{N}^*, \log_c 2 < 0$,下列不等式成立的是(   ).

　　A. $1 < a < b$　　　　B. $c > 1$　　　　　C. $1 < b < a$　　　　D. $0 < c < 1$

解　由已知可得 $1 < b < a, 0 < c < 1$.　A 错,B 错,C 对,D 对,选 CD.

注:出错原因可能是个别同学被 a^n, b^n 迷惑,未能得出正确结论.

6.（多选）下列命题中,真命题是(   ).

　　A. $a+b=0$,且 $b \neq 0$ 的充要条件是 $\frac{a}{b} = -1$

　　B. 若 $2^x > 2^y$,则 $x + \frac{1}{x} > y + \frac{1}{y}$

　　C. $\exists x_0 \in \mathbf{R}, e^{x_0} \leq 0$

　　D. 若 $0 < c < b < 1$,则 $\log_b \frac{1}{2} > \log_c \frac{1}{2}$

解　对于选项 A,由 $a+b=0, b \neq 0 \Leftrightarrow \frac{a}{b} = -1$.　A 对.

　　对于选项 B,取 $x = \frac{1}{2}, y = \frac{1}{3}$. $x + \frac{1}{x} = 2\frac{1}{2}, y + \frac{1}{y} = 3\frac{1}{3}, 2\frac{1}{2} <$

$3\frac{1}{3}$. B 错.

　　对于选项 C,$\because \forall x_0 \in \mathbf{R}, e^{x_0} > 0$ 恒成立,显然 C 错.

　　$\because$ 多选,$\therefore$ D 对,选 AD.

7. 已知 $x > 0, y > 0, x + 2y = 2$,则 $\frac{1}{x} + \frac{4}{y}$ 的最小值为(   ).

　　A. $\frac{1}{2}(9 + 4\sqrt{2})$　　B. 9　　　　　　C. $\frac{1}{2}(7 + 4\sqrt{2})$　　D. 10

解 $\dfrac{1}{x} + \dfrac{4}{y} = \dfrac{1}{2}(x + 2y)\left(\dfrac{1}{x} + \dfrac{4}{y}\right) = \dfrac{1}{2}\left(1 + \dfrac{4x}{y} + \dfrac{2y}{x} + 8\right) \geqslant \dfrac{1}{2}(9 +$

$2\sqrt{\dfrac{4x}{y} \cdot \dfrac{2y}{x}}) = \dfrac{1}{2}(9 + 4\sqrt{2}).$

（当且仅当 $\dfrac{4x}{y} = \dfrac{2y}{x}$，即 $x = \dfrac{4\sqrt{2} - 2}{7}$，$y = \dfrac{8 - 2\sqrt{2}}{7}$ 时取等号）

$\therefore \dfrac{1}{x} + \dfrac{4}{y}$ 的最小值为 $\dfrac{1}{2}(9 + 4\sqrt{2})$. 选 A.

注：此类型为重要的基本题型，一般不会出错.

6 平面向量

1. 平面直角坐标系 xOy 中,点 $P(\sqrt{3},1)$,将向量 $\overrightarrow{OP}$ 绕点 O 按逆时针方向旋转 $\frac{\pi}{2}$ 后,得到向量 $\overrightarrow{OQ}$,则点 Q 的坐标是(　　).

A.$(-\sqrt{2},1)$　　　B.$(-1,\sqrt{2})$　　　C.$(-\sqrt{3},1)$　　　D.$(-1,\sqrt{3})$

解法1　画图得 $Q(-1,\sqrt{3})$.选 D.

解法2　$|\overrightarrow{OP}|=\sqrt{(\sqrt{3})^2+1^2}=2$,$\angle xOQ=\frac{2\pi}{3}$,

$\therefore$ 点 Q 的横坐标为 $x=2\cos\frac{2\pi}{3}=2\times(-\frac{1}{2})=-1$,

纵坐标为 $y=2\sin\frac{2\pi}{3}=2\times\frac{\sqrt{3}}{2}=\sqrt{3}$.

$\therefore Q(-1,\sqrt{3})$.选 D.

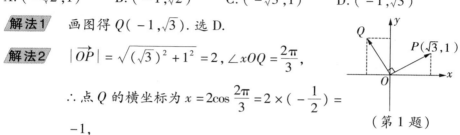

(第 1 题)

2. 已知两个力 $\overrightarrow{F_1}=(1,2)$,$\overrightarrow{F_2}=(-2,3)$,作用于平面内某静止物体的同一点上,为使该物体仍保持静止,还需给该物体同一点上再加上一个力 $\overrightarrow{F_3}$,则 $\overrightarrow{F_3}=$(　　).

A.$(1,-5)$　　　B.$(-1,5)$　　　C.$(5,-1)$　　　D.$(-5,1)$

解　$\overrightarrow{F_3}=-(\overrightarrow{F_1}+\overrightarrow{F_2})=-(1,2)-(-2,3)=(-1,-2)+(2,-3)=(1,-5)$.选 A.

3. 已知 $\overrightarrow{a},\overrightarrow{b}$ 满足 $|\overrightarrow{a}|=2$,$|\overrightarrow{b}|=3$,若 $|\overrightarrow{a}+\overrightarrow{b}|=\sqrt{17}$,则 $\overrightarrow{a}$ 在 $\overrightarrow{b}$ 方向上的投影为(　　).

A.-2　　　B.$-\frac{3}{2}$　　　C.$\frac{2}{3}$　　　D.$\frac{1}{3}$

解　$|\overrightarrow{a}+\overrightarrow{b}|=\sqrt{17}$ 得 $|\overrightarrow{a}|^2+|\overrightarrow{b}|^2+2\overrightarrow{a}\cdot\overrightarrow{b}=17\Rightarrow2^2+3^2+2\overrightarrow{a}\cdot\overrightarrow{b}=17\Rightarrow2\overrightarrow{a}\cdot\overrightarrow{b}=4\Rightarrow2\times2\times3\cos\theta=4\Rightarrow\cos\theta=\frac{1}{3}$.

$\therefore \vec{a}$ 在 $\vec{b}$ 方向上的投影为 $|\vec{a}|\cos\theta = 2 \times \dfrac{1}{3} = \dfrac{2}{3}$. 选 C.

4. 已知向量 $\vec{a}$, $\vec{b}$ 满足 $|\vec{a}| = 3$, $|\vec{b}| = 2$, $|2\vec{a} + \vec{b}| = 2\sqrt{13}$, 则 $\vec{a}$ 与 $\vec{b}$ 的夹角为(   ).

A. $\dfrac{\pi}{6}$ B. $\dfrac{\pi}{4}$ C. $\dfrac{2\pi}{3}$ D. $\dfrac{\pi}{3}$

解　由 $|2\vec{a} + \vec{b}| = 2\sqrt{13}$ 得 $4|\vec{a}|^2 + |\vec{b}|^2 + 4\vec{a}\vec{b} = 52 \Rightarrow 4 \times 3^2 +$

$2^2 + 4\vec{a}\vec{b} = 52 \Rightarrow 4\vec{a}\vec{b} = 12$,

$\Rightarrow 4 \times 3 \times 2\cos\theta = 12 \Rightarrow \cos\theta = \dfrac{1}{2}, \therefore \theta = \dfrac{\pi}{3}$. 选 D.

5.(多选)已知向量 $\vec{a} + \vec{b} = (1,1)$, $\vec{a} - \vec{b} = (-3,1)$, $\vec{c} = (1,1)$. 设 $\vec{a}$, $\vec{b}$ 的夹角为 θ, 则(   ).

A. $|\vec{a}| = |\vec{b}|$ B. $\vec{a} \perp \vec{c}$ C. $\vec{b} /\!/ \vec{c}$ D. $\theta = 135°$

解　由已知 $2\vec{a} = (-2,2), \therefore \vec{a} = (-1,1)$.

$2\vec{b} = (4,0), \therefore \vec{b} = (2,0)$.

对于选项 A, $|\vec{a}| = \sqrt{(-1^2) + 1^2} = \sqrt{2}, |\vec{b}| = 2$. A 错.

对于选项 B, $\vec{a} \cdot \vec{c} = -1 \times 1 + 1 \times 1 = 0, \therefore \vec{a} \perp \vec{b}$. B 对.

对于选项 C, $1 \times 0 \neq 2 \times 1$, 显然 C 错.

对于选项 D, $\vec{a} \cdot \vec{b} = |\vec{a}||\vec{b}|\cos\theta = \sqrt{2} \cdot 2\cos\theta = 2\sqrt{2}\cos\theta$.

又 $\vec{a} \cdot \vec{b} = (-1,1) \cdot (2,0) = -1 \times 2 + 1 \times 0 = -2$,

$\therefore 2\sqrt{2}\cos\theta = -2, \therefore \cos\theta = -\dfrac{\sqrt{2}}{2}, \therefore \theta = 135°$. D 对.

综上, 选 BD.

6.(多选)已知三角形 ABC 的面积为 3, 在 $\triangle ABC$ 所在平面内有两点 P, Q 满足 $\vec{PA} + 2\vec{PC} = 0$, $\vec{QA} = 2\vec{QB}$, 记 $\triangle APQ$ 的面积为 S, 则下列说法正确的是

(   ).

A. B 是 AQ 的三等分点

B. $\overrightarrow{BP} = \dfrac{1}{3}\overrightarrow{BA} + \dfrac{2}{3}\overrightarrow{BC}$

C. $\overrightarrow{PA} \cdot \overrightarrow{PC} > 0$

D. $S = 4$

解 根据已知条件画出图形(见右图)

对于选项 A, P 是 AC 的一个三等分点, B 是 AQ 的中点. A 错.

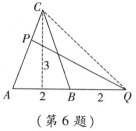

(第6题)

对于选项 B, $\overrightarrow{BP} = \overrightarrow{BA} + \dfrac{2}{3}\overrightarrow{AC} = \overrightarrow{BA} +$

$\dfrac{2}{3}(\overrightarrow{BC} - \overrightarrow{BA}) = \dfrac{1}{3}\overrightarrow{BA} + \dfrac{2}{3}\overrightarrow{BC}$. B 对.

对于选项 C, $\overrightarrow{PA} \cdot \overrightarrow{PC} = |\overrightarrow{PA}| \cdot |\overrightarrow{PC}|\cos\pi < 0$. C 错.

对于选项 D, $S = \dfrac{1}{2} \times 4 \times 2 = 4$. D 对.

综上, 选 BD.

7. (多选)在平行四边形 $ABCD$ 中, $\angle BAD = 60°$, $AB = 1$, $AD = \sqrt{3}$, P 为平行四边形 $ABCD$ 内一点, $AP = \dfrac{\sqrt{3}}{2}$, 若 $\overrightarrow{AP} = \lambda\overrightarrow{AB} + \mu\overrightarrow{AD}$ ($\lambda, \mu \in \mathbf{R}$), 则 $\lambda + \sqrt{3}\mu$ 的最大值错误的为(   ).

A. 1

B. $\dfrac{3}{4}$

C. $\sqrt{2}$

D. $\dfrac{4}{3}$

解 ∵ $\overrightarrow{AP} = \lambda\overrightarrow{AB} + \mu\overrightarrow{AD}$,

∴ $|\overrightarrow{AP}|^2 = \lambda^2|\overrightarrow{AB}|^2 + 2\lambda\mu\overrightarrow{AB} \cdot \overrightarrow{AD} + \mu^2|\overrightarrow{AD}|^2 = \lambda^2 \cdot 1^2 + 2\lambda\mu \cdot$

$1 \cdot \sqrt{3} \cdot \cos60° + \mu^2(\sqrt{3})^2 = \lambda^2 + \sqrt{3}\lambda\mu + 3\mu^2$.

即 $(\dfrac{\sqrt{3}}{2})^2 = \lambda^2 + 2\sqrt{3}\lambda\mu + 3\mu^2$.

∴ $(\lambda + \sqrt{3}\mu)^2 = \dfrac{3}{4} + \sqrt{3}\lambda\mu \leqslant \dfrac{3}{4} + (\dfrac{\lambda + \sqrt{3}\mu}{2})^2$,

∴ $(\lambda + \sqrt{3}\mu)^2 \leqslant 1$, ∴ $\lambda + \sqrt{3}\mu \leqslant 1$. 错误的为 BCD.

注: 若建立坐标系, 运算更简便.

7 立体几何

1. 在三棱锥 $S-ABC$ 中,$SB=AC=2\sqrt{2}$,$SA=BC=2\sqrt{3}$,$SC=AB=6$,则该三棱锥的外接球的表面积为(   ).

    A.16π B.28π C.30π D.56π

解 构造长方体(如图).设其长、宽、高分别为 x,y,z,则

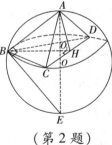

$$\begin{cases} y^2+z^2=(2\sqrt{2})^2 & ① \\ x^2+y^2=(2\sqrt{3})^2 & ② \\ x^2+z^2=6^2 & ③ \end{cases}$$

①$+$②$+$③得 $2(x^2+y^2+z^2)=56$

（第1题）

$\therefore x^2+y^2+z^2=28.\ \therefore 2R=\sqrt{x^2+y^2+z^2}=\sqrt{28}.$

$\therefore S_{球面}=4\pi R^2=28\pi.$ 选 B.

2. 已知四面体 $ABCD$ 的侧棱长相等,底面正三角形 BCD 的面积为 $8\sqrt{3}$,当 $AB\perp$ 平面 ACD 时,四面体外接球的体积为(   ).

    A.24π B.32π

    C.$24\sqrt{3}\pi$ D.$32\sqrt{3}\pi$

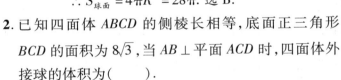

解 设正 $\triangle BCD$ 的边长为 a,则 $\dfrac{\sqrt{3}}{4}a^2=8\sqrt{3}$.

（第2题）

$\therefore a=4\sqrt{2},O_1B=\dfrac{\sqrt{3}}{3}a=\dfrac{\sqrt{3}}{3}\times4\sqrt{2}=\dfrac{4\sqrt{6}}{3},O_1H=\dfrac{\sqrt{3}}{6}\times4\sqrt{2}=\dfrac{2\sqrt{6}}{3}.$

$\because AB\perp$ 平面 $ACD,\therefore AB\perp AH.$ 由射影定理得 $AO_1^2=O_1B\cdot O_1H=$

$\dfrac{4\sqrt{6}}{3}\cdot\dfrac{2\sqrt{6}}{3}=\dfrac{48}{9}.$

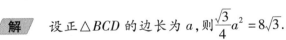

$\therefore AO_1=\dfrac{4\sqrt{3}}{3},AB=\sqrt{O_1B^2+AO_1^2}=\sqrt{(\dfrac{4\sqrt{6}}{3})^2+(\dfrac{4\sqrt{3}}{3})^2}=4.$

在 $\mathrm{Rt}\triangle ABE$ 中,设球半径为 R,由射影定理得:$AB^2=AO_1\cdot 2R$

$$\therefore R = \frac{AB^2}{2AO_1} = \frac{4^2}{2 \times \frac{4\sqrt{3}}{3}} = 2\sqrt{3},$$

$$\therefore V_{球} = \frac{4}{3}\pi R^3 = \frac{4}{3}\pi(2\sqrt{3})^3 = \frac{4\pi}{3} \cdot 12 \cdot 2\sqrt{3} = 32\sqrt{3}\pi. \ 选\ D$$

注：若看成正方体一角则更简便.

3. 设 α, β 是两个不同的平面，m, n 为两条不同的直线，则下面的命题中为假命题的是( ).

A. $\alpha \cap \beta = l, m // \alpha, m // \beta$，则 $m // l$ 　　　B. 若 $\alpha // \beta, m \perp \alpha$，则 $m \perp \beta$

C. 若 $\alpha \perp \beta, \alpha \cap \beta = l, n \perp l$，则 $n \perp \beta$ 　　D. 若 $m \perp \alpha, m // \beta$，则 $\alpha \perp \beta$

解 　选 C. 只有 $n \subset \alpha$ 或 $n // \alpha$ 时才有 $n \perp \beta$，故 C 为假命题.

注：随空间想象能力的提高，可以免于作图做出判断.

4. 如图所示的几何体中，四边形 $ABCD$ 是矩形，平面 $ABCD \perp$ 平面 ABE. 已知 $AB = 2, AD = 1, AE = BE = \sqrt{3}$. 若 M, N 分别是线段 DE, CE 上的点，则 $AM + MN + NB$ 的最小值为( ).

A. 2　　　　B. 3　　　　C. 4　　　　D. 5

解 　$DE = CE = \sqrt{3+1} = 2$，$\triangle CDE$ 为正三角形.

由已知 $AD \perp$ 平面 ABE，$\triangle DAE$ 为直角三角形.

同理 $\triangle CBE$ 为直角三角形.

侧面展开如右图.

由余弦定理得 $A_1 B_1^2 = 3 + 3 - 2\sqrt{3} \cdot \sqrt{3} \cdot$

$(-\frac{1}{2}) = 3 + 3 + 3 = 9.$

$\therefore A_1 B_1 = 3$，最小值为 3.

选 B.

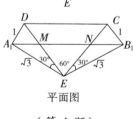

（第 4 题）

5. （多选）对于四面体 $A-BCD$. 下列说法正确的是( )

A. 若 $AB = AC = AD$，则 AB, AC, AD 与底面所成角相等

B. 若 $AB \perp CD, AC \perp BD$，则点 A 在底面 BCD 内的射影是 $\triangle BCD$ 的内心

C. 四面体 $A-BCD$ 的四个面中最多有四个直角三角形

D. 若四面体 $A-BCD$ 的 6 条棱长都为 1，则它的内切球表面积为 $\dfrac{\pi}{6}$

解 对于选项 A，斜线长相等，射影长相等．A 对.

对于选项 B，应为垂心，故 B 错.

对于选项 C，可画出图形．C 对.

对于选项 D，设底面正 $\triangle BCD$ 的中心为

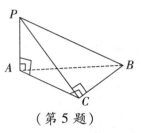

（第 5 题）

O_1，则 $O_1B = \dfrac{\sqrt{3}}{2}$，高 $AO_1 = \sqrt{1^2 - (\dfrac{\sqrt{3}}{3})^2} = \dfrac{\sqrt{6}}{3}$．设内切球心为 O，连接 OA，OB，OC，

OD，将正四面体 $A-BCD$ 分成四个全等的三棱锥，每个小棱锥的

高为内切球半径 r．由等体积法列方程可得 $r = \dfrac{1}{4}AO_1 = \dfrac{\sqrt{6}}{12}$.

$\therefore S_{球面} = 4\pi r^2 = 4\pi(\dfrac{\sqrt{6}}{12})^2 = 4\pi \cdot \dfrac{6}{144} = \dfrac{\pi}{6}$．D 对.

故选 ACD.

6．（多选）在正方体 $ABCD-A_1B_1C_1D_1$ 中，过 AB 作一垂直于直线 B_1C 的平面交平面 ADD_1A_1 于直线 l，动点 M 在直线 l 上．则下列选项正确的是（　　　　）.

A. $B_1C \parallel l$　　　　　　　　B. $B_1C \perp l$

C. 点 M 到平面 BCC_1B_1 的距离等于线段 AB 的

长度

D. 直线 B_1M 直线 CD 所成角的余弦值的最大值

为 $\dfrac{\sqrt{5}}{3}$

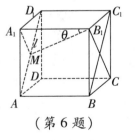

（第 6 题）

解 A 错.　B 对.　C 对.　原因略.

对于 D，当 M 为 AD_1 的中点时，$\because A_1B_1 \parallel CD$，$\therefore \angle A_1B_1M$ 等于 B_1M 与 CD 所成角．（此时 $\angle A_1B_1M$ 最小，余弦值最大）

$\cos\theta = \dfrac{A_1B_1}{B_1M} = \dfrac{1}{\sqrt{1^2 + (\dfrac{\sqrt{2}}{2})^2}} = \dfrac{1}{\sqrt{\dfrac{3}{2}}} = \dfrac{\sqrt{2}}{\sqrt{3}} = \dfrac{\sqrt{6}}{3}$.

D 错，选 BC.

8 解析几何

1. 已知抛物线 $y^2 = 2px(p > 0)$ 的焦点为 F. 以抛物线上的点 $A(x_0, 2\sqrt{2})$ ($x_0 > \dfrac{p}{2}$) 为圆心的圆与直线 $x = \dfrac{p}{2}$ 交于 B,C 两点, 若 $\sin\angle AFB = \dfrac{1}{3}$, 则 $\triangle OFA$ 的面积为(　　).

A. $\sqrt{2}$　　　　B. $2\sqrt{2}$　　　　C. $\sqrt{3}$　　　　D. $2\sqrt{3}$

解　∵ $A(x_0, 2\sqrt{2})$ 在抛物线上, ∴ $8 = 2px_0$　①

过 A 作 $AD \perp BC$ 于点 D.

由抛物线的性质得 $|DA| = x_0 - \dfrac{p}{2}$.

又由抛物线的定义得 $|FA| = x_0 + \dfrac{p}{2}$.

∵ $\sin\angle AFB = \dfrac{1}{3}$, ∴ $|DA| = \dfrac{1}{3}|AF|$.

即 $x_0 - \dfrac{p}{2} = \dfrac{1}{3}\left(x_0 + \dfrac{p}{2}\right)$.

解得 $x_0 = p$　②

①②联立解得 $x_0 = p = 2$ 或 $x_0 = p = -2$(舍去)

∴ $OF = \dfrac{p}{2} = 1$, ∴ $S_{\triangle OFA} = \dfrac{1}{2}|OF| \cdot |y_A| = \dfrac{1}{2} \times 1 \times 2\sqrt{2} = \sqrt{2}$. 选 A.

(第 1 题)

2. 已知点 F_1, F_2 是双曲线 $x^2 - \dfrac{y^2}{b^2} = 1(b > 0)$ 的左、右焦点. 过 F_2 作垂直于 x 轴的直线交双曲线于点 M, 且 $\angle MF_1F_2 = 30°$. 若双曲线上的点到两条渐近线的距离分别为 d_1, d_2, 则 $d_1 \cdot d_2$ 的值为(　　).

A. $\dfrac{1}{4}$　　　　B. $\dfrac{1}{3}$　　　　C. $\dfrac{2}{3}$　　　　D. $\dfrac{3}{4}$

解　设 $F_2(\sqrt{1+b^2}, 0)$, $M(\sqrt{1+b^2}, y_0)$.

∵ M 在双曲线上, ∴ $1 + b^2 - \dfrac{y_0^2}{b^2} = 1$, ∴ $y_0 = \pm b^2$, ∴ $|MF_2| = b^2$.

在 Rt $\triangle MF_2F_1$ 中，$\angle MF_1F_2 = 30°$，$|MF_2| = b^2$，$\therefore |MF_1| = 2b^2$.

由双曲线的定义得 $|MF_1| - |MF_2| = b^2 = 2$，

$\therefore$ 双曲线的方程为 $x^2 - \dfrac{y^2}{2} = 1$，

两渐近线方程为 $\sqrt{2}x \pm y = 0$. 设双曲线

上的点 $Q(x_0, y_0)$，则

$$d_1 d_2 = \dfrac{|\sqrt{2}x_0 - y_0|}{\sqrt{3}} \cdot \dfrac{|\sqrt{2}x_0 + y_0|}{\sqrt{3}} = \dfrac{|2x_0^2 - y_0^2|}{3}.$$

$\because Q(x_0, y_0)$ 在双曲线上，$\therefore x_0^2 - \dfrac{y_0^2}{2} = 1$，$\therefore 2x_0^2 - y_0^2 = 2$.

$\therefore d_1 d_2 = \dfrac{2}{3}$. 选 C.

（第2题）

3. 已知双曲线 $C: \dfrac{x^2}{a^2} - \dfrac{y^2}{16} = 1 (a > 0)$ 的左、右顶点分别为 A、B，左焦点为 F，P 为 C 上一点，且 $PF \perp x$ 轴. 过点 A 的直线 l 与线段 PF 交于点 M，与 y 轴交于点 N. 直线 MB 与 y 轴交于点 H，若 $ON = 2OH$（O 为坐标原点），则 C 的实轴长为（　　）.

A. $\sqrt{2}$　　　　B. $\sqrt{3}$　　　　C. $2\sqrt{2}$　　　　D. $2\sqrt{3}$

解　由 $\triangle NAO \backsim \triangle MAF \Rightarrow \dfrac{|ON|}{|MF|} = \dfrac{|OA|}{|AF|} = \dfrac{a}{c - a}$.

$\therefore |ON| = \dfrac{a}{c - a}|MF|$.

又由 $\triangle BOH \backsim \triangle BFM \Rightarrow \dfrac{|OH|}{|FM|} = \dfrac{|BO|}{|BF|} = \dfrac{a}{a + c}$.

$\therefore |OH| = \dfrac{a}{a + c}|MF|$. 而 $|ON| = 2|OH|$，

$\therefore \dfrac{a}{c - a} = \dfrac{2a}{a + c}$.

$\therefore c = 3a$.

又 $a^2 + 16 = c^2$，$\therefore a^2 + 16 = 9a^2$，$\therefore a^2 = 2$，$a = \sqrt{2}$.

（第3题）

实轴长 $2a = 2\sqrt{2}$. 选 C.

4. 已知椭圆的两个焦点为 $F_1(-\sqrt{5},0)$，$F_2(\sqrt{5},0)$，M 是椭圆上一点，若 MF_1 $\perp MF_2$，$|MF_1| \cdot |MF_2| = 8$，则该椭圆的方程是(　　)

A. $\dfrac{x^2}{7} + \dfrac{y^2}{2} = 1$　　B. $\dfrac{x^2}{2} + \dfrac{y^2}{7} = 1$　　C. $\dfrac{x^2}{9} + \dfrac{y^2}{4} = 1$　　D. $\dfrac{x^2}{4} + \dfrac{y^2}{9} = 1$

解　设 $|MF_1| = m$，$|MF_2| = n$. 则 $m + n = 2a$ ①　$mn = 8$ ②，又由勾股定理得 $m^2 + n^2 = 20$ ③. ③ + ② × 2 得 $(m+n)^2 = 36$. ∴ $m + n = 6$. ∴ $2a = 6$，$a = 3$.

又 $c = \sqrt{5}$. ∴ $b = \sqrt{3^2 - 5} = 2$　∴ 椭圆的方程为 $\dfrac{x^2}{9} + \dfrac{y^2}{4} = 1$. 选 C.

5. (多选)已知 $\odot E$ 的方程为 $x^2 + y^2 - 2\sqrt{2}x = 0$. 若直线 $l: y = kx + \sqrt{2}k$ 上存在一点 M，过 M 作圆 E 的两条切线，切点为 A,B，满足 $|\overrightarrow{MA} + \overrightarrow{MB}| = |\overrightarrow{MA} - \overrightarrow{MB}|$. 则下列说法正确的是(　　).

A. 直线 l 恒过点 $(-\sqrt{2},0)$　　　　B. $\odot E$ 的圆心坐标为 $(-\sqrt{2},0)$

C. 实数 k 可以取值 $\dfrac{1}{2}$　　　　　D. 实数 k 无最大值

解　对于选项 A，由 $y = kx + \sqrt{2}k$ 得 $y = k(x + \sqrt{2})$. ∴ 直线 l 恒过点 $(-\sqrt{2}, 0)$. A 对.

对于选项 B，圆心 E 的坐标为 $(\sqrt{2},0)$. B 错.

对于选项 C，由所给向量条件两边平方，化简得 $\overrightarrow{MA} \cdot \overrightarrow{MB} = 0$，∴ $\overrightarrow{MA} \perp \overrightarrow{MB}$. 即两切线互相垂直. 故 M、E、A、B 构成正方形的四个顶点.

由题意，l 与 $\odot E$ 有公共点. 故圆心 $(\sqrt{2},0)$ 到 $l: kx - y + \sqrt{2}k = 0$ 的距离 $d = \dfrac{|\sqrt{2}k - 0 + \sqrt{2}k|}{\sqrt{k^2 + 1}} \leqslant 2$.

解得 $-1 \leqslant k \leqslant 1$. ∴ C 对，D 错. 选 AC.

6. (多选)已知抛物线 $x^2 = 2py(p > 0)$ 的焦点为 F，过点 F 的直线 l 交抛物线于 A,B 两点，以线段 AB 为直径的圆交 x 轴于 M,N 两点，设线段 AB 的中

点为 Q. 若抛物线上存在一点 $E(t,2)$ 到焦点 F 的距离等于 3,则下列说法正确的是(   ).

A. 抛物线的方程是 $x^2 = 2y$

B. 抛物线的准线方程为 $y = -1$

C. $\sin\angle QMN$ 的最小值是 $\dfrac{1}{2}$

D. 线段 AB 的最小值是 6

解 准线方程为 $y = -\dfrac{p}{2}$.

由点 $E(t,2)$ 到焦点 F 的距离等于 3,

得 $2 + \dfrac{p}{2} = 3$. $\therefore p = 2$, $\therefore$ 抛物线的方

程为 $x^2 = 4y$,准线 $y = -1$

$\therefore$ A 错,B 对.

由于抛物线通径长为 $2p = 4 < 6$,

$\therefore$ D 错.

$\because$ 多选,$\therefore$ C 对. 综上选 BC.

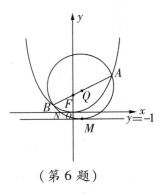

（第 6 题）

9 统 计 概 率

1. 为规范学校办学,省教育厅督察组对某所高中进行了抽样调查,抽到的班一共有 52 名学生.现将该班学生随机编号,用系统抽样的方法抽取一个容量为 4 的样本.已知 7 号,33 号,46 号同学在样本中,那么样本中还有一位同学的编号应为( ).

A. 13   B. 19   C. 20   D. 51

解 编号应成等差数列.公差 $d = \dfrac{52}{4} = 13$.(或 $d = 46 - 33 = 13$)

故还有一位同学的编号为 $7 + 13 = 20$.选 C.

2. 为了研究某班学生的脚长 x(单位:cm)和身高 y(单位:cm)的关系.从该班随机抽取 10 名学生,根据测量数据的散点图可以看出 y 与 x 之间有线性相关关系.设其回归直线方程为 $\hat{y} = \hat{b}x + \hat{a}$.已知 $\sum\limits_{i=1}^{10} x_i = 225$,$\sum\limits_{i=1}^{10} y_i = 1600$,$\hat{b} = 4$.该班某学生的脚长为 24cm.据此估计其身高为( ).

A. 160cm   B. 163cm   C. 166cm   D. 170cm

解 由已知可得:$\bar{x} = 22.5$,$\bar{y} = 160$,又 $\hat{b} = 4$.

$\therefore \hat{a} = \bar{y} - \hat{b}\bar{x} = 160 - 4 \times 22.5 = 70$

$\therefore$ 回归直线方程为 $\hat{y} = 4x + 70$

将 $x = 24$ 代入上式得 $\hat{y} = 4 \times 24 + 70 = 166$ 选 C.

3. 已知离散型随机变量 X 的分布列为:

X	6	3	2
p	a	b	c

其中 a, b, c 成等差数列.且 $E(x) = 3$,则 $D(x) = ($ $)$.

A. $\dfrac{4}{3}$ B. $\dfrac{3}{2}$ C. 2   D. 3

解 由题意得:$\begin{cases} a + b + c = 1 \\ a + c = 2b \\ 6a + 3b + 2c = 3 \end{cases}$ 解得 $\begin{cases} a = \dfrac{1}{6} \\ b = \dfrac{1}{3} \\ c = \dfrac{1}{2} \end{cases}$

所以 $D(X) = (6-3)^2 \times \dfrac{1}{6} + (3-3)^2 \times \dfrac{1}{3} + (2-3)^2 \times \dfrac{1}{2} = \dfrac{3}{2} + 0 + \dfrac{1}{2} = 2$. 选 C.

4. 把编号分别为 $1,2,3,4$ 的四封信装在编号为一、二、三、四的四个信封里,每个信封只装一封信,信与信封的编号都不相等的概率为(   ).

A. $\dfrac{1}{3}$ B. $\dfrac{1}{2}$ C. $\dfrac{3}{8}$ D. $\dfrac{5}{8}$

解   符合条件的基本事件列举如下:

一	二	三	四
2	1	4	3
3	1	4	3
4	1	2	3
2	3	4	1
2	4	1	3
3	4	1	2
3	4	2	1
4	3	1	2
4	3	2	1

共 9 种,故所求概率 $P = \dfrac{9}{A_4^4} = \dfrac{9}{24} = \dfrac{3}{8}$. 选 C.

5. 体育课排球发球项目考试的规则是:每位学生最多可发 3 次球,一旦发球成功,则停止发球,否则,一直发到 3 次为止。设学生一次发球成功率为 p($p \neq 0$),发球次数为 X. 若 X 的数学期望 $E(X) > 1.75$,则 p 的取值范围是(   ).

A. $\left(0, \dfrac{7}{12}\right)$ B. $\left(\dfrac{7}{12}, 1\right)$ C. $\left(0, \dfrac{1}{2}\right)$ D. $\left(\dfrac{1}{2}, 1\right)$

解   由题意,X 的所有可能取值为 $1,2,3$.

则 $p(X=1) = p, p(X=2) = p(1-p), p(X=3) = (1-p)^2$.

则 $E(X) = p + 2p(1-p) + 3(1-p)^2 = p^2 - 3p + 3$.

由已知 $E(X) > 1.75$，$\therefore p^2 - 3p + 3 > 1.75$. 化为 $4p^2 - 12p + 5 > 0$.

解得 $p < \dfrac{1}{2}$ 或 $p > \dfrac{5}{2}$.

$\because 0 < p < 1$，$\therefore 0 < p < \dfrac{1}{2}$. 选 C.

6. 设随机变量 $\xi \sim B(2, p)$，$\eta \sim B(4, p)$. 若 $p(\xi \geqslant 1) = \dfrac{5}{9}$，则 $p(\eta \geqslant 2) = ($ $)$.

A. $\dfrac{10}{27}$　　　　B. $\dfrac{11}{27}$　　　　C. $\dfrac{4}{9}$　　　　D. $\dfrac{5}{9}$

解　$\because \xi \sim B(2, p)$，且 $p(\xi \geqslant 1) = \dfrac{5}{9}$.

$\therefore p(\xi \geqslant 1) = 1 - p(\xi = 0) = 1 - C_2^0 (1-p)^2 = \dfrac{5}{9}$，即 $1 - 2p + p^2 = $

$\dfrac{4}{9}$. 化为 $9p^2 - 18p + 5 = 0$. $\therefore p = \dfrac{1}{3}$ 或 $p = \dfrac{5}{3}$（舍去）.

$\therefore p(\eta \geqslant 2) = 1 - p(\eta = 0) - p(\eta = 1)$

$= 1 - C_4^0 \left(\dfrac{1}{3}\right)^0 \left(\dfrac{2}{3}\right)^4 - C_4^1 \left(\dfrac{1}{3}\right)^1 \left(\dfrac{2}{3}\right)^3$

$= 1 - \dfrac{16}{81} - \dfrac{32}{81} = \dfrac{33}{81} = \dfrac{11}{27}$. 选 B.

第三节 为什么填空题容易做错失分？怎样才能做到不失分或少失分？

选择题如果计算出的数据选项中没有,肯定知道算错了,可以重算。而填空题则无答案参照,算错了也不知道。何况高考中的填空题一般为中档题或难题。这样做错的概率就增加了,容易做错失分。何况第 16 题往往含有多个小题的计算或判断,都有一定的难度,做错的概率更大。

怎样才能做到不失分或少失分呢？应该有这样的认识:填空题无须写出步骤,只要算对结果即可。这与做解答题比较,做填空题(第 16 题除外)还是合算的,应当认真对待,不必慌乱,应该相信自己很快能做出来。更重要的是平日应加强对做填空题的训练,不断总结经验教训,有针对性地进行查漏补缺,功底好的同学可以全做对,对于一般同学,是可以达到 $\dfrac{3}{4}$ 的正确率的。

下面举例说明填空题的解法及易错原因,以供学习参考。

1. 已知图象连续不断的函数 $f(x)$ 的定义域为 $\mathbf{R}$,$f(x)$ 是周期为 2 的函数,$y = |f(x)|$ 在区间 $[-1,1]$ 上恰有 5 个零点,则 $f(x)$ 在区间 $[0,2020]$ 上零点的个数为_____.

解 $\because f(x)$ 的周期为 2,$y = |f(x)|$ 在 $[-1,1]$ 上有 5 个零点,

$\therefore f(x)$ 在 $[0,2020]$ 上的零点个数为 $1 + 2 \times 2020 = 4041$.

注: 容易漏掉区间端点 0 这一零点.

2. $\cos^2\left(-\dfrac{\pi}{10} - \theta\right) + \cos^2\left(\dfrac{2\pi}{5} - \theta\right) = $ _____.

解 原式 $= \cos^2\left(\dfrac{\pi}{10} - \theta\right) + \cos^2\left(\dfrac{2\pi}{5} - \theta\right)$

$= \dfrac{1}{2}\left[1 + \cos\left(\dfrac{\pi}{5} + 2\theta\right)\right] + \dfrac{1}{2}\left[1 + \cos\left(\dfrac{4}{5}\pi - 2\theta\right)\right]$

$= 1 + \dfrac{1}{2}\cos\left(\dfrac{\pi}{5} + 2\theta\right) + \dfrac{1}{2}\cos\left(\dfrac{4\pi}{5} - 2\theta\right)$

$= 1 + \dfrac{1}{2}\cos\left(\dfrac{\pi}{5} + 2\theta\right) - \dfrac{1}{2}\left[\cos\left(\pi - \dfrac{4}{5}\pi + 2\theta\right)\right]$

$$= 1 + \frac{1}{2}\cos(\frac{\pi}{5} + 2\theta) - \frac{1}{2}\cos(\frac{\pi}{5} + 2\theta)$$

$$= 1$$

注:(1)容易出错的原因有以下两点.①记不住降幂公式,改用其他方法则运算烦琐,且容易出错.②未能认真观察找到 $\frac{\pi}{5} + 2\theta$ 与 $\frac{4\pi}{5} - 2\theta$ 互补即和为 π 的关系.

(2)若能注意到 $\frac{\pi}{10} + \theta$ 与 $\frac{2\pi}{5} - \theta$ 互余,则此题结果为1.

3. 已知正项数列 $\{a_n\}$ 的前 n 项和为 S_n,若 $\{a_n\}$ 和 $\{\sqrt{S_n}\}$ 都是等差数列,且公差相等,则 $S_{100} = $ _____.

解 设公差为 d. 则 $\sqrt{S_2} = \sqrt{a_1} + d = \sqrt{a_1 + a_1 + d}$. 平方得

$$a_1 + 2\sqrt{a_1}d + d^2 = 2a_1 + d. \qquad ①$$

同理可得 $a_1 + 4\sqrt{a_1}d + 4d^2 = 3a_1 + 3d. \qquad ②$

①②联立,消去 a_1,可得 $d(2d - 1) = 0. \therefore d = 0$ 或 $d = \frac{1}{2}$.

当 $d = 0$ 时,$a_1 = 0$ 与已知矛盾;当 $d = \frac{1}{2}$ 时,$a_1 = \frac{1}{4}$ 成立.

$$\therefore S_{100} = 100 \times \frac{1}{4} + \frac{100 \times 99}{2} \times \frac{1}{2} = 100 \times (\frac{1}{4} + \frac{99}{4}) = 100 \times 25 = 2500.$$

注:①不适应变化或对 $\{\sqrt{S_n}\}$ 陌生;②从最小数据研究是研究问题的基本方法,有的同学未具这种思想,就找不出关系,列不出关于 a_1 和 d 的方程组;③运算不过关.

4. 已知 $\vec{a}, \vec{b}$ 为单位向量,且 $\vec{a} \cdot \vec{b} = 0$,若 $\vec{c} = 2\vec{a} - \sqrt{5}\vec{b}$ 则 $\cos\langle \vec{a}, \vec{c} \rangle = $ _____.

解 $|\vec{c}| = \sqrt{(2\vec{a} - \sqrt{5}\vec{b})^2} = \sqrt{4|\vec{a}|^2 + 5|\vec{b}|^2 - 4\sqrt{5}\vec{a} \cdot \vec{b}} = \sqrt{4 + 5 + 0} = 3$

$$\therefore \cos\langle \vec{a}, \vec{c} \rangle = \frac{\vec{a} \cdot \vec{c}}{|\vec{a}| \cdot |\vec{c}|} = \frac{\vec{a} \cdot (2\vec{a} - \sqrt{5}\vec{b})}{1 \times 3} =$$

$$\frac{2|\overrightarrow{a}|^2 - \sqrt{5}\,\overrightarrow{a}\,\overrightarrow{b}}{3} = \frac{2-0}{3} = \frac{2}{3}.$$

注：① $|\overrightarrow{c}| = \sqrt{\overrightarrow{c}^2}$ 是求向量模常用方法，有的同学忽视了这个细微的关系，而找不到解题思路；② $\cos<\overrightarrow{a},\overrightarrow{c}> = \dfrac{\overrightarrow{a}\cdot\overrightarrow{c}}{|\overrightarrow{a}|\cdot|\overrightarrow{c}|}$ 是求向量夹角的基本方法，应熟练应用；③亦可建系解之。

5. a,b 为空间中两条互相垂直的直线，等腰直角三角形 ABC 的直角边 AC 所在直线与 a,b 都垂直，斜边 AB 以直线 AC 为旋转轴旋转，有下列结论：

①当直线 AB 与 a 成 $60°$ 角时，AB 与 b 成 $30°$ 角；

②当直线 AB 与 a 成 $60°$ 角时，AB 与 b 成 $60°$ 角；

③直线 AB 与 a 所成角的最小值为 $45°$；

④直线 AB 与 a 所成角的最大值为 $60°$。

其中，正确的是＿＿＿＿＿。（填写所有正确结论的编号）

解　如右图，将直线 a,b 平移到边 BC 旋转出的圆中，MN 为圆 C 直径。

则可设 MB，NB 所在直线分别为 a,b。

$\angle ABC = 45°$，利用最小角定理，

$\cos\angle ABC\cos\angle MBC = \cos\angle ABM$ 和

$\cos\angle ABC\cos\angle NBC = \cos\angle ABN$。

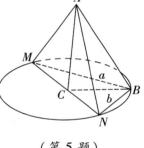

（第 5 题）

当 AB 与 a 成 $60°$ 角时，即 $\angle ABM = 60°$，则 $\cos45°\cos\angle MBC = \cos60°$。

解得 $\angle MBC = 45°$，则 $\angle NBC = 45°$。∴ $\angle ABN = 60°$。∴ ①错，②对。

点 B 在 $\odot C$ 上运动，当 B 运动到点 N 时，$\angle MBC = 0°$，$\cos\angle MBC = 1$，

$\angle ABM$ 的最小值为 $\angle ABC = 45°$；当点 B 运动到点 M 时，直线 b 为

MN 所在直线，直线 a 过点 M 且与 $\odot C$ 相切，易得 $a\perp$ 平面 ABC。

∴ 直线 AB 与 a 所成角的最大值为 $90°$。

∴ ③对，④错。综上正确编号为②③。

6. 若函数 $e^x f(x)$ （$e = 2.71828\cdots\cdots$ 是自然对数的底数）在 $f(x)$ 的定义域上单

调递增,则称函数 $f(x)$ 具有 M 性质. 下列函数中所有具有 M 性质的函数的序号为_____.

①$f(x) = 2^{-x}$ ②$f(x) = 3^{-x}$ ③$f(x) = x^3$ ④$f(x) = x^2 + 2$

解 对于①:$(e^x \cdot 2^{-x})' = e^x \cdot 2^{-x} + e^x \cdot 2^{-x} \ln 2 \cdot (-1) = e^x \cdot 2^{-x}(1 - \ln 2) > 0.$ ①对.

对于②:$(e^x \cdot 3^{-x})' = e^x \cdot 3^{-x} + e^x \cdot 3^{-x} \ln 3 \cdot (-1) = e^x \cdot 3^{-x}(1 - \ln 3) < 0.$ ②错.

对于③:$(e^x \cdot x^3)' = e^x \cdot x^3 + e^x \cdot 3x^2 = e^x \cdot x^2(x + 3).$ 当 $x \in (-\infty, -3)$ 时,$(e^x x^3)' < 0.$ ③错.

对于④:$[e^x(x^2 + 2)]' = e^x(x^2 + 2) + e^x \cdot 2x = e^x(x^2 + 2x + 2) = e^x[(x+1)^2 + 1] > 0. \therefore$ ④对.

综上,具有 M 性质的函数的序号为①④.

7. 已知双曲线 $C:\dfrac{x^2}{a^2} - \dfrac{y^2}{b^2} = 1(a > 0, b > 0)$ 的左、右焦点分别为 F_1, F_2,过 F_1 的直线与 C 的两条渐近线分别交于 A, B 两点,若 $\overrightarrow{F_1A} = \overrightarrow{AB}$,$\overrightarrow{F_1B} \cdot \overrightarrow{F_2B} = 0$,则 C 的离心率为_____.

解 C 的渐近线为 $y = \pm \dfrac{b}{a}x$,由 $\overrightarrow{F_1A} = \overrightarrow{AB}$ 知 A 为 F_1B 的中点,又 O 为 F_1F_2 的中点,$\therefore OA$ 为 $\triangle F_1F_2B$ 的中位线,又 $\overrightarrow{F_1B} \cdot \overrightarrow{F_2B} = 0, \therefore \overrightarrow{F_1B} \perp \overrightarrow{F_2B}, \therefore F_1B \perp OA. \therefore$ 直线 F_1B 的方程为 $y = \dfrac{a}{b}(x + c).$

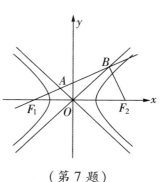

(第7题)

F_2B 的方程为 $y = -\dfrac{b}{a}(x - c)$,

联立得 $B\left(\dfrac{b^2 - a^2}{c}, \dfrac{2ab}{c}\right).$

又点 B 在双曲线的渐近线 $y = \dfrac{b}{a}x$ 上,$\therefore \dfrac{2ab}{c} = \dfrac{b}{a} \cdot \dfrac{b^2 - a^2}{c}.$

结合 $b^2 = c^2 - a^2$，化简得 $c^2 = 4a^2$. $\therefore e = \dfrac{c}{a} = 2.$

8. 甲、乙两队进行篮球决赛，采取七场四胜制（当一队赢得四场胜利时，该队获胜，决赛结束）. 根据前期比赛成绩，甲队的主客场安排依次为"主主客客主客主". 设甲队主场取胜的概率为 0.6，客场取胜的概率为 0.5，且各场比赛结果相互独立，则甲队以 4:1 获胜的概率是_____.

解 因为甲队以 4:1 获胜，所以甲队第 5 场获胜且前 4 场中有 1 场失利 3 场获胜.

若甲队主场失利，则概率为 $2 \times (1 - 0.6) \times 0.6 \times 0.5 \times 0.5 \times 0.6 = 0.072$；

若甲队客场失利，则概率为 $2 \times 0.6 \times 0.6 \times (1 - 0.5) \times 0.5 \times 0.6 = 0.108$.

故所求概率为 $0.072 + 0.108 = 0.18$.

9. 函数 $f(x) = \cos\left(3x + \dfrac{\pi}{6}\right)$ 在 $[0, \pi]$ 的零点个数为_____.

解 令 $\cos\left(3x + \dfrac{\pi}{6}\right) = 0$ 得 $3x + \dfrac{\pi}{6} = k\pi + \dfrac{\pi}{2}(k \in \mathbf{Z}) \Rightarrow 3x = k\pi + \dfrac{\pi}{3}(k \in \mathbf{Z}) \Rightarrow x = \dfrac{k\pi}{3} + \dfrac{\pi}{9}(k \in \mathbf{Z}).$

又 $\because x \in [0, \pi], \therefore 0 \leqslant \dfrac{k\pi}{3} + \dfrac{\pi}{9} \leqslant \pi \Rightarrow 0 \leqslant 3k + 1 \leqslant 9 \Rightarrow -1 \leqslant 3k \leqslant 8 \Rightarrow -\dfrac{1}{3} \leqslant k \leqslant \dfrac{8}{3}$

$\because k \in \mathbf{Z}, \therefore k = 0, 1, 2$ $\left(\therefore x_1 = \dfrac{\pi}{9}, x_2 = \dfrac{4\pi}{9}, x_3 = \dfrac{7\pi}{9}\right)$

$\therefore$ 零点个数为 3.

第四节 为什么说既要掌握基本题型的解法，又要注重求变求新题型的解法，是数学教和学的努力方向？

掌握基本题型的解法是基础,否则求变求新就会变成一句空话.因此在选择题型时要精选、精练,这样才能提高效率.

下面以高考中常见的六种解答题为例,从基本题型到创新题型,研究其解法规律,以提高学生解决解答题的能力.

1 三角形解答题

解三角形要用到的基础知识主要有正、余弦定理,两角和与差的有关公式,诱导公式,同角三角函数的关系式,三角形的面积公式,内角和定理等.

若已知三角形的两角夹边或两角及一角对边,要用正弦定理.

若已知三角形的三边或两边夹角要用余弦定理.

若已知三角形的两边及一边的对角可用正弦定理解,要注意解的三种情况,两解、一解或无解;也可设未知的第三边为 x,用余弦定理列出关于 x 的一元二次方程解之.

在具体的题目中,要先将所给条件化简,可以用正弦定理将边化角,也可以用正弦定理将角化边.哪种方法方便可行,就用哪种.

例1 在平面四边形 $ABCD$ 中,$AB \perp AD$,

$BC = 1$,$\cos B = \dfrac{2\sqrt{7}}{7}$,$\angle ACB = \dfrac{2\pi}{3}$.

(1)求 AC 的长;

(2)若 $AD = \sqrt{21}$,求 CD 的长和四边形 $ABCD$ 的面积.

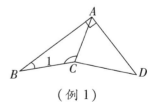

（例1）

分析：已知两角及夹边求其中一角 B 的对边 AC 要用正弦定理,但要知道 $\angle BAC$ 的正弦值,可用差角正弦公式求之.

第(2)问要求 CD,第(1)问已求出 AC,现又已知 AD,需知 $\angle CAD$ 的余弦

值. 可根据第(1)问 $\angle BAC$ 的正弦值及垂直关系求得. 至于面积,分别求出两个三角形面积相加即可. 上述分析过程不必写出,在脑中闪过就行.

解 (1) 在 $\triangle ABC$ 中, $\because B \in (0, \pi)$, $\cos B = \dfrac{2\sqrt{7}}{7}$,

$$\therefore \sin B = \sqrt{1 - \cos^2 B} = \sqrt{1 - (\dfrac{2\sqrt{7}}{7})^2} = \dfrac{\sqrt{21}}{7}.$$

$$\therefore \sin \angle BAC = \sin [\pi - (\angle B + \angle ACB)] = \sin (\pi - B - \dfrac{2\pi}{3}) =$$

$$\sin (\dfrac{\pi}{3} - B) = \sin \dfrac{\pi}{3} \cos B - \cos \dfrac{\pi}{3} \sin B = \dfrac{\sqrt{3}}{2} \times \dfrac{2\sqrt{7}}{7} - \dfrac{1}{2} \times \dfrac{\sqrt{21}}{7} = \dfrac{\sqrt{21}}{14}.$$

在 $\triangle ABC$ 中, 由正弦定理得 $\dfrac{AC}{\sin B} = \dfrac{BC}{\sin \angle BAC}$. 即 $\dfrac{AC}{\dfrac{\sqrt{21}}{7}} = \dfrac{1}{\dfrac{\sqrt{21}}{14}}$.

$$\therefore AC = 2.$$

(2) 在 $\triangle ACD$ 中, $\cos \angle CAD = \cos (\dfrac{\pi}{2} - \angle BAC) = \sin \angle BAC = \dfrac{\sqrt{21}}{14}$.

由余弦定理得 $CD^2 = AD^2 + AC^2 - 2AD \cdot AC \cdot \cos \angle CAD = 21 + 4 - 2\sqrt{21} \times 2 \times \dfrac{\sqrt{21}}{14} = 19.$

$$\therefore CD = \sqrt{19}.$$

$$\because \angle CAD \in (0, \dfrac{\pi}{2}), \therefore \sin \angle CAD = \sqrt{1 - (\dfrac{\sqrt{21}}{14})^2} = \dfrac{5\sqrt{7}}{14}.$$

$$\therefore S_{四边形ABCD} = S_{\triangle ABC} + S_{\triangle ACD}$$

$$= \dfrac{1}{2} BC \cdot AC \cdot \sin \dfrac{2\pi}{3} + \dfrac{1}{2} AC \cdot AD \cdot \sin \angle CAD$$

$$= \dfrac{1}{2} \times 1 \times 2 \times \dfrac{\sqrt{3}}{2} + \dfrac{1}{2} \times 2 \times \sqrt{21} \times \dfrac{5\sqrt{7}}{14}$$

$$= 3\sqrt{3}.$$

例2 在三角形 ABC 中,内角 A, B, C 的对边分别为 a, b, c,且 $a + b + c = 8$

（1）若 $a = 2, b = \dfrac{5}{2}$，求 $\cos C$ 的值；

（2）若 $\sin A \cos^2 \dfrac{B}{2} + \sin B \cos^2 \dfrac{A}{2} = 2\sin C$，且 $\triangle ABC$ 的面积 $S = \dfrac{9}{2}\sin C$，求 a 和 b 的值.

分析：① 自然要用余弦定理；② 要求 a 和 b 的值，根据所给的条件，务必角化边.

解 （1）由已知得 $c = 8 - (a + b) = 8 - (2 + \dfrac{5}{2}) = \dfrac{7}{2}$.

由余弦定理可得 $\cos C = \dfrac{a^2 + b^2 - c^2}{2ab} = \dfrac{2^2 + (\dfrac{5}{2})^2 - (\dfrac{7}{2})^2}{2 \times 2 \times \dfrac{5}{2}} =$

$\dfrac{16 + 25 - 49}{40} = \dfrac{-8}{40} = -\dfrac{1}{5}$.

（2）由 $\sin A \cos^2 \dfrac{B}{2} + \sin B \cos^2 \dfrac{A}{2} = 2\sin C$ 得

$\sin A \cdot \dfrac{1}{2}(1 + \cos B) + \sin B \cdot \dfrac{1}{2}(1 + \cos A) = 2\sin C$.

化简得 $\sin A + \sin A \cos B + \sin B + \cos A \sin B = 4\sin C$.

$\because \sin A \cos B + \cos A \sin B = \sin(A + B) = \sin(\pi - C) = \sin C$,

$\therefore \sin A + \sin B = 3\sin C$.

由正弦定理可得 $a + b = 3c$.

又由已知 $a + b + c = 8$, $\therefore a + b = 6$.

$\because S = \dfrac{1}{2}ab\sin C = \dfrac{9}{2}\sin C$, $\therefore ab = 9$.

$\therefore a, b$ 是方程 $x^2 - 6x + 9 = 0$ 的两根. $\therefore a = b = 3$.

例3 三角形 ABC 的内角 A, B, C 的对边分别为 a, b, c, 已知 $a = b\cos C + c\sin B$.

（1）求 B;

（2）若 $b = 2$, 求 $\triangle ABC$ 面积 S 的最大值.

分析：①要求B,根据所给条件,必须将边化角；②要求$\sin$的最大值.$S = \frac{1}{2}ac\sin B$.

第(1)问的结论可用,只要求出ac的最大值即可:由于角B及边b已知,故由余弦定理得到关于a,c的关系式,再由基本不等式可得。

解　(1)由已知及正弦定理得$\sin A = \sin B\cos C + \sin B\sin C$　①

又$\because A = \pi - (B + C)$,$\therefore \sin A = \sin(B + C) = \sin B\cos C + \cos B\sin C$. ②

由①②得$\sin B\sin C = \cos B\sin C$. 又$C \in (0,\pi)$,$\sin C > 0$,

$\therefore \sin B = \cos B$. $\therefore \tan B = 1$.

$\because B \in (0,\pi)$,$\therefore B = \frac{\pi}{4}$.

(2)$\triangle ABC$的面积$S = \frac{1}{2}ac\sin B = \frac{1}{2}ac \cdot \frac{\sqrt{2}}{2} = \frac{\sqrt{2}}{4}ac$.

由$b = 2$及余弦定理得　$2^2 = a^2 + c^2 - 2ac \cdot \frac{\sqrt{2}}{2}$.

$\because a^2 + c^2 \geqslant 2ac$(当且仅当$a = c$时取等号),

$\therefore 4 \geqslant 2ac - \sqrt{2}ac \Rightarrow ac \leqslant \frac{4}{2 - \sqrt{2}}$(当且仅当$a = c$时等号成立).

$\therefore S = \frac{\sqrt{2}}{4}ac \leqslant \frac{\sqrt{2}}{4} \cdot \frac{4}{2 - \sqrt{2}} = \frac{\sqrt{2}(2 + \sqrt{2})}{4 - 2} = \sqrt{2} + 1$. 即$S \leqslant \sqrt{2} + 1$.

$\therefore \triangle ABC$面积S的最大值为$\sqrt{2} + 1$.

例4　(2020年全国 I 第17题)在①$ac = \sqrt{3}$;②$c\sin A = 3$;③$c = \sqrt{3}b$,这三个条件中任选一个,补充在下面问题中. 若问题中的三角形存在,求c的值;若问题中的三角形不存在,请说明理由.

问题:是否存在三角形ABC,它的内角A,B,C的对边分别为a,b,c,且$\sin A = \sqrt{3}\sin B$,$C = \frac{\pi}{6}$,_____?

注:如果选择多个条件分别解答,按第一个解答计分.

分析：选条件①要求c,需将所给条件化为边的关系

解 选条件①　由 $C = \dfrac{\pi}{6}$ 和余弦定理得 $\dfrac{a^2 + b^2 - c^2}{2ab} = \dfrac{\sqrt{3}}{2}$.

由 $\sin A = \sqrt{3}\sin B$ 及正弦定理得 $a = \sqrt{3}b$.

$\therefore \dfrac{3b^2 + b^2 - c^2}{2\sqrt{3}b^2} = \dfrac{\sqrt{3}}{2} \Rightarrow 4b^2 - c^2 = 3b^2 \Rightarrow b^2 = c^2 \Rightarrow b = c.$

又由① $ac = \sqrt{3}$ 及 $a = \sqrt{3}b$，得 $\sqrt{3}b^2 = \sqrt{3}$. $\therefore b = 1$.

$\therefore c = b = 1$.

故选条件①时三角形存在，此时 $c = 1$.

注：此题为新题型，但只是形式上的新题型，反而降低了难度. 若按条件①做不出，还可选择条件②或③.

例5 在三角形 ABC 中，内角 A, B, C 的对边分别为 a, b, c，且 $\sqrt{3}a\cos C = (2b - \sqrt{3}c)\cos A$.

(1) 求角 A 的大小；

(2) 求 $\cos\left(\dfrac{5\pi}{2} - B\right) - 2\sin^2\dfrac{C}{2}$ 的取值范围.

分析：(1) 要求角 A，根据已知条件，必将边化角.(2) 要求此式的取值范围，可看作函数问题，应将变量化为一个角的变量. 由于第(1)问已求出 A 的大小，再由 $A + B + C = \pi$，可化为含有一个变量的三角函数.

解　(1) 由正弦定理将原等式化为 $\sqrt{3}\sin A\cos C = 2\cos A\sin B - \sqrt{3}\cos A\sin C$. 从而可得 $\sqrt{3}\sin(A + C) = 2\cos A\sin B$.

$\therefore \sqrt{3}\sin B = 2\cos A\sin B.$

$\because B \in (0, \pi), \therefore \sin B > 0, \therefore \cos A = \dfrac{\sqrt{3}}{2}.$

$\because A \in (0, \pi), \therefore A = \dfrac{\pi}{6}.$

(2) $\cos\left(\dfrac{5\pi}{2} - B\right) - 2\sin^2\dfrac{C}{2} = \sin B - 2 \times \dfrac{1}{2}(1 - \cos C)$

$= \sin B + \cos C - 1$

$= \sin B + \cos\left(\dfrac{5\pi}{6} - B\right) - 1$

$$= \sin B + \cos \frac{5\pi}{6} \cos B + \sin \frac{5\pi}{6} \sin B - 1$$

$$= \sin B - \frac{\sqrt{3}}{2} \cos B + \frac{1}{2} \sin B - 1$$

$$= \frac{3}{2} \sin B - \frac{\sqrt{3}}{2} \cos B - 1$$

$$= \sqrt{3} \sin \left(B - \frac{\pi}{6} \right) - 1.$$

由 $A = \dfrac{\pi}{6}$ 可得 $B \in \left(0, \dfrac{5\pi}{6} \right)$. $\therefore B - \dfrac{\pi}{6} \in \left(-\dfrac{\pi}{6}, \dfrac{2\pi}{3} \right)$.

$\therefore \sin \left(B - \dfrac{\pi}{6} \right) \in \left(-\dfrac{1}{2}, 1 \right]$,

$\therefore \sqrt{3} \sin \left(B - \dfrac{\pi}{6} \right) - 1 \in \left(-\dfrac{2+\sqrt{3}}{2}, \sqrt{3} - 1 \right]$,

$\therefore$ 原式的取值范围为 $\left(-\dfrac{2+\sqrt{3}}{2}, \sqrt{3} - 1 \right]$.

2 数列解答题

一、怎样解与等差数列、等比数列有关的计算题？

一般方法是设出公差 d 或公比 q，运用通项公式或前 n 项和公式列方程或方程组求解．

例 已知 $\{a_n\}$ 是等差数列，$a_9 = 17$，前 100 项和为 10000.

（1）求 a_n 及前 n 项和 S_n；

（2）设 $\{a_n\}$ 是首项为 2 的等比数列，公比 q 满足 $q^2 - (a_4 + 1)q + S_4 = 0$，求 $\{b_n\}$ 的通项公式及其前 n 项和 T_n．

解 （1）设数列 $\{a_n\}$ 的公差为 d，由题意得

$$\begin{cases} a_1 + 8d = 17 \\ 100a_1 + \dfrac{100 \times 99}{2}d = 10000 \end{cases}$$

化为 $\begin{cases} 2a_1 + 16d = 34 \\ 2a_1 + 99d = 200 \end{cases}$

解得 $\begin{cases} a_1 = 1 \\ d = 2 \end{cases}$

$\therefore a_n = 2n - 1, S_n = \dfrac{n(1 + 2n - 1)}{2} = n^2.$

（2）由（1）得 $a_4 = 2 \times 4 - 1 = 7, S_4 = 4^2 = 16.$

由已知得 $q^2 - 8q + 16 = 0.$

$\therefore (q - 4)^2 = 0. \therefore q = 4.$

又 $b_1 = 2, \therefore b_n = 2 \times 4^{n-1}$，即 $b_n = 2^{2n-1}.$

$$T_n = \frac{b_1(1 - q^n)}{1 - q} = \frac{2 \times (1 - 4^n)}{1 - 4} = \frac{2}{3}(4^n - 1).$$

二、怎样解与等差数列、等比数列有关的证明问题？

1. 判断等差数列的方法：

（1）定义法：$a_{n+1} - a_n = d$（常数）$\Leftrightarrow$ 数列 $\{a_n\}$ 是等差数列；

（2）等差中项法：$2a_{n+1} = a_n + a_{n+2} \Leftrightarrow$ 数列 $\{a_n\}$ 是等差数列；

（3）通项公式法：$a_n = kn + b \Leftrightarrow$ 数列 $\{a_n\}$ 是等差数列.

2. 判断等比数列的方法：

（1）定义法：$\dfrac{a_{n+1}}{a_n} = q$（非零常数）$\Leftrightarrow$ 数列 $\{a_n\}$ 是等比数列；

（2）等比中项法：$a_{n+1}^2 = a_n a_{n+2} \neq 0 \Leftrightarrow$ 数列 $\{a_n\}$ 是等比数列；

（3）通项公式法：$a_n = cq^n$（$cq \neq 0$）$\Leftrightarrow$ 数列 $\{a_n\}$ 是等比数列.

例 已知数列 $\{a_n\}$ 的前 n 项和 $S_n = 1 + \lambda a_n$，其中 $\lambda \neq 1, \lambda \neq 0$.

（1）证明 $\{a_n\}$ 是等比数列，并求其通项公式；

（2）若 $S_5 = \dfrac{31}{32}$，求 λ.

（1）**证明** 由已知得 $a_1 = S_1 = 1 + \lambda a_1$.

$\because \lambda \neq 1, \therefore a_1 = \dfrac{1}{1-\lambda}$.

由 $S_n = 1 + \lambda a_n$ 得 $S_{n+1} = 1 + \lambda a_{n+1}$，两式相减得 $a_{n+1} = \lambda a_{n+1} - \lambda a_n$.

$\therefore \dfrac{a_{n+1}}{a_n} = \dfrac{\lambda}{\lambda - 1}$.

$\therefore \{a_n\}$ 是首项为 $\dfrac{1}{1-\lambda}$，公比为 $\dfrac{\lambda}{\lambda-1}$ 的等比数列.

$\therefore a_n = \dfrac{1}{1-\lambda} \cdot (\dfrac{\lambda}{\lambda-1})^{n-1}$.

（2）**解** 由（1）得 $S_n = \dfrac{\dfrac{1}{1-\lambda}\left[1 - (\dfrac{\lambda}{\lambda-1})^n\right]}{1 - \dfrac{\lambda}{\lambda-1}} = 1 - (\dfrac{\lambda}{\lambda-1})^n$.

由 $S_5 = \dfrac{31}{32}$ 得 $1 - (\dfrac{\lambda}{\lambda-1})^5 = \dfrac{31}{32}$.

$\therefore (\dfrac{\lambda}{\lambda-1})^5 = \dfrac{1}{32}$,

$$\therefore \frac{\lambda}{\lambda - 1} = \frac{1}{2}, \lambda = -1.$$

三、怎样由递推公式求通项公式?

1. 已知 $a_1 = a, a_{n+1} = ca_n + d.$ 求 $a_n (c \neq 0$ 且 $c \neq 1).$

可由已知 $a_{n+1} + x = ca_n + d + x = c\left(a_n + \dfrac{d+x}{c}\right).$

由 $x = \dfrac{d+x}{c}$ 得 $x = \dfrac{d}{c-1}.$

则 $a_{n+1} + \dfrac{d}{c-1} = c\left(a_n + \dfrac{d}{c-1}\right), \therefore \dfrac{a_{n+1} + \dfrac{d}{c-1}}{a_n + \dfrac{d}{c-1}} = c.$

$\therefore$ 数列 $\left\{a_n + \dfrac{d}{c-1}\right\}$ 是首项为 $a + \dfrac{d}{c-1},$ 公比为 c 的等比数列.

$\therefore a_n + \dfrac{d}{c-1} = \left(a + \dfrac{d}{c-1}\right)c^{n-1}, \therefore a_n = \left(a + \dfrac{d}{c-1}\right)^{n-1} - \dfrac{d}{c-1}.$

例 已知 $a_1 = 1, a_{n+1} = 2a_n + 3,$ 求 $a_n.$

解 由已知得 $a_{n+1} + 3 = 2(a_n + 3),$

$\therefore \dfrac{a_{n+1} + 3}{a_n + 3} = 2,$ 且 $a_1 + 3 = 1 + 3 = 4.$

$\therefore$ 数列 $\{a_n + 3\}$ 是前项为 $4,$ 公比为 2 的等比数列.

$\therefore a_n + 3 = 4 \times 2^{n-1}. \therefore a_n = 2^{n+1} - 3.$

2. 数列 $\{a_n\}$ 满足 $a_{n+1} = qa_n + q^{n+1}(q \neq 0$ 且 $q \neq 1), a_1 = a,$ 求 $a_n.$

解 由已知化为 $\dfrac{a_{n+1}}{q^{n+1}} - \dfrac{a_n}{q^n} = 1.$

$\therefore$ 数列 $\left\{\dfrac{a_n}{q^n}\right\}$ 是首项为 $\dfrac{a}{q},$ 公差为 1 的等差数列.

$\therefore \dfrac{a_n}{q^n} = \dfrac{a}{q} + n - 1.$

$\therefore a_n = q^n\left(\dfrac{a}{8} + n - 1\right).$ 即 $a_n = q^{n-1}[a + (n-1)q].$

3. 数列 $\{a_n\}$ 满足 $a_1 = a$, $a_{n+1} = pa_n + q^{n+1}$ ($q \neq 0, q \neq 1, p \neq q, p \neq 0$), 求 a_n. 为简便起见, 给出具体数据为例.

例 已知数列 $\{a_n\}$ 满足 $a_1 = 1$, $a_{n+1} = 3a_n + 2^{n+1}$, 求 a_n.

解 由已知得 $a_{n+1} + x \cdot 2^{n+1} = 3a_n + 2^{n+1} + x \cdot 2^{n+1}$

$$= 3(a_n + \frac{2^{n+1} + x \cdot 2^{n+1}}{3})$$

$$= 3(a_n + 2^n \cdot \frac{2 + 2x}{3}).$$

令 $x = \dfrac{2 + 2x}{3}$, 得 $x = 2$.

$\therefore a_{n+1} + 2 \cdot 2^{n+1} = 3(a_n + 2 \cdot 2^n)$.

$\therefore \dfrac{a_{n+1} + 2 \cdot 2^{n+1}}{a_n + 2 \cdot 2^n} = 3$, 且 $a_1 + 2 \times 2 = 5$.

$\therefore$ 数列 $\{a_n + 2 \cdot 2^n\}$ 是首项为 5, 公比为 3 的等比数列.

$\therefore a_n + 2^{n+1} = 5 \times 3^{n-1}$, $\therefore a_n = 5 \times 3^{n-1} - 2^{n+1}$

4. 已知数列 $\{a_n\}$ 满足 $a_1 = 1$, $a_n - a_{n+1} = a_n a_{n+1}$, 求 a_n.

解 由已知得 $\dfrac{1}{a_{n+1}} - \dfrac{1}{a_n} = 1$, 且 $\dfrac{1}{a_1} = 1$.

$\therefore$ 数列 $\{\dfrac{1}{a_n}\}$ 是首项为 1, 公差为 1 的等差数列.

$\therefore \dfrac{1}{a_n} = 1 + n - 1$, $\therefore a_n = \dfrac{1}{n}$.

5. 已知数列 $\{a_n\}$ 满足 $a_1 = 1$, $a_{n+1} = \dfrac{a_n}{2a_n + 1}$, 求 a_n.

解 由已知, 等式两边取倒数得 $\dfrac{1}{a_{n+1}} = \dfrac{1}{a_n} + 2$.

$\therefore \dfrac{1}{a_{n+1}} - \dfrac{1}{a_n} = 2$, 且 $\dfrac{1}{a_1} = 1$.

$\therefore$ 数列 $\{\dfrac{1}{a_n}\}$ 是首项为 1, 公差为 2 的等差数列.

$$\therefore \frac{1}{a_n} = 1 + 2(n-1), \therefore a_n = \frac{1}{2n-1}.$$

四、怎样求非等差等比数列的前 n 项和?

1. 裂项法.

例1 求数列 $1\frac{1}{2}, 2\frac{1}{4}, 3\frac{1}{8}, 4\frac{1}{16}, \cdots$ 的前 n 项和.

解
$$S_n = \left(1 + \frac{1}{2}\right) + \left(2 + \frac{1}{4}\right) + \left(3 + \frac{1}{8}\right) + \left(4 + \frac{1}{16}\right) + \cdots + \left(n + \frac{1}{2^n}\right)$$

$$= (1 + 2 + 3 + \cdots + n) + \left(\frac{1}{2} + \frac{1}{4} + \frac{1}{8} + \cdots + \frac{1}{2^n}\right)$$

$$= \frac{n(n+1)}{2} + \frac{\frac{1}{2}\left[1 - \left(\frac{1}{2}\right)^n\right]}{1 - \frac{1}{2}} = \frac{n(n+1)}{2} + 1 - \frac{1}{2^n}.$$

例2 求数列 $7, 77, 777, 7777, 77777, \cdots$ 的前 n 项和.

解 $a_n = \frac{7}{9}(10^n - 1)$.

$$\therefore S_n = \frac{7}{9}(10 - 1 + 10^2 - 1 + 10^3 - 1 + \cdots + 10^n - 1)$$

$$= \frac{7}{9}\left[(10 + 10^2 + 10^3 + \cdots + 10^n) - n\right]$$

$$= \frac{7}{9} \cdot \left[\frac{10(1 - 10^n)}{1 - 10} - n\right]$$

$$= \frac{7}{9} \frac{10^{n+1} - 10 - 9n}{9}$$

$$= \frac{7}{81}(10^{n+1} - 9n - 10).$$

例3 已知数列 $\{a_n\}$ 的通项公式为 $a_n = \frac{1}{n(n+2)}$,求其前 n 项和 S_n.

解 $a_n = \frac{1}{2}\left(\frac{1}{n} - \frac{1}{n+2}\right)$.

$$\therefore S_n = \frac{1}{2}\left(\frac{1}{1} - \frac{1}{3} + \frac{1}{2} - \frac{1}{4} + \frac{1}{3} - \frac{1}{5} + \frac{1}{4} - \frac{1}{6} + \cdots + \frac{1}{n-1} - \frac{1}{n+1} + \right.$$

$$\frac{1}{n} - \frac{1}{n+2})$$

$$= \frac{1}{2}(1 + \frac{1}{2} - \frac{1}{n+1} - \frac{1}{n+2})$$

$$= \frac{1}{2}\left[\frac{3}{2} - \frac{2n+3}{(n+1)(n+2)}\right].$$

例4 已知数列 $\{a_n\}$ 的通项公式为 $a_n = \frac{1}{(2n-1)(2n+1)}$，求其前 n 项和 S_n.

解 $a_n = \frac{1}{2}(\frac{1}{2n-1} - \frac{1}{2n+1})$.

$\therefore S_n = \frac{1}{2}(1 - \frac{1}{3} + \frac{1}{3} - \frac{1}{5} + \cdots + \frac{1}{2n-1} - \frac{1}{2n+1}) = \frac{1}{2}(1 - \frac{1}{2n+1}) = \frac{n}{2n+1}$.

例5 已知数列 $\{a_n\}$ 的通项公式为 $a_n = \frac{1}{\sqrt{n+1} + \sqrt{n}}$，求其前 n 项和 S_n.

解 $a_n = \frac{\sqrt{n+1} - \sqrt{n}}{n+1-n} = -\sqrt{n} + \sqrt{n+1}$.

$\therefore S_n = -\sqrt{1} + \sqrt{2} - \sqrt{2} + \sqrt{3} - \sqrt{3} + \sqrt{4} - \cdots - \sqrt{n} + \sqrt{n+1}$

$\quad = -1 + \sqrt{n+1}$

$\quad = \sqrt{n+1} - 1$.

例6 已知数列 $\{a_n\}$ 的通项公式为 $a_n = \frac{2^n}{(2^n-1)(2^{n+1}-1)}$，求其前 n 项和 S_n.

解 $a_n = \frac{1}{2^n-1} - \frac{1}{2^{n+1}-1}$.

$\therefore S_n = \frac{1}{1} - \frac{1}{3} + \frac{1}{3} - \frac{1}{7} + \cdots + \frac{1}{2^n-1} - \frac{1}{2^{n+1}-1} = 1 - \frac{1}{2^{n+1}-1}$.

例7 已知数列 $\{a_n\}$ 的通项公式为 $a_n = (-1)^n(2n-1)$，求其前 n 项和 S_n.

解 ① 当 n 为偶数时，$S_n = -1 + 3 - 5 + 7 - 9 + 11 - \cdots - (2n - 3) + (2n - 1) = 2 \times \dfrac{n}{2} = n.$

② 当 n 为奇数时，$S_n = -1 + 3 - 5 + 7 - 9 + 11 - \cdots + (2n - 3) - (2n - 1)$

$$= 2 \times \dfrac{n - 1}{2} - (2n - 1) = n - 1 - 2n + 1 = -n.$$

2. 错位相减法（前面已举例）. 通项公式为 $a_n = b_n c_n$，$\{b_n\}$ 为等差数列，$\{c_n\}$ 为等比数列时，其前 n 项和用此法（略）.

五、怎样解数列与不等式的综合题？

例1 已知等差数列 $\{a_n\}$ 满足 $a_1 = 2$，且 a_1, a_2, a_5 成等比数列.

（1）求数列 $\{a_n\}$ 的通项公式；

（2）记 S_n 为数列 $\{a_n\}$ 的前 n 项和，是否存在正整数 n，使得 $S_n > 60n + 800$ 恒成立？若存在，求 n 的最小值；若不存在，请说明理由.

解 （1）设等差数列 $\{a_n\}$ 的公差为 d. 由题意得 $a_2^2 = a_1 a_5$，即 $(2 + d)^2 = 2(2 + 4d)$. 化为 $d^2 - 4d = 0$.

∴ $d = 0$ 或 $d = 4$.

当 $d = 0$ 时，$a_n = 2$；当 $d = 4$ 时，$a_n = 4n - 2$.

（2）当 $a_n = 2$ 时，$S_n = 2n$. 由 $2n < 60n + 800$ 知正整数 n 不存在；

当 $a_n = 4n - 2$ 时，$S_n = \dfrac{n(2 + 4n - 2)}{2} = 2n^2$.

令 $2n^2 > 60n + 80$，化为 $n^2 - 30n - 40 > 0$. 解得 $n > 40$.

此时，存在正整数 n，使得 $S_n > 60n + 800$，n 的最小值为 41.

综上，当 $a_n = 2$ 时，不存在满足题意的 n；当 $a_n = 4n - 2$ 时，存在满足题意的 n，其最小值为 41.

例2 设数列 $\{a_n\}$ 满足 $a_1 = 0$，且 $\dfrac{1}{1 - a_{n+1}} - \dfrac{1}{1 - a_n} = 1$.

（1）求 $\{a_n\}$ 的通项公式；

（2）设 $b_n = \dfrac{1-\sqrt{a_{n+1}}}{\sqrt{n}}$，记 $S_n = \sum\limits_{k=1}^{n} b_k$，证明：$S_n < 1$.

解 （1）$\because \dfrac{1}{1-a_{n+1}} - \dfrac{1}{a_n-1} = 1$，$\therefore$ 数列 $\left\{\dfrac{1}{1-a_n}\right\}$ 是公差为 1 的等差数

列. 又 $a_1 = 0$，$\therefore \dfrac{1}{1-a_1} = 1$.

$\therefore \dfrac{1}{1-a_n} = 1 + n - 1 \Rightarrow 1 - a_n = \dfrac{1}{n}$，$\therefore a_n = \dfrac{n-1}{n}$.

（2）证明：由（1）得 $a_{n+1} = \dfrac{n}{n+1} \Rightarrow \sqrt{a_{n+1}} = \sqrt{\dfrac{n}{n+1}} = \dfrac{\sqrt{n}}{\sqrt{n+1}}$，

$\therefore b_n = \dfrac{1-\sqrt{a_{n+1}}}{\sqrt{n}} = \dfrac{1-\dfrac{\sqrt{n}}{\sqrt{n+1}}}{\sqrt{n}} = \dfrac{\sqrt{n+1}-\sqrt{n}}{\sqrt{n+1}\cdot\sqrt{n}} = \dfrac{1}{\sqrt{n}} - \dfrac{1}{\sqrt{n+1}}$，

$\therefore S_n = \sum\limits_{k=1}^{n} b_k = \sum\limits_{k=1}^{n}\left(\dfrac{1}{\sqrt{k}} - \dfrac{1}{\sqrt{k+1}}\right)$

$\qquad = \left(\dfrac{1}{\sqrt{1}} - \dfrac{1}{\sqrt{2}}\right) + \left(\dfrac{1}{\sqrt{2}} - \dfrac{1}{\sqrt{3}}\right) + \cdots + \left(\dfrac{1}{\sqrt{n}} - \dfrac{1}{\sqrt{n+1}}\right)$

$\qquad = 1 - \dfrac{1}{\sqrt{n+1}} < 1$.

$\therefore S_n < 1$.

3 立体几何解答题

一、立体几何证明题主要有以下四种类型.

1. 证明线面平行.

其证明方法有:

(1)用线面平行的判断定理证明;

(2)用面面平行的定义证明;

(3)证明平面的法向量与该直线垂直.

2. 证明面面平行.

其证明主要用面面平行的判定定理,也可以用"垂直于同一条直线的两个平面平行".

3. 证明线面垂直.

其证明方法有:

(1)用线面垂直的判定定理证明;

(2)用面面垂直的性质定理证明;

(3)用"两条平行线中的一条垂直于一个平面,那么另一条也和这个平面垂直"证明;

(4)用向量法:①线面垂直的判定定理,②证明平面的法向量与该直线平行.

4. 证明面面垂直.

其证明方法有:

(1)用面面垂直的判定定理证明;(2)证明两个平面的法向量互相垂直.

二、直线证明定理.

空间问题平面化是解决立体几何问题的主要指导思想.因此不能忽视两条直线平行、垂直的证明方法及用到的定理.

1. 证明两条直线平行.

高中所学定理:

（1）面面平行的性质定理；

（2）线面平行的性质定理；

（3）垂直于同一个平面的两条直线平行；

（4）平行于同一条直线的两条直线平行.

初中所学定理：

（1）判定定理；

（2）中位线定理；

（3）平行四边形的定义；

（4）同一平面内垂直于同一条直线的两条直线平行.

2. 证明两条直线垂直.

高中所学定义定理：

（1）线面垂直的定义；

（2）三垂线定理及其逆定理；

（3）向量法. $\vec{a} \cdot \vec{b} \Longleftrightarrow \vec{a} \perp \vec{b}$.

初中所学定理：

（1）勾股定理的逆定理；

（2）半圆上的圆周角是直角；

（3）两条平行线中的一条与直线垂直,则另一条也和该直线垂直；

（4）菱形的对角线互相垂直平分.

在证明立体几何问题时,若不能马上找到思路,应从结论入手,结合已知条件及所需定理进行分析,必要时还要作出辅助线.

例1 四棱锥 $P-ABCD$ 中, $AP \perp$ 平面 PCD, $AD /\!/ BC$, $AB = BC = \frac{1}{2}AD$, E, F 分别为线段 AD, PC 的中点.

（1）求证：$AP /\!/$ 平面 BEF；（2）求证：$BE \perp$ 平面 PAC.

分析：要证 $AP /\!/$ 平面 BEF.只要证 AP 与平面 BEF 内的一条直线平行.现有图形中无此直线,需作辅助线.连接

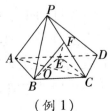

（例1）

CE、AC、BE、OF（O 为 AC、BE 的交点），只要证明四边形 $ABCE$ 是平行四边形即可，这是可以做到的.

证明 （1）连接 CE，BE，AC.

设 $AC \cap BE = O$，连接 OF.

∵ E 为 AD 的中点，$AB = BC = \dfrac{1}{2}AD$，$AD /\!/ BC$，

∴ $AE \underline{\underline{/\!/}} BC$. ∴ 四边形 $ABCE$ 为平行四边形. ∴ O 为 AC 的中点，又 F 为 PC 的中点，∴ $AP /\!/ OF$.

又 $AP \not\subset$ 平面 BEF，$OF \subset$ 平面 BEF，

∴ $AP /\!/$ 平面 BEF.

（2）由（1）四边形 $ABCE$ 为平行四边形，又 $AB = BC$，

∴ $ABCE$ 为菱形. ∴ $BE \perp AC$.

∵ $AP \perp$ 平面 PCD，$CD \subset$ 平面 PCD.

∴ $AP \perp CD$.

又由已知 $ED /\!/ BC$，$ED = BC$.

∴ 四边形 $BCDE$ 为平行四边形.

∴ $BE /\!/ CD$. ∴ $BE \perp PA$.

又 $PA \cap AC = A$，∴ $BE \perp$ 平面 PAC.

例2 已知 E 是四棱锥 $P-ABCD$ 的侧棱 PA 的中点，三角形 ABD 为等边三角形，$BC = CD$. 且 $\angle BCD = 120°$. 求证：$DE /\!/$ 平面 PBC.

分析：要证 $DE /\!/$ 平面 PBC. 若用判定定理，找不出也无法作出符合条件的平行线，只得用第二种方法想法作出包含 DE 的平面与平面 PBC 平行. 要与 PB 平行，只能找 AB 的中点 F 用中位线定理让其平行. 最后要设法证明 DF 与 BC 平行. 由已知条件这是可以做到的事情.

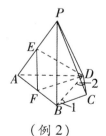

（例2）

证明 设 F 是 AB 的中点，连接 EF、DF.

∵ E 是 PA 的中点，∴ $EF /\!/ PB$.

∵ △ABD 为等边三角形，∴ $\angle ABD = 60°$.

∵ $BC = CD$,∴ $\triangle BCD$ 是等腰三角形,∴ $\angle 1 = \angle 2$.

∵ $\angle BCD = 120°$,∴ $\angle 1 = \angle 2 = 30°$.

∴ $\angle ABC = 90°$.∴ $AB \perp BC$.

∵ F 是等边三角形 ABD 的 AB 边的中点,∴ $DF \perp AB$.

∵ 四边形 $ABCD$ 是平面图形,∴ $DF /\!/ BC$.

又 $DF \not\subset$ 平面 PBC,$BC \subset$ 平面 PBC,

∴ $DF /\!/$ 平面 PBC.

同理 $EF /\!/$ 平面 PBC.

又 $DF \cap EF = F$,∴ 平面 $DEF /\!/$ 平面 PBC.

∵ $DE \subset$ 平面 DEF.∴ $DE /\!/$ 平面 PBC.

例3 如图,该几何体是由一个直三棱柱 $ADE - BCF$ 和一个正四棱锥 $P - ABCD$ 组合而成. $AD \perp AF$,$AE = AD$. 求证:平面 $PAD \perp$ 平面 $ABFE$.

分析:要证平面 $PAD \perp$ 平面 $ABFE$,只要证明 $AD \perp$ 平面 $ABFE$. 现已知 $AD \perp AF$,再在平面 $ABFE$ 内找一条与 AD 垂直的直线即可. 又已知三棱柱为直三棱柱,侧棱 AB 与底面 ADE 垂直,故可证明 $AD \perp AB$.

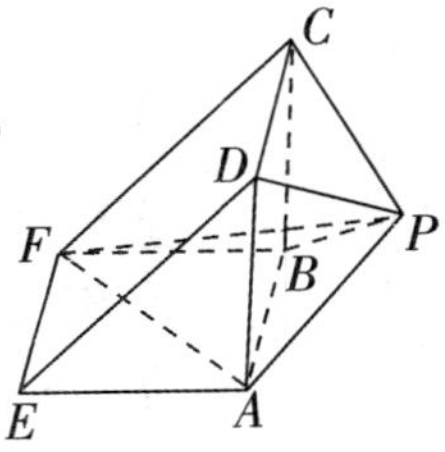

(例3)

证明 ∵ 三棱柱 $ADE - BCF$ 是直三棱柱.

∴ $AB \perp$ 底面 ADE.

∵ $AD \subset$ 平面 ADE.

∴ $AD \perp AB$.

又由已知 $AD \perp AF$,$AF \cap AB = A$,

∴ $AD \perp$ 平面 $ABFE$.

又 $AD \subset$ 平面 PAD,

∴ 平面 $PAD \perp$ 平面 $ABFE$.

至于求直线与平面所成角、二面角的三角函数值已在第四部分三维空间举例说明.下面只是作简要补充.

求直线与平面所成角、二面角的三角函数值,一般用向量法解决.应做到以下五点.

（1）建立适当的空间直角坐标系. 交于原点的三条直线应两两垂直. 或一直线垂直于两条垂直且相交直线确定的平面. 两直线交点是垂足.

（2）细心准确无误地写出或计算出有关点、向量的坐标.

（3）准确求出有关平面的法向量.

（4）若求线面角则用公式 $\sin\theta = \dfrac{|\vec{a} \cdot \vec{n}|}{|\vec{a}||\vec{n}|}$（$\vec{a}$ 为直线方向向量，$\vec{n}$ 为平面的法向量）.

（5）若求二面角的余弦值，求之前要根据图形判断出二面角 θ 是锐角还是钝角. 若 θ 是锐角，则用公式 $\cos\theta = \dfrac{|\vec{m} \cdot \vec{n}|}{|\vec{m}||\vec{n}|}$；若 θ 是钝角，则用公式 $\cos\theta = -\dfrac{|\vec{m} \cdot \vec{n}|}{|\vec{m}||\vec{n}|}$（$\vec{m}$，$\vec{n}$ 是二面角的两个半平面的法向量）.

例1 如图1，在边长为2的菱形 $ABCD$ 中，$\angle BAD = 60°$，$DP \perp AB$ 于点 P，将 $\triangle ADP$ 沿 DP 翻折，使 $AD \perp BP$. 如图2.（1）求证：$AP \perp BD$；（2）求 AC 与平面 ABD 所成角的正弦值.

证明 （1）$\because AD \perp BP$，$DP \perp BP$.

$AD \cap DP = D$.

$\therefore BP \perp$ 平面 ADP.

$\because AP \subset$ 平面 ADP，

$\therefore AP \perp BP$.

又 $AP \perp DP$，$BP \cap DP = P$.

$\therefore AP \perp$ 平面 $BCDP$.

又 $BD \subset$ 平面 $BCDP$.

$\therefore AP \perp BD$.

（2）解：以 P 为原点，分别以 PB，PD，PA 为 $x，y，z$ 轴建立如图所示

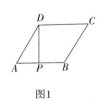
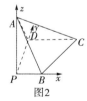

图1　　　图2

（例1）

的空间直角坐标系 $P-xyz$.

则 $P(0,0,0),B(1,0,0),D(0,\sqrt{3},0),A(0,0,1),C(2,\sqrt{3},0)$.

$\therefore \overrightarrow{BA}=(-1,0,1),\overrightarrow{BD}=(-1,\sqrt{3},0),\overrightarrow{AC}=(2,\sqrt{3},-1)$.

设平面 ABD 的法向量为 $\overrightarrow{n}=(x,y,z)$.

则 $\begin{cases}\overrightarrow{n}\cdot\overrightarrow{BA}=0\\ \overrightarrow{n}\cdot\overrightarrow{BD}=0\end{cases}\Rightarrow\begin{cases}-x+z=0\\ -x+\sqrt{3}y=0\end{cases}$

令 $y=1$,得 $x=z=\sqrt{3}$.

$\therefore \overrightarrow{n}=(\sqrt{3},1,\sqrt{3})$.

设 AC 与平面 ABD 所成角为 θ,

则 $\sin\theta=|\cos<\overrightarrow{n},\overrightarrow{AC}>|=\dfrac{|\overrightarrow{n}\cdot\overrightarrow{AC}|}{|\overrightarrow{n}||\overrightarrow{AC}|}=\dfrac{|2\sqrt{3}+\sqrt{3}-\sqrt{3}|}{\sqrt{3+1+3}\cdot\sqrt{4+3+1}}=$

$\dfrac{2\sqrt{3}}{\sqrt{7}\cdot2\sqrt{2}}=\dfrac{\sqrt{42}}{14}$.

$\therefore AC$ 与平面 ABD 所成角的正弦值为 $\dfrac{\sqrt{42}}{14}$.

例2 在如图所示的几何体中,四边形 $ABCD$ 为菱形,四边形 $ADNM$ 是矩形. 平面 $ADNM\perp$ 平面 $ABCD$. $\angle DAB=60°,AD=2,AM=1$. E 为 AB 的中点,P 为线段 CM 上的一点. (1)求证:$DN\perp$ 平面 $ABCD$;

(2)若 $\dfrac{CP}{CM}=1-\dfrac{\sqrt{3}}{3}$,求二面角 $P-DE-C$ 的大小.

解 (1)证明:$\because$ 四边形 $ADNM$ 为矩形,

$\therefore DN\perp AD$.

又$\because$ 平面 $ADNM\perp$ 平面 $ABCD$,平面 AD-$NM\cap$ 平面 $ABCD=AD$,

$DN\subset$ 平面 $ADNM$.

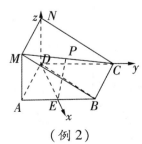

(例2)

$\therefore DN \perp$ 平面 $ABCD$.

（2）解：连接 DB. 在菱形 $ABCD$ 中，$AD = AB$，$\angle DAB = 60°$，

$\therefore \triangle ABD$ 为等边三角形.

又 E 为 AB 的中点，$\therefore DE \perp AB$.

又 $AB /\!/ DC$，$\therefore DE \perp DC$.

由（1）知 $DN \perp$ 平面 $ABCD$，DE，$DC \subset$ 平面 $ABCD$，$DE \perp DC$，

$\therefore DE$、EC、DN 两两垂直.

以 D 为原点，ED，DC，DN 所在直线分别为 x，y，z 轴建立如图所示的空间直角坐标系 $D-xyz$. 则 $D(0,0,0)$，$C(0,2,0)$，$A(\sqrt{3}, -1, 0)$，$E(\sqrt{3}, 0, 0)$，$M(\sqrt{3}, -1, 1)$.

$\therefore \overrightarrow{CM} = (\sqrt{3}, -3, 1)$，$\overrightarrow{DE} = (\sqrt{3}, 0, 0)$，$\overrightarrow{DC} = (0, 2, 0)$.

$\because \dfrac{CP}{CM} = 1 - \dfrac{\sqrt{3}}{3}$，$\therefore \overrightarrow{CP} = \left(1 - \dfrac{\sqrt{3}}{3}\right)(\sqrt{3}, -3, 1)$，

$\therefore \overrightarrow{DP} = \overrightarrow{DC} + \overrightarrow{CP} = \left(\sqrt{3} - 1, -1 + \sqrt{3}, 1 - \dfrac{\sqrt{3}}{3}\right)$.

设平面 PDE 的法向量为 $\overrightarrow{n} = (x, y, z)$，

则 $\begin{cases} \overrightarrow{n} \cdot \overrightarrow{DE} = 0 \\ \overrightarrow{n} \cdot \overrightarrow{DP} = 0 \end{cases} \Rightarrow \begin{cases} \sqrt{3}x = 0 \\ (\sqrt{3} - 1)x + (\sqrt{3} - 1)y + \left(1 - \dfrac{\sqrt{3}}{3}\right)z = 0 \end{cases}$

令 $y = 1$，则 $\overrightarrow{n} = (0, 1, -\sqrt{3})$.

由图知平面 DEC 的一个法向量为 $\overrightarrow{m} = (0, 0, 1)$.

由图知二面角 $P-DE-C$ 是锐角，设为 θ.

$\therefore \cos\theta = \dfrac{|\overrightarrow{m} \cdot \overrightarrow{n}|}{|\overrightarrow{m}| \cdot |\overrightarrow{n}|} = \dfrac{|-\sqrt{3}|}{1 \cdot \sqrt{1+3}} = \dfrac{\sqrt{3}}{2}$.

$\therefore \theta = 30°$.

$\therefore$ 二面角 $P-DE-C$ 的大小为 $30°$.

4 概率、统计案例解答题

概率、统计题的特点是题目文字量大,应耐心研读,从而采用正确方法解答.

例1 研究表明,肥胖人群有很大的心血管疾病安全隐患.目前,国际上常用身体质量指数(缩写为 BMI)来衡量人体胖瘦程度.其计算公式是 $BMI = \dfrac{\text{体重(单位:kg)}}{\text{身高}^2\text{(单位:}m^2\text{)}}$.

中国成人的 BMI 数值标准:BMI < 18.5 为偏瘦;$18.5 \leqslant BMI < 24$ 为正常;$BMI \geqslant 24$ 为偏胖.为了了解社区成年人的身体肥胖情况,研究人员从该社区成年人中采用分层随机抽样方法抽取了老年人、中年人、青年人三类人中的 45 名男性,45 名女性为样本,测量了他们的身高和体重数据,计算得到他们的 BMI 值后数据分布如下表所示.

BMI 标准	老年人		中年人		青年人	
	男	女	男	女	男	女
BMI < 18.5	3	3	1	2	4	5
$18.5 \leqslant BMI < 24$	5	7	5	7	8	10
$BMI \geqslant 24$	5	4	10	5	4	2

(1)从样本中的老年人、中年人、青年人中各任取 1 人,求至少有 1 人偏胖的概率;

(2)从该社区所有成年人中随机选取 3 人,记其中偏胖的人数为 x,根据样本数据,以频率作为概率,求 x 的分布列和数学期望;

(3)经过调查研究,导致人体肥胖的原因主要取决于遗传因素、饮食习惯、体育锻炼或其他四类情况中的一种或多种情况,调查该样本中偏胖的成年人偏胖的原因,整理得到下表数据.

分 类	遗传因素	饮食习惯欠佳	缺乏体育锻炼	其他因素
人 次	8	12	16	4

请根据以上数据说明我们学生应如何减少肥胖,防止心脑血管疾病的发生,请至少说明2条措施.

解 (1)设事件 A:"在老年人中任取1人,此人恰好为偏胖的老年人." 则 $P(A)=\dfrac{9}{27}=\dfrac{1}{3}$;事件 B:"在中年人中任取1人,此人恰好是偏胖的中年人." 则 $P(B)=\dfrac{15}{30}=\dfrac{1}{2}$;事件 C:"在青年人中任取1人,此人恰好是偏胖的青年人." 则 $P(C)=\dfrac{6}{33}=\dfrac{2}{11}$. 事件 A,B,C 相互独立,则至少有1人偏胖的概率为 $1-P(\bar{A}\,\bar{B}\,\bar{C})=1-P(\bar{A})P(\bar{B})P(\bar{C})=1-\dfrac{2}{3}\times\dfrac{1}{2}\times\dfrac{9}{11}=1-\dfrac{3}{11}=\dfrac{8}{11}$.

(2)由题意,x 的所有可能取值为 $0,1,2,3$.

∵ 在该社区成年人中,随机选取1人,此人偏胖的概率为 $\dfrac{30}{90}=\dfrac{1}{3}$,

∴ $P(x=0)=C_3^0\times\left(1-\dfrac{1}{3}\right)^3=\dfrac{8}{27}$,$P(x=1)=C_3^1\times\dfrac{1}{3}\times\left(1-\dfrac{1}{3}\right)^2=\dfrac{4}{9}$.

$P(x=2)=C_3^2\times\left(\dfrac{1}{3}\right)^2\times\dfrac{2}{3}=\dfrac{2}{9}$,$P(x=3)=C_3^3\times\left(\dfrac{1}{3}\right)^3=\dfrac{1}{27}$.

∴ 随机变量 x 的分布列为

x	0	1	2	3
P	$\dfrac{8}{27}$	$\dfrac{4}{9}$	$\dfrac{2}{9}$	$\dfrac{1}{27}$

∴ $x\sim B\left(3,\dfrac{1}{3}\right)$,

$$\therefore E(x) = 3 \times \frac{1}{3} = 1.$$

（3）由表可知，因饮食习惯欠佳导致偏胖的人次占比为 30%；因缺乏体育锻炼导致人偏胖的人次占比约为 40%.

所以为减少肥胖，防止心脑血管安全隐患的发生，建议我们至少要采取以下 2 种措施：①加强体育锻炼；②改善饮食习惯.

例2 某网络平台调查了某市区各品牌手提电脑的线上销售情况，将数据整理得如下表格.

品 牌	A	B	C	D	E	F	其他
销售比	30%	25%	20%	10%	6%	1%	8%
每台利润（元）	100	80	85	1000	70	200	

该地区某商场出售各种品牌手提电脑，以各品牌手提电脑的销售比作为它们的售出概率.

（1）此商场有一个优惠活动，每天抽取一个数字 n（$n > 2$ 且 $n \in \mathbf{Z}$），规定若当天卖出的第 n 台手提电脑恰好是当天卖出的第一台 D 品牌手提电脑时，则此 D 手提电脑可以打 5 折. 为保证每天该活动的中奖率小于 0.05，求 n 的最小值.（$\lg 0.5 \approx -0.3$，$\lg 0.9 \approx -0.046$）

（2）此商场中的一个手提电脑专卖店只售出 A 和 D 两种品牌的手提电脑，A，D 品牌手提电脑的售出概率之比为 3:1. 若此专卖店一天中卖出 3 台手提电脑，其中，A 手提电脑 x 台，求 x 的分布列及此专卖店当天可获利润的期望值.

解 （1）卖出一台 D 品牌手提电脑的概率 $P = 0.1$，卖出一台 D 以外品牌手提电脑的概率为 $P' = 0.9$. 可得

$$0.9^{n-1} \times 0.1 < 0.05，即 0.9^{n-1} < 0.5.$$

$$\therefore n - 1 > \frac{\lg 0.5}{\lg 0.9} \approx 6.52.$$

$$\therefore n > 7.52.$$

∴ n 的最小值为 8.

(2) 依题意. A 手提电脑售出的概率为 $P_1 = \dfrac{3}{4}$, D 手提电脑售出的概率为 $P_2 = \dfrac{1}{4}$. 由题意, x 所有可能值为 $0,1,2,3$.

∴ $P(x=0) = \left(\dfrac{1}{4}\right)^3 = \dfrac{1}{64}$,

$P(x=1) = \mathrm{C}_3^1 \times \dfrac{3}{4} \times \left(\dfrac{1}{4}\right)^2 = \dfrac{9}{64}$,

$P(x=2) = \mathrm{C}_3^2 \times \left(\dfrac{3}{4}\right)^2 \times \dfrac{1}{4} = \dfrac{27}{64}$,

$P(x=3) = \left(\dfrac{3}{4}\right)^3 = \dfrac{27}{64}$.

∴ x 的分布列为

x	0	1	2	3
P	$\dfrac{1}{64}$	$\dfrac{9}{64}$	$\dfrac{27}{64}$	$\dfrac{27}{64}$

∴ 利润的期望值为

$\dfrac{1}{64} \times 1000 \times 3 + \dfrac{9}{64} \times (1 \times 100 + 2 \times 1000) + \dfrac{27}{64} \times (2 \times 100 + 1 \times 1000) + \dfrac{27}{64} \times 3 \times 100 = 975$（元）.

注: 可先求 $E(x)$, 再求利润的期望值.

例3 某市居民用天然气实行阶梯价格制度, 具体见下表:

阶 梯	年用气量（m³）	价格（元/m³）
第一阶梯	不超过 228 的部分	3.25
第二阶梯	超过 228 而不超 348 的部分	3.83
第三阶梯	超过 348 的部分	4.70

从该市随机抽取 10 户（一套住宅为一户）, 同一年的天然气使

用情况得到统计表如下：

居民用气编号	1	2	3	4	5	6	7	8	9	10
年用气量（m^3）	95	106	112	161	210	227	256	313	325	457

（1）求一户居民年用气量 y（元）关于年用气量 x（m^3）的函数关系式；

（2）现要在这 10 户家庭中任意抽取 3 户，求抽到年用气量超过 $228m^3$ 而不超过 $348m^3$ 的用户数的分布列与数学期望；

（3）若以表中抽到的 10 户作为样本估计全市居民的年用气情况，现从全市中依次抽取 10 户，其中恰有 k 户年用气量不超过 $228m^3$ 的概率为 $P(k)$．求 $P(k)$ 取得最大值时 k 的值．

解 （1）由题知，$y = \begin{cases} 3.25x, & x \in (0, 228] \\ 3.83x - 132.24, & x \in (228, 348] \\ 4.7x - 435, & x \in (348, +\infty) \end{cases}$

（2）由题知，10 户家庭中年用气量超过 $228m^3$ 而不超过 $348m^3$ 的用户有 3 户．设取到年用气量超过 $228m^3$ 而不超过 $348m^3$ 的用户数为 ξ，则 ξ 的所有可能值为 0，1，2，3．

$P(\xi = 0) = \dfrac{C_7^3}{C_{10}^3} = \dfrac{7}{24}$，$P(\xi = 1) = \dfrac{C_7^2 C_3^1}{C_{10}^3} = \dfrac{21}{40}$，$P(\xi = 2) = \dfrac{C_7^1 C_3^2}{C_{10}^3} = \dfrac{7}{40}$，$P(\xi = 3) = \dfrac{C_3^3}{C_{10}^3} = \dfrac{1}{120}$．

$\therefore \xi$ 的分布列为

ξ	0	1	2	3
P	$\dfrac{7}{24}$	$\dfrac{21}{40}$	$\dfrac{7}{40}$	$\dfrac{1}{120}$

$\therefore E(\xi) = 0 \times \dfrac{7}{24} + 1 \times \dfrac{21}{40} + 2 \times \dfrac{7}{40} + 3 \times \dfrac{1}{120} = \dfrac{9}{10}$．

（3）由题知 $P(k) = C_{10}^k \left(\dfrac{3}{5}\right)^k \left(\dfrac{2}{5}\right)^{(10-k)}$，$(k = 0, 1, 2 \cdots\cdots 10)$．

由
$$\begin{cases} C_{10}^{k}\left(\dfrac{3}{5}\right)^{k}\left(\dfrac{2}{5}\right)^{10-k} \geqslant C_{10}^{k+1}\left(\dfrac{3}{5}\right)^{k+1}\left(\dfrac{2}{5}\right)^{10-k-1} \\ C_{10}^{k}\left(\dfrac{3}{5}\right)^{k}\left(\dfrac{3}{5}\right)^{10-k} \geqslant C_{10}^{k-1}\left(\dfrac{3}{5}\right)^{k-1}\left(\dfrac{2}{5}\right)^{10-k+1} \end{cases}$$

解得 $\dfrac{28}{5} \leqslant k \leqslant \dfrac{33}{5}$，$k \in \mathbf{N}^{*}$，$\therefore$ 当 $k=6$ 时，概率 $P(k)$ 最大．

例4 根据国家统计局数据，1978 年至 2018 年我国 GDP 总量从 0.37 万亿元跃升至 90 万亿元，实际增长了 242 倍多，综合国力大幅提升．将年份 1978，1988，1998，2008，2018 分别用 1，2，3，4，5 代替，并表示为 t，y 表示全国 GDP 总量，表中 $z_i = \ln y_i$（$i=1,2,3,4,5$）．$\bar{z} = \dfrac{1}{5}\sum\limits_{i=1}^{5} z$ 元．

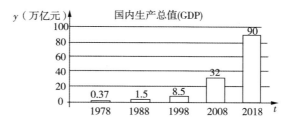

$\bar{t}$	$\bar{y}$	$\bar{z}$	$\sum\limits_{i=1}^{5}(t_i-\bar{t})^2$	$\sum\limits_{i=1}^{5}(t_i-\bar{t})(y_i-\bar{y})$	$\sum\limits_{i=1}^{5}(t_i-\bar{t})(z_i-\bar{z})$
3	26.474	1.903	10	209.76	14.05

（1）根据数据及统计图表，判断 $\hat{y}=bt+a$ 与 $\hat{y}=ce^{dt}$（其中 e = 2.718……为自然对数的底数），哪一个更适应作为全国 GDP 总量 y 关于 t 的回归方程类型？（给出判断即可，不必说明理由）并求出 y 关于 t 的回归方程；

（2）使用参考数据，估计 2020 年的全国 GDP 总量．

线性回归方程 $\hat{y}=\hat{b}x+\hat{a}$ 中斜率和截距的最小二乘法估计公式分别为

$$\hat{b} = \frac{\sum\limits_{i=1}^{5}(x_i-\bar{x})(y_i-\bar{y})}{\sum\limits_{i=1}^{n}(x_i-\bar{x})^2}, \hat{a}=\bar{y}-\hat{b}\bar{x}.$$

参考数据:

n	4	5	6	7	8
e^n 的近似值	55	148	403	1097	2981

解 (1) $y = ce^{dt}$ 更适宜作为全国 GDP 总量 y 关于 t 的回归方程.

对 $y = ce^{dt}$ 两边取自然对数得 $\ln y = \ln c + dt$.

令 $z = \ln y, \hat{a} = \ln c, \hat{b} = d$, 得 $z = \hat{a} + \hat{b}t$.

$\because \hat{b} = \dfrac{\sum\limits_{i=1}^{5}(t_i - \bar{t})(Z_i - \bar{Z})}{\sum\limits_{i=1}^{5}(t_i - \bar{t})^2} = \dfrac{14.05}{10} = 1.405.$

$\therefore \hat{a} = \bar{z} - \hat{b}\bar{t} = 1.903 - 1.405 \times 3 = -2.312.$

$\therefore z$ 关于 t 的回归方程为 $\hat{y} = e^{1.405t - 2.312} = e^{-2.312} \cdot e^{1.405t}.$

(2) 将 $t = 5.2$ 代入 $\hat{y} = e^{1.405t - 2.312}$, 其中, $1.405 \times 5.2 - 2.312 = 4.994.$

$\therefore 2020$ 年全国 GDP 总量约为 $\hat{y} = e^{4.994} \approx e^5 = 148$(万亿元)

5 解析几何解答题

一、求动点的轨迹方程.

求动点的轨迹方程常用方法如下.

1. **直接法**：把已知的几何条件翻译成含 x,y 的等式并化简,可得到曲线的轨迹方程[有时需控制(指出)变量的取值范围].

2. **定义法**：若动点的轨迹符合某一轨迹的定义,则可根据定义法确定出动点的轨迹方程.

3. **几何法**：若所求的轨道满足某些几何性质(如线段的垂直平分线、角平分线等),则可利用几何法列出算式,再代入点的坐标,这种方法可使问题化难为易.

4. **相关点法(代入法或转移法)**：有些问题中,若动点满足的条件不便使用等式列出(列出后代入坐标更烦琐),但动点是随着另一已知曲线上的动点的运动而运动. 此时可用动点的坐标表示出相关点的坐标,并解出相关点的坐标. 将其代入已知曲线方程,化简便可求出所求轨迹方程.

5. **参数法**：在所给已知条件中,用以上四种方法都行不通. 但仔细观察发现所给条件与某一特定量有关. 如直线的斜率 k,速度 v,时间 t,距离 s,角度 θ,有向线 ξ 的数量,点的横纵坐标等与动点的坐标 (x,y) 有关系,便可根据此关系写出动点轨迹的参数方程,消去参数便可得到动点轨迹的普通方程(直角坐标方程).

6. **交轨法**：求动点轨迹时,有时会出现两动曲线(包含直线)交点的轨迹问题,这类问题常常通过列出参数方程(其实是一个含参数的方程组),消去参数即可得到动点轨迹的方程.

例1 已知线段 AB. M 为平面内一动点,且 $\angle AMB = \alpha$(锐角). 如图所示. 求动点 M 的轨迹并说明轨迹的几何特征,画出图形.

解 由题意知动点 M 的轨迹为以线段 AB 为弦,所含圆周角为 α 的一段优弧(不含点 A,B).

如图,以 AB 所在直线为 x 轴,以 AB 的垂直平分线为 y 轴建立直角坐标系,设 $A(-a,0)$,$B(a,0)(a>0)$.作 AM 的垂直平分线 l 与 y 轴交于点 C.

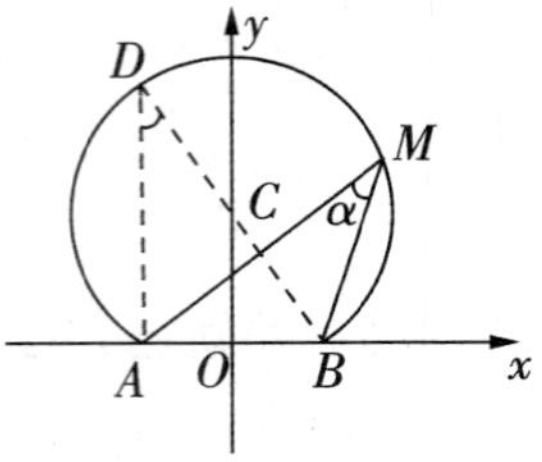

连接 BC 并延长交圆 C 的优弧于点 D,连接 AD,则 $AD \perp AB$,且 $\angle D = \alpha$.

（例1）

在 $\mathrm{Rt}\triangle ABD$ 中,$\tan\alpha = \dfrac{|AB|}{|AD|}$,

$\therefore |AD| = \dfrac{|AB|}{\tan\alpha} = \dfrac{2a}{\tan\alpha}$.

$\therefore D\left(-a, \dfrac{2a}{\tan\alpha}\right)$.

又 $|DC| = |CB|$,$|AO| = |OB|$.

$\therefore OC$ 为 $\triangle ABD$ 的中位线.

$\therefore C\left(0, \dfrac{a}{\tan\alpha}\right)$.

又在 $\mathrm{Rt}\triangle ABD$ 中,$\sin\alpha = \dfrac{|AB|}{|DB|}$,

$\therefore |DB| = \dfrac{|AB|}{\sin\alpha}$.

$\therefore |DC| = \dfrac{1}{2}|DB| = \dfrac{a}{\sin\alpha}$.

$\therefore$ 所求轨迹方程为 $x^2 + \left(y - \dfrac{a}{\tan\alpha}\right)^2 = \dfrac{a^2}{\sin^2\alpha}(y>0)$.

注:对此题前半部分要有所了解,对求轨迹方程部分不作要求.选此题的目的有二:一是引起对圆的平几知识的重视,以便对圆的解几部分加以运用,使问题化难为易;二是提高想象能力、逆向思维的能力.

例2 如图,动圆 M 与 $\odot F_1:(x+3)^2+y^2=4$ 相外切,与圆 $F_2:(x-3)^2+y^2=36$ 相内切.求动圆圆心 M 的轨迹方程.

解 设 $M(x,y)$.动圆 M 的半径为 R.则 $|MF_1| + |MF_2| = (R+2) +$

$(6 - R) = 8 > |F_1F_2| = 6$

∴ 动圆圆心 M 的轨迹为以 F_1，F_2 为焦点，长轴长 $2a = 8$ 的椭圆.

故 $a = 4$，$c = 3$. $b^2 = a^2 - c^2 = 16 - 9 = 7$.

∴ 动圆圆心 M 的轨迹方程为 $\dfrac{x^2}{16} + \dfrac{y^2}{7} = 1$.

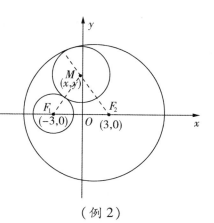

(例2)

例3 已知 $A(1, 2)$，$B(3, 4)$. 动点 P 满足 $|PA| = |PB|$. 求动点 P 的轨迹方程.

解法1 设 $P(x, y)$.

∵ $|PA| = |PB|$.

∴ 动点 P 的轨迹为线段 AB 的垂直平分线.

由已知线段 AB 中点坐标为 $(2, 3)$.

$k_{AB} = \dfrac{4 - 2}{3 - 1} = \dfrac{2}{2} = 1$.

∴ 线段 AB 垂直平分线的斜率为 $k = -1$.

∴ 线段 AB 垂直平分线的方程为 $y - 3 = -(x - 2)$.

即 $x + y - 5 = 0$.

解法2 设 $P(x, y)$.

∵ $|PA| = |PB|$，$A(1, 2)$，$B(3, 4)$.

∴ $\sqrt{(x - 1)^2 + (y - 2)^2} = \sqrt{(x - 3)^2 + (y - 4)^2}$.

平方后展开得 $x^2 - 2x + 1 + y^2 - 4y + 4 = x^2 - 6x + 9 + y^2 - 8y + 16$.

即 $4x + 4y - 20 = 0$.

化为 $x + y - 5 = 0$. 即为所求.

例4 已知 $\odot O : x^2 + y^2 = 4$，点 P 为 $\odot O$ 上的动点，点 M 为平面上的动点，$A(4, 6)$. 若点 M 为 PA 的中点. 求点 M 的轨迹方程.

解 设 $M(x,y)$，$P(x_0,y_0)$.

$\because$ M 为 PA 的中点，$A(4,6)$，

$\therefore \begin{cases} x = \dfrac{x_0+4}{2} \\ y = \dfrac{y_0+6}{2} \end{cases}$

$\therefore \begin{cases} x_0 = 2x-4 \\ y_0 = 2y-6 \end{cases}$

$\because$ 点 $P(x_0,y_0)$ 在 $\odot O$ 上.

$\therefore x_0^2 + y_0^2 = 4$.

$\therefore (2x-4)^2 + (2y-6)^2 = 4$.

化为 $(x-2)^2 + (y-3)^2 = 1$. 即为所求动点 M 的轨迹方程.

例5 一动点 M 沿一直线上的点 $P_0(1,2)$ 作自由运动，它的水平分速度为 2，竖直分速度为 3，求动点 M 的轨迹方程.

解 设 $M(x,y)$.

由题意得 $\begin{cases} x = 1+2t \\ y = 2+3t \end{cases}$（$t$ 为参数，t 为时间）

消去参数 t 得 $3x-2y+1=0$. 即为所求动点 M 的轨迹方程.

例6 已知动直线 $l_1 : x = 2pt^2$，$l_2 : y = 2pt$（t 为参数，$p>0$ 且 p 为常数）. 求两直线交点 M 的轨迹方程.

解 设 $M(x,y)$，则 $M(x,y)$ 满足 $\begin{cases} x = 2pt^2 \\ y = 2pt \end{cases}$（$t$ 为参数，$p>0$ 且为常数）.

消去参数 t，得 $y^2 = 2px$（$p>0$），即为所求点 M 的轨迹方程.

二、最值与范围问题.

求最值与范围的常用方法如下.

1. 几何法：若题目的条件和结论能明显体现几何特征与意义，则考虑利用图形性质来解决.

2. 代数法:若题目的条件和结论能体现一种明确的函数关系,则可首先建立目标函数,再求这个函数的最值. 此时常从以下五个方面考虑。

①利用判别式来构造不等关系,从而确定参数的取值范围;

②利用已知参数范围,求新参数的取值范围,解这类问题的关键是在两个参数之间建立等量关系;

③利用隐含或已知的不等关系建立等式,从而求出参数的取值范围;

④利用基本不等式求出参数的取值范围;

⑤利用函数的值域的求法,确定参数的取值范围.

求函数值域口诀:观察、配方、判别式、换元、解析、反函数,合适就用不等式,绝招还是用导数.

> **例1** 抛物线 $y^2 = 2px(p>0)$ 的焦点为 F,已知点 A, B 为抛物线上两个动点,且满足 $\angle AFB = 120°$. 过弦 AB 的中点 M 作抛物线准线 l 的垂线 MN,垂足为 N,则 $\dfrac{|MN|}{|AB|}$ 的最大值为(   ).
>
> A. $\dfrac{\sqrt{3}}{3}$ B. 1
>
> C. $\dfrac{2\sqrt{3}}{3}$ D. 2

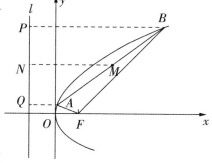

> **解** 如图,连接 AF, BF,作 $AQ \perp l$ 于点 $Q, BP \perp l$ 于点 P.
>
> (例1)
>
> 设 $|AF| = a, |BF| = b$. 由抛物线的定义得 $|AF| = |AQ| = a, |BF| = |BP| = b$.
>
> 在梯形 $ABPQ$ 中,$2|MN| = |AQ| + |BP| = a + b$.
>
> 在 $\triangle AFB$ 中,由余弦定理得
>
> $|AB|^2 = a^2 + b^2 - 2ab\cos 120° = a^2 + b^2 + ab = (a+b)^2 - ab.$
>
> $\therefore ab \leqslant \left(\dfrac{a+b}{2}\right)^2,$

$$\therefore (a+b)^2 - ab \geqslant (a+b)^2 - \frac{1}{4}(a+b)^2 = \frac{3}{4}(a+b)^2.$$

$$\therefore |AB| \geqslant \frac{\sqrt{3}}{2}(a+b).$$

$$\therefore \frac{|MN|}{|AB|} \leqslant \frac{\frac{1}{2}(a+b)}{\frac{\sqrt{3}}{2}(a+b)} = \frac{\sqrt{3}}{3}. \ (当且仅当 \ a=b \ 时取 \ " = "号).$$

$$\therefore \frac{|MN|}{|AB|} \text{的最大值为} \frac{\sqrt{3}}{3}.$$

例2 设直线 L 与抛物线 $x^2=2y$ 交于 A,B 两点,与椭圆 $\frac{x^2}{4}+\frac{y^2}{3}=1$ 交于 C,D 两点,O 为坐标原点,直线 OA,OB,OC,OD 的斜率分别为 k_1,k_2,k_3,k_4,且 $OA \perp OB$.

(1)是否存在实数 t,满足:$k_1+k_2=t(k_3+k_4)$,并说明理由;

(2)求 $\triangle OCD$ 面积的最大值.

解 (1)设直线 L 的方程为 $y=kx+m$.

$A(x_1,y_1),B(x_2,y_2),C(x_3,y_3),D(x_4,y_4)$.

联立 $\begin{cases} y=kx+m \\ x^2=2y \end{cases}$ 得 $x^2-2kx-2m=0$.

则 $x_1+x_2=2k,x_1x_2=-2m$.

$\Delta_1 = 4k^2+8m>0$.

$\because OA \perp OB$.

$\therefore x_1x_2+y_1y_2=0$.

$\therefore m=2$.

联立 $\begin{cases} y=kx+2 \\ 3x^2+4y^2-12=0 \end{cases}$

得 $(4k^2+3)x^2+16kx+4=0$.

$$\therefore x_3+x_4 = -\frac{16k}{4k^2+3}, x_3x_4 = \frac{4}{4k^2+3}.$$

$\Delta_2 = 192k^2 - 48 > 0.$

$k^2 > \dfrac{1}{4}.$

$\because k_1 + k_2 = \dfrac{y_1}{x_1} + \dfrac{y_2}{x_2} = k, k_3 + k_4 = \dfrac{y_3}{x_3} + \dfrac{y_4}{x_4} = -6k$

$\therefore \dfrac{k_1 + k_2}{k_3 + k_4} = -\dfrac{1}{6}.$ 即 $t = -\dfrac{1}{6}.$

$\therefore$ 存在实数 $t = -\dfrac{1}{6}$ 满足题设条件.

(2) 由 $|CD| = \sqrt{k^2 + 1} \cdot \sqrt{(x_3 + x_4)^2 - 4x_3 x_4}$

得 $|CD| = 4\sqrt{3} \cdot \sqrt{k^2 + 1} \cdot \dfrac{\sqrt{4k^2 - 1}}{4k^2 + 3}.$

O 到直线 CD 的距离 $d = \dfrac{2}{\sqrt{k^2 + 1}}.$

$\therefore S_{\triangle OCD} = \dfrac{1}{2}|CD| \cdot d = 4\sqrt{3} \cdot \dfrac{\sqrt{4k^2 - 1}}{4k^2 + 3}.$

设 $\sqrt{4k^2 - 1} = t(t > 0),$

则 $S_{\triangle OCD} = \dfrac{4\sqrt{3}\,t}{t^2 + 4} \leqslant \dfrac{4\sqrt{3}\,t}{4t} = \sqrt{3}.$

$\therefore$ 当 $t = 2$ 即 $k = \pm\dfrac{\sqrt{5}}{2}$ 时，$\triangle OCD$ 面积的最大值为 $\sqrt{3}.$

例3 已知 F_1, F_2 分别是椭圆 $\dfrac{x^2}{4} + \dfrac{y^2}{3} = 1$ 的左、右焦点，过焦点 F_2 的直线 L 与椭圆 $\dfrac{x^2}{4} + \dfrac{y^2}{3} = 1$ 交于 A, B 两点，求 $\triangle AF_1B$ 面积 S 的最大值.

解 由已知 $c^2 = 4 - 3 = 1.$

$\therefore c = 1.$

$\therefore F_1(-1, 0), F_2(1, 0).$

设直线 L 的方程为 $my = x - 1.$

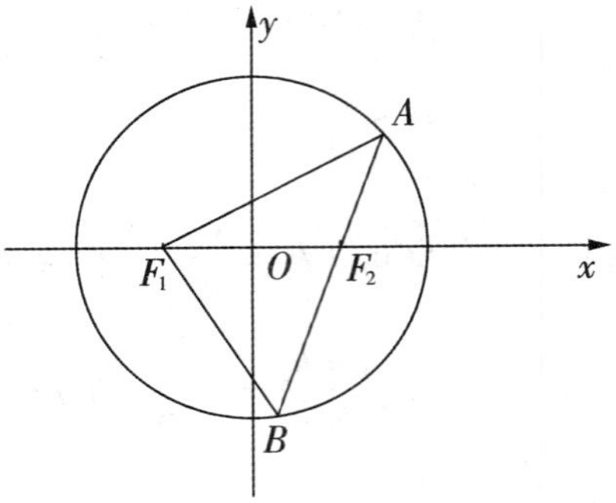

即 $x = my + 1$ ①

椭圆方程可化为 $3x^2 + 4y^2 - 12 = 0$ ②

①②联立，将①代入②化简得

$(3m^2 + 4)y^2 + 6my - 9 = 0.$ ③

设 $A(x_1, y_1)$, $B(x_2, y_2)$.

则 y_1, y_2 是方程③的两根.

$\therefore y_1 + y_2 = -\dfrac{6m}{3m^2 + 4}$,

（例3）

$y_1 y_2 = -\dfrac{9}{3m^2 + 4}.$

$\therefore (y_1 - y_2)^2 = (y_1 + y_2)^2 - 4y_1 y_2$

$$= \frac{36m^2}{(3m^2 + 4)^2} + \frac{36}{3m^2 + 4}$$

$$= \frac{36m^2 + 36(3m^2 + 4)}{(3m + 4)^2}$$

$$= \frac{36(m^2 + 3m^2 + 4)}{(3m^2 + 4)^2}$$

$$= \frac{144(m^2 + 1)}{(3m^2 + 4)^2}$$

$\therefore |y_1 - y_2| = \dfrac{12\sqrt{m^2 + 1}}{3m^2 + 4}$

$\therefore S = \dfrac{1}{2}|F_1 F_2| \cdot |y_1 - y_2|$

$$= \frac{1}{2} \times 2 \times \frac{12\sqrt{m^2 + 1}}{3m^2 + 4}$$

$$= \frac{12\sqrt{m^2 + 1}}{3m^2 + 4}.$$

设 $\sqrt{m^2 + 1} = t (t \geq 1)$, 则 $3m^2 + 4 = 3(m^2 + 1) + 1 = 3t^2 + 1.$

$$S = \frac{12t}{3t^2+1} = \frac{12}{3t+\dfrac{1}{t}} = \frac{12}{2t+\left(t+\dfrac{1}{t}\right)} \quad (t \geqslant 1).$$

$\because f(t) = 2t$ 与 $g(t) = t + \dfrac{1}{t}$ 在 $[1, +\infty)$ 上都是增函数.

$\therefore h(t) = f(t) + g(t)$ 在 $[1, +\infty)$ 上是增函数,$S(t)$ 在 $[1, +\infty)$ 上是减函数.

$\therefore S(t) \leqslant S(1) = \dfrac{12}{3+1} = 3.$

即 $S(t) \leqslant 3.$（当 $t=1$,即 $m=0$ 时取等号）

$\therefore \triangle AF_1B$ 的面积最大值为 3.

三、定值问题.

例1 已知点 $A(2,0)$,$B(0,1)$ 是椭圆 C 上两点.(1)求椭圆 C 的方程;(2)P 是第三象限 C 上一动点,PA 交 y 轴于点 M,PB 交 x 轴于点 N.求证:四边形 $ABNM$ 的面积 S 是定值.

解 (1)由已知设椭圆

方程为 $\dfrac{x^2}{a^2} + \dfrac{y^2}{b^2} = 1$

$(a > b > 0)$,$a = 2$,

$b = 1$.

$\therefore$ 椭圆 C 的方程为

$\dfrac{x^2}{4} + y^2 = 1.$

(例1)

(2)(分析:$S = \dfrac{1}{2}|NA||MB|$,A,B 坐标已知,需求 M,N 的坐标,而 M,N 分别是直线 PA 与 y 轴的交点,PB 与 x 轴的交点,故须设出 PA,PB 的方程及点 P 坐标.可解出 M,N 的坐标,表示出 S 后,由点 P 在 C 上,其坐标适合 C 的方程为依据,通过整体代入式子,变化约分及消项证出结论.P 点的极限位置为椭圆的另两顶

点之一,可估计定值 $S = \dfrac{1}{2} \times 4 \times 1 = 2$ 或 $S = \dfrac{1}{2} \times 2 \times 2 = 2$)

证明 设 $P(x_0, y_0)$,$P_A : y = k(x - 2)$ ①,$P_B : y = mx + 1$ ②

在①中,令 $x = 0$ 得 $y = -2k = -2 \cdot \dfrac{y_0}{x_0 - 2}$.

$\therefore M\left(0, -\dfrac{2y_0}{x_0 - 2}\right)$.

在②中,令 $y = 0$,得 $x = -\dfrac{1}{m} = -\dfrac{x_0}{y_0 - 1}$.

$\therefore N\left(-\dfrac{x_0}{y_0 - 1}, 0\right)$.

$\therefore |NA| = 2 + \dfrac{x_0}{y_0 - 1} = \dfrac{x_0 + 2y_0 - 2}{y_0 - 1}$,

$|MB| = 1 + \dfrac{2y_0}{x_0 - 2} = \dfrac{x_0 + 2y_0 - 2}{x_0 - 2}$.

$\therefore S = \dfrac{1}{2}|NA| \cdot |MB| = \dfrac{1}{2} \cdot \dfrac{(x_0 + 2y_0 - 2)^2}{(x_0 - 2)(y_0 - 1)} = \dfrac{1}{2} \cdot$

$\dfrac{(x_0 + 2y_0 - 2)^2}{x_0 y_0 - x_0 - 2y_0 + 2} = \dfrac{1}{2} \cdot \dfrac{(x_0 + 2y_0 - 2)^2}{x_0 y_0 - (x_0 + 2y_0 - 2)}$.

$\because$ 点 P 在 C 上,$\therefore \dfrac{x_0^2}{4} + y_0^2 = 1$.

$\therefore x_0^2 + 4y_0^2 = 4$. $\therefore x_0^2 + 4x_0 y_0 + 4y_0^2 = 4x_0 y_0 + 4$.

$\therefore 4x_0 y_0 = (x_0 + 2y_0^2)^2 - 4 = (x_0 + 2y + 2)(x_0 + 2y_0 - 2)$.

$\therefore x_0 y_0 = \dfrac{1}{4}(x_0 + 2y_0 + 2)(x_0 + 2y_0 - 2)$.

$\therefore S = \dfrac{1}{2} \times \dfrac{(x_0 + 2y_0 - 2)^2}{\dfrac{1}{4}(x_0 + 2y_0 + 2)(x_0 + 2y_0 - 2) - (x_0 + 2y_0 - 2)}$

$= \dfrac{1}{2} \cdot \dfrac{x_0 + 2y_0 - 2}{\dfrac{1}{4}(x_0 + 2y_0 + 2) - 1}$

$$= \frac{1}{2} \cdot \frac{4(x_0 + 2y_0 - 2)}{x_0 + 2y_0 + 2 - 4}$$

$$= \frac{1}{2} \cdot \frac{4(x_0 + 2y_0 - 2)}{x_0 + 2y_0 - 2}$$

$$= 2.$$

$\therefore S$ 为定值.

例2 已知 O 为坐标原点,椭圆 $C: \dfrac{x^2}{a^2} + \dfrac{y^2}{b^2} = 1(a > b > 0)$ 过点 $M(1,$

$1)$,离心率 $e = \dfrac{\sqrt{6}}{3}$.

(1)求椭圆 C 的方程;

(2)若直线 L 是 $\odot O: x^2 + y^2 = 1$ 的任意一条切线,且直线 L 与

椭圆 C 相交于 A, B 两点.求证: $\overrightarrow{OA} \cdot \overrightarrow{OB}$ 为定值.

(1) **解** $\because e = \dfrac{\sqrt{6}}{3}, \therefore \dfrac{c}{a} = \dfrac{\sqrt{6}}{3}, \dfrac{c^2}{a^2} = \dfrac{2}{3}$

$\therefore c^2 = \dfrac{2}{3}a^2$.

$\because a^2 = b^2 + c^2$.

$\therefore a^2 = b^2 + \dfrac{2}{3}a^2$.

$\therefore a^2 = 3b^2$.

$\therefore C$ 的方程为 $\dfrac{x^2}{3b^2} + \dfrac{y^2}{b^2} = 1$.

化为 $x^2 + 3y^2 - 3b^2 = 0$.

$\because C$ 过点 $M(1,1)$.

$\therefore 1^2 + 3 \times 1^2 - 3b^2 = 0$.

$\therefore b^2 = \dfrac{4}{3}, a^2 = 3b^2 = 4$.

$\therefore$ 椭圆 C 的方程为 $\dfrac{x^2}{4} + \dfrac{y^2}{\dfrac{4}{3}} = 1$.

（2） 证明 ①若 ⊙O 的切线与 x 轴垂直，则 L 的方程为 $x = \pm 1$.

将 $x = 1$ 代入椭圆 C 的方程得 $\dfrac{1}{4} + \dfrac{y^2}{\frac{4}{3}} = 1$. 解得 $y = \pm 1$.

∴ $A(1,1)$，$B(1, -1)$.

∴ $\overrightarrow{OA} \cdot \overrightarrow{OB} = (1,1) \cdot (1, -1) = 1 - 1 = 0$.

同理可证：当 $x = -1$ 时，$\overrightarrow{OA} \cdot \overrightarrow{OB} = 0$ 为定值.

②当 ⊙O 切线不与 x 轴垂直时，设 L 的方程为 $y = kx + m$，

化为 $kx - y + m = 0$.

∵ L 与 ⊙O 相切. ∴ $\dfrac{|m|}{\sqrt{k^2 + 1}} = 1$.

∴ $m^2 = k^2 + 1$.

C 的方程可化为 $x^2 + 3y^2 - 4 = 0$.

与 $L : y = kx + m$ 联立，化简得

$(3k^2 + 1)x^2 + 6kmx + 3m^2 - 4 = 0$. <1>

设 $A(x_1, y_1)$，$B(x_2, y_2)$.

则 x_1, x_2 是方程 <1> 的两根.

∴ $x_1 + x_2 = -\dfrac{6km}{3k^2 + 1}$，$x_1 x_2 = \dfrac{3m^2 - 4}{3k^2 + 1}$.

∴ $\overrightarrow{OA} \cdot \overrightarrow{OB} = x_1 x_2 + y_1 y_2$

$= x_1 x_2 + (kx_1 + m)(kx_2 + m)$

$= x_1 x_2 + k^2 x_1 x_2 + km(x_1 + x_2) + m^2$

$= (k^2 + 1)\dfrac{3m^2 - 4}{3k^2 + 1} + km \cdot \left(-\dfrac{6km}{3k^2 + 1} \right) + m^2$

$= (k^2 + 1) \cdot \dfrac{3(k^2 + 1) - 4}{3k^2 + 1} - \dfrac{6k^2(k^2 + 1)}{3k^2 + 1} + k^2 + 1$

$= (k^2 + 1)\dfrac{3k^2 + 3 - 4 - 6k^2 + 3k^2 + 1}{3k^2 + 1}$

$$= (k^2 + 1) \cdot \frac{0}{3k^2 + 1} = 0,\text{为定值}.$$

例3 如图,椭圆的中心在坐标原点.焦点在 x 轴上,长轴长是短轴长的2倍.且过点 $M(2,1)$,平行于 OM 的直线 l 在 y 轴上的截距为 m,直线 l 与椭圆相交于 A,B 两个不同点.

(1)求实数 m 的取值范围;

(2)证明:直线 MA,MB 与 x 轴围成的三角形是等腰三角形.

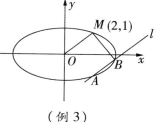

(例3)

(1) **解** 设椭圆方程为 $\frac{x^2}{a^2} + \frac{y^2}{b^2} = 1$ ($a >$

$b > 0$).

由题意得 $\begin{cases} a = 2b \\ \dfrac{4}{a^2} + \dfrac{1}{b^2} = 1 \end{cases}$ 解得 $\begin{cases} a^2 = 8 \\ b^2 = 2 \end{cases}$

$\therefore$ 椭圆方程为 $\dfrac{x^2}{8} + \dfrac{y^2}{2} = 1.$ ①

由已知可得直线 l 的方程为 $y = \dfrac{1}{2}x + m$ ($m \neq 0$). ②

①②联立,消去 y 化简得

$x^2 + 2mx + 2m^2 - 4 = 0.$ ③

$\because l$ 与椭圆交于不同两点.

$\therefore$ 方程③有两个不等实根.

$\therefore \Delta > 0$. 即 $(2m)^2 - 4(2m^2 - 4) > 0, m^2 - 2m^2 + 4 > 0.$

$\therefore m^2 < 4.$

$\therefore -2 < m < 2.$

又 $\because m \neq 0, \therefore m$ 的取值范围为 $(-2,0) \cup (0,2).$

(2) **证明** 由题意设直线 MA,MB 的斜率分别为 k_1,k_2. 只须证明 $k_1 + k_2 = 0$ 即可.

设 $A(x_1, y_1)$，$B(x_2, y_2)$．

由（1）知，x_1，x_2 是方程 $x^2 + 2mx + 2m^2 - 4 = 0$ 的两根．

$\therefore x_1 + x_2 = -2m$，$x_1 x_2 = 2m^2 - 4$．

$$\therefore k_1 + k_2 = \frac{y_1 - 1}{x_1 - 2} + \frac{y_2 - 1}{x_2 - 2}$$

$$= \frac{x_1 y_2 + x_2 y_1 - 2(y_1 + y_2) - (x_1 + x_2) + 4}{(x_1 - 2)(x_2 - 2)}$$

$$= \frac{x_1\left(\frac{1}{2}x_2 + m\right) + x_2\left(\frac{1}{2}x_1 + m\right) - 2\left(\frac{1}{2}x_1 + m + \frac{1}{2}x_2 + m\right) - (x_1 + x_2) + 4}{(x_1 - 2)(x_2 - 2)}$$

$$= \frac{(m - 2)(x_1 + x_2) + x_1 x_2 + 4(1 - m)}{(x_1 - 2)(x_2 - 2)}$$

$$= \frac{-2m(m - 2) + 2m^2 - 4 + 4(1 - m)}{(x_1 - 2)(x_2 - 2)}$$

$$= \frac{-2m^2 + 4m + 2m^2 - 4 + 4 - 4m}{(x_1 - 2)(x_2 - 2)} = 0.$$

$\therefore$ 直线 MA，MB 与 x 轴围成的三角形是等腰三角形．

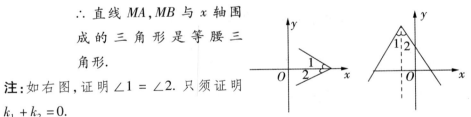

注：如右图，证明 $\angle 1 = \angle 2$．只须证明 $k_1 + k_2 = 0$．

四、证明动直线、动曲线过定点．

理论基础：

动直线 $A_1 x + B_1 y + C_1 + \lambda(A_2 x + B_2 y + C_2) = 0$ 过由 $\begin{cases} A_1 x + B_1 y + C_1 = 0 \\ A_2 x + B_2 y + C_2 = 0 \end{cases}$ 确定的定点．

要证明以 AB 为直径的圆过原点 O．只需证明 $\overrightarrow{OA} \cdot \overrightarrow{OB} = 0$．

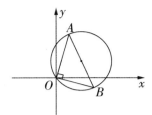

例1 已知抛物线 $y^2 = 2px(p > 0)$ 的焦点 F 在直线 $x = 1$ 上. 抛物线与直线 $l: y = k(x-2)(k \neq 0)$ 交于 A, B 两点, AF, BF 的延长线与抛物线交于 C, D 两点.

（1）求抛物线的方程；

（2）求证：直线 CD 恒过一定点.

（1）**解** 由已知 $\dfrac{p}{2} = 1$. $\therefore p = 2, 2p = 4$.

$\therefore$ 抛物线的方程为 $y^2 = 4x$.

（2）**证明** 设 $A\left(\dfrac{y_1^2}{4}, y_1\right)$, $B\left(\dfrac{y_2^2}{4}, y_2\right)$.

由 $\begin{cases} y^2 = 4x \\ y = k(x-2) \end{cases}$ 得 $ky^2 - 4y - 8k = 0$.

$\Delta = 16 + 32k^2 > 0$.

$y_1 + y_2 = \dfrac{4}{k}$, $y_1 y_2 = -8$.

设 $C\left(\dfrac{y_3^2}{4}, y_3\right)$,

则 $\overrightarrow{FA} = \left(\dfrac{y_1^2}{4} - 1, y_1\right)$, $\overrightarrow{FC} = \left(\dfrac{y_3^2}{4} - 1, y_3\right)$.

$\because A_1, F_1, C$ 共线.

$\therefore \left(\dfrac{y_1^2}{4} - 1\right)y_3 - y_1\left(\dfrac{y_3^2}{4} - 1\right) = 0$.

即 $y_3^2 + \left(\dfrac{4}{y_1} - y_1\right)y_3 - 4 = 0$.

（例1）

解得 $y_3 = y_1$（舍去）或 $y_3 = -\dfrac{4}{y_1}$.

$\therefore C\left(\dfrac{4}{y_1^2}, -\dfrac{4}{y_1}\right)$. 同理 $D\left(\dfrac{4}{y_2^2}, -\dfrac{4}{y_2}\right)$.

$\therefore CD$ 的方程为 $y + \dfrac{4}{y_1} = \dfrac{-\dfrac{4}{y_1} + \dfrac{4}{y_2}}{\dfrac{4}{y_1^2} - \dfrac{4}{y_2^2}}\left(x - \dfrac{4}{y_1^2}\right)$.

$\Rightarrow y + \dfrac{4}{y_1} = -\dfrac{y_1 y_2}{y_1 + y_2}\left(x - \dfrac{4}{y_1^2}\right)$.

$\Rightarrow y + \dfrac{4}{y_1} = \dfrac{8}{\dfrac{4}{k}}\left(x - \dfrac{4}{y_1^2}\right)$.

$\Rightarrow y + \dfrac{4}{y_1} = 2kx - \dfrac{8k}{y_1^2}$.

$\Rightarrow y = 2kx - \dfrac{4}{y_1 + y_2}$，即 $y = 2k\left(x - \dfrac{1}{2}\right)$.

$\therefore CD$ 直线恒过点 $\left(\dfrac{1}{2}, 0\right)$.

例2 已知椭圆 $C : \dfrac{x^2}{a^2} + \dfrac{y^2}{b^2} = 1\,(a > b > 0)$. 椭圆短轴的一个端点与其两个焦点构成面积为 3 的直角三角形.

(1) 求椭圆 C 的方程；

(2) 过圆 $E : x^2 + y^2 = 2$ 上任意一点 P 作圆 E 的切线 l，l 与椭圆 C 交于 A，B 两点，求证：以 AB 为直径的圆过原点 O.

(1) **解** 由已知 $b = c$.

$$S = \dfrac{1}{2} \cdot 2c \cdot b = bc = \dfrac{1}{2}a^2 = 3.$$

$$\therefore a = \sqrt{6}, b = \sqrt{3}.$$

故椭圆 C 的方程为 $\dfrac{x^2}{6} + \dfrac{y^2}{3} = 1$.

（2）**证明** 当直线 l 的斜率不存在时,不妨设直线的方程为 $x=\sqrt{2}$.

则 $A(\sqrt{2},\sqrt{2})$,$B(\sqrt{2},-\sqrt{2})$.

$\therefore \angle AOB = \dfrac{\pi}{2}$.

以 AB 为直径的圆过坐标原点 O.

当直线 l 的斜率存在时,设其方程为 $y=kx+m$.

则 $\dfrac{|m|}{\sqrt{k^2+1}}=\sqrt{2}$.

$\therefore m^2=2k^2+2$.

联立 $\begin{cases} y=kx+m \\ \dfrac{x^2}{6}+\dfrac{y^2}{3}=1 \end{cases}$ 得 $x^2+2(kx+m)^2=6$.

即 $(2k^2+1)x^2+4kmx+2m^2-6=0$ ①

$\Delta = 16k^2m^2-4(2k^2+1)(2m^2-6)$

$\quad = 8(6k^2-m^2+3)=8(4k^2+1)>0$.

设 $A(x_1,y_1)$,$B(x_2,y_2)$.

则 x_1,x_2 是方程①的两根.

$\therefore x_1+x_2=-\dfrac{4km}{2k^2+1}$,

$x_1x_2=\dfrac{2m^2-6}{2k^2+1}$.

$\therefore \overrightarrow{OA}\cdot\overrightarrow{OB}=(x_1,y_1)(x_2,y_2)$

$\quad = x_1x_2+y_1y_2$

$\quad = (k^2+1)x_1x_2+km(x_1+x_2)+m^2$

$\quad = \dfrac{(k^2+1)(2m^2-6)}{2k^2+1}-\dfrac{4k^2m^2}{2k^2+1}+m^2$

$\quad = \dfrac{3m^2-6k^2-6}{2k^2+1}$

$$= \frac{3(2k^2+2)-6k^2-6}{2k^2+1} = 0.$$

$\therefore OA \perp OB.$

当斜率不存在时,即 $x = \pm\sqrt{2}$ 时,结论自然成立.

$\therefore$ 以 AB 为直径的圆过原点 O.

五、存在性问题(探索性问题).

存在性问题有以下求解方法.

(1)通常用"肯定顺推法".将不确定性问题明朗化.其步骤为:假设满足条件的元素(点、直线、曲线或参数)存在,用待定系数法设出,列出关于待定系数的方程组,若方程组有实数解,则元素存在;否则,元素不存在.

(2)反证法与验证法在解决此类问题中也偶尔使用.

例1 已知 A 为椭圆 $\frac{x^2}{a^2} + \frac{y^2}{b^2} = 1(a > b > 0)$ 上一个动点,弦 AB, AC 分别过左右焦点 F_1, F_2,当线段 AF_1 的中点在 y 轴上时,$\cos\angle F_1AF_2 = \frac{1}{3}$.

(1)求该椭圆的离心率;

(2)设 $\overrightarrow{AF_1} = \lambda_1\overrightarrow{F_1B}, \overrightarrow{AF_2} = \lambda_2\overrightarrow{F_2C}$,试判断 $\lambda_1 + \lambda_2$ 是否为定值?若是定值,求出该定值并给出证明;若不是定值,请说明理由.

解 (1)当线段 AF_1 的中点在 y 轴上时,$AC \perp x$ 轴,$\triangle AF_1F_2$ 为直角三角形.

$\because \cos\angle F_1AF_2 = \frac{1}{3}$.

$\therefore |AF_1| = 3|AF_2|$.

易知 $|AF_2| = \frac{b^2}{a}$.

由椭圆定义可得 $|AF_1| + |AF_2| = 2a$.

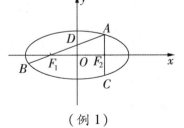

(例1)

则 $4 \cdot \dfrac{b^2}{a} = 2a$. 即 $a^2 = 2b^2 = 2(a^2 - c^2)$.

$\therefore a^2 = 2c^2, \therefore e = \dfrac{c}{a} = \dfrac{\sqrt{2}}{2}$.

（2）由（1）得椭圆方程为 $x^2 + 2y^2 = 2b^2$.

焦点坐标为 $F_1(-b,0), F_2(b,0)$.

① 若 $AC \perp x$ 轴，则 $\lambda_2 = \dfrac{3b - 2b}{b} = 1$.

$\lambda_1 = \dfrac{3b + 2b}{b} = 5$，此时 $\lambda_1 + \lambda_2 = 5 + 1 = 6$.

② 当 AB, AC 斜率都存在时，设 $A(x_0, y_0), B(x_1, y_1), C(x_2, y_2)$.

则 AC 的方程为 $y = \dfrac{y_0}{x_0 - b}(x - b)$.

代入椭圆方程得 $(3b^2 - 2bx_0)^2 y^2 + 2by_0(x_0 - b)y - b^2 y^2 = 0$.

可得 $y_0 y_2 = -\dfrac{b^2 y_0^2}{3b^2 - 2bx_0}$.

又 $\lambda_2 = \dfrac{|\overrightarrow{AF_2}|}{|\overrightarrow{F_2 C}|} = \dfrac{y_0}{-y_2} = \dfrac{3b - 2x_0}{b}$.

同理 $\lambda_1 = \dfrac{3b + 2x_0}{b}$.

$\therefore \lambda_1 + \lambda_2 = \dfrac{6b}{b} = 6$ 为定值.

综上所述，$\lambda_1 + \lambda_2$ 是定值 6.

例2 已知椭圆 $C: \dfrac{x^2}{a^2} + \dfrac{y^2}{b^2} = 1 (a > b > 0)$ 的右焦点 $F(1,0)$. 过点 F 且与坐标轴不垂直的直线与椭圆交于 P, Q 两点. 当直线 PQ 经过椭圆的一个顶点时，其倾斜角恰好为 $60°$.

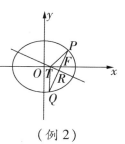

（例2）

（1）求椭圆 C 的方程；

（2）设 O 为坐标原点，线段 OF 上是否存在点 $T(t,0)$，使得 $\overrightarrow{QP} \cdot \overrightarrow{TP} = \overrightarrow{PQ} \cdot \overrightarrow{TQ}$？若存在，求出实数 t 的取值范围；若不存在，请说明理由.

解 （1）由题意知. $c = 1$，又 $\dfrac{b}{c} = \tan 60° = \sqrt{3}$.

$\therefore b^2 = 3$.

$a^2 = b^2 + c^2 = 3 + 1 = 4$.

$\therefore$ 椭圆 C 的方程为 $\dfrac{x^2}{4} + \dfrac{y^2}{3} = 1$.

（2）设直线 PQ 的方程为 $y = k(x-1)\,(k \neq 0)$.

代入 $\dfrac{x^2}{4} + \dfrac{y^2}{3} = 1$. 化简得

$(4k^2 + 3)x^2 - 8k^2 x + 4k^2 - 12 = 0$.

设 $P(x_1, y_1)$，$Q(x_2, y_2)$，线段 PQ 的中点为 $R(x_0, y_0)$.

则 $x_0 = \dfrac{x_1 + x_2}{2} = -\dfrac{4k^2}{4k^2 + 3}$，$y_0 = k(x_0 - 1) = -\dfrac{3k}{4k^2 + 3}$.

由 $\overrightarrow{QP} \cdot \overrightarrow{TP} = \overrightarrow{PQ} \cdot \overrightarrow{TQ}$ 得

$\overrightarrow{PQ} \cdot (\overrightarrow{TQ} + \overrightarrow{TP}) = \overrightarrow{PQ} \cdot (2\overrightarrow{TR}) = 0$.

$\therefore$ 直线 TR 为直线 PQ 的垂直平分线.

直线 TR 的方程为 $y + \dfrac{3k}{4k^2 + 3} = -\dfrac{1}{k}\left(x - \dfrac{4k^2}{4k^2 + 3}\right)$.

令 $y = 0$ 得 T 点的横坐标为 $t = \dfrac{k^2}{4k^2 + 3} = \dfrac{1}{\dfrac{3}{k^2} + 4}$.

$\because k^2 \in (0, +\infty)$，$\therefore \dfrac{3}{k^2} + 4 \in (4, +\infty)$.

$\therefore t \in \left(0, \dfrac{1}{4}\right)$.

$\therefore$ 线段 OF 上存在点 $T(t,0)$，使得 $\overrightarrow{QP} \cdot \overrightarrow{TP} = \overrightarrow{PQ} \cdot \overrightarrow{TQ}$.

其中，$t \in \left(0, \dfrac{1}{4}\right)$.

例3 已知抛物线 $y^2 = 4x$，动直线 $l : y = x + m$. 问抛物线 $y^2 = 4x$ 上是否存在两点 A,B 关于直线 l 对称？若存在，则求出 m 的取值范围；若不存在，请说明理由.

解 假设抛物线 $y^2 = 4x$ 上存在两点 $A(x_1, y_1)$，$B(x_2, y_2)$ 关于直线 l 对称，并设 AB 的方程为 $y = -x + n$.

联立得 $\begin{cases} y^2 = 4x & ① \\ y = -x + n & ② \end{cases}$

将②代入①得 $(-x + n)^2 = 4x$.

$\therefore x^2 - 2nx + n^2 = 4x$.

化为 $x^2 - (2n + 4)x + n^2 = 0$.

$\begin{aligned} \Delta &= [-(2n + 4)]^2 - 4n^2 \\ &= 4(n + 2)^2 - 4n^2 \\ &= 4(n^2 + 4n + 4 - n^2) \\ &= 16(n + 1) > 0. \end{aligned}$

$\therefore n > -1$.

由韦达定理得 $x_1 + x_2 = 2n + 4$.

$\therefore y_1 + y_2 = -x_1 + n - x_2 + n = -(x_1 + x_2) + 2n = -4$.

$\because A,B$ 关于 l 对称. $\therefore AB$ 中点在直线 l 上.

$\therefore -2 = n + 2 + m$. $\therefore n = -4 - m$.

则 $-4 - m > -1$.

$\therefore 4 + m < 1$

$\therefore m < -3$.

$\therefore$ 抛物线 $y^2 = 4x$ 上存在两点 A,B，关于直线 l 对称，且 $m \in (-\infty, -3)$.

6 函数、导数、不等式解答题

一、怎样讨论函数 $f(x)$ 的单调性?

(一)预备知识.

1. $e^x - a > 0(a > 0) \Rightarrow e^x - e^{\ln a} > 0 \Rightarrow x > \ln a$.

2. $\ln x - a > 0 \Rightarrow \ln x - \ln e^a > 0 \Rightarrow x > e^a$.

3. $ax^2 + bx + c > 0, a > 0, \Delta > 0, \left(x_1 = \dfrac{-b - \sqrt{b^2 - 4ac}}{2a}, x_2 = \dfrac{-b + \sqrt{b^2 - 4ac}}{2a}\right)$

$\Rightarrow x < x_1$ 或 $x > x_2$.

$ax^2 + bx + c < 0, a > 0, \Delta > 0, \left(x_1 = \dfrac{-b - \sqrt{b^2 - 4ac}}{2a}, x_2 = \dfrac{-b + \sqrt{b^2 - 4ac}}{2a}\right)$

$\Rightarrow x_1 < x < x_2$.

4. 十字相乘法.

5. $e^x > 0$,若 $a \leqslant 0$,则 $e^x - a > 0$.

6. $\begin{cases} a > 0 \\ b^2 - 4ac \leqslant 0 \end{cases} \Rightarrow ax^2 + bx + c \geqslant 0$.

(二)讨论函数 $f(x)$ 的单调性的步骤.

1. 指出函数的定义域.

2. 求 $f'(x)$,并将其分解因式.

3. 令 $f'(x) = 0$. 求出函数 $f'(x)$ 的零点即函数 $f(x)$ 的极值点.

4. 在定义域范围内,分层向讨论 $f'(x)$ 的正负. 若 $f'(x)$ 在 (a, b) 上,$f'(x) > 0$. 则 $f(x)$ 在 (a, b) 上单调递增;若在 (a, b) 上 $f'(x) < 0$,则函数 $f(x)$ 在 (a, b) 上单调递减.

5. 若题目还要求求函数的极值,则在 $f'(x) = 0$ 有两根情况下需列表.

(三)举例.

1. $f'(x)$ 最多有 1 根的情况.

> **例1** 已知函数 $f(x) = e^x - ax$. 讨论函数 $f(x)$ 的单调性及最值.

> **解** $f(x)$ 的定义域为 $(-\infty, +\infty)$.
>
> $f'(x) = e^x - a$.

（1）当 $a \leqslant 0$ 时，$f'(x) > 0$，$f(x)$ 的单调递增区间为 $(-\infty, +\infty)$. 此时 $f(x)$ 无最值.

（2）当 $a > 0$ 时，$f'(x) = e^x - e^{\ln a}$；当 $x \in (-\infty, \ln a)$ 时，$f'(x) < 0$；

当 $x \in (\ln a, +\infty)$ 时，$f'(x) > 0$.

$\therefore f(x)$ 在 $(-\infty, \ln a)$ 单调递减，$f(x)$ 在 $(\ln a, +\infty)$ 单调递增.

$\therefore f(x)_{\min} = f(\ln a) = e^{\ln a} - a \cdot \ln a = a - a\ln a = a(1 - \ln a)$.

例2 已知函数 $f(x) = x\ln x - (a+1)x$，讨论 $f(x)$ 的单调性及最值.

解 $f(x)$ 的定义域为 $(0, +\infty)$.

$f'(x) = \ln x + 1 - a - 1 = \ln x - a = \ln x - \ln e^a$.

（1）当 $x \in (0, e^a)$ 时，$f'(x) < 0$；当 $x \in (e^a, +\infty)$ 时，$f'(x) > 0$.

$\therefore f(x)$ 在 $(0, e^a)$ 单调递减，$f(x)$ 在 $(e^a, +\infty)$ 单调递增.

$\therefore f(x)_{\min} = f(e^a) = e^a \cdot \ln e^a - (a+1)e^a = ae^a - (a+1)e^a = -e^a$. 无最大值.

例3 已知函数 $f(x) = a\ln x + \dfrac{1}{x}$，讨论函数 $f(x)$ 的单调性及最值.

解 $f(x)$ 的定义域为 $(0, +\infty)$.

$f'(x) = \dfrac{a}{x} - \dfrac{1}{x^2} = \dfrac{ax-1}{x^2}$.

（1）当 $a = 0$ 时，$f'(x) = -\dfrac{1}{x^2} < 0$，$f(x)$ 在 $(0, +\infty)$ 单调递减，无最值.

（2）当 $a > 0$ 时，$f'(x) = \dfrac{a\left(x - \dfrac{1}{a}\right)}{x^2}$.

当 $x \in \left(0, \dfrac{1}{a}\right)$ 时，$f'(x) < 0$；当 $x \in \left(\dfrac{1}{a}, +\infty\right)$ 时，$f'(x) > 0$.

$\therefore f(x)$ 在 $\left(0, \dfrac{1}{a}\right)$ 单调递减，$f(x)$ 在 $\left(\dfrac{1}{a}, +\infty\right)$ 单调递增.

$\therefore f(x)_{\min} = f\left(\dfrac{1}{a}\right) = a\ln \dfrac{1}{a} + a = -a\ln a + a = a(1 - \ln a)$.

（3）当 $a < 0$ 时，$f'(x) = \dfrac{a\left(x - \dfrac{1}{a}\right)}{x^2} < 0$.

$\therefore f(x)$ 在 $(0, +\infty)$ 单调递减，无最值.

2. $f'(x)$ 最多有两个根的情况.

例1 已知函数 $f(x) = x^3 - 9x^2 + 24x + 10$,求 $f(x)$ 的单调区间和极值.

解 $f(x)$ 的定义域为 $(-\infty, +\infty)$,

$$f'(x) = 3x^2 - 18x + 24 = 3(x^2 - 6x + 8) = 3(x - 2)(x - 4).$$

令 $f'(x) = 0$ 得 $x_1 = 2, x_2 = 4$. 列表:

x	$(-\infty, 2)$	2	$(2, 4)$	4	$(4, +\infty)$
$f'(x)$	+	0	−	0	+
$f(x)$	↗	极大值	↘	极小值	↗

由表知,$f(x)$ 的单调递增区间为 $(-\infty, 2), (4, +\infty)$.

$f(x)$ 的单调递减区间为 $(2, 4)$.

$f(x)_{极大值} = f(2) = 2^3 - 9 \times 2^2 + 24 \times 2 + 10 = 8 - 36 + 48 + 10 = 30.$

$f(x)_{极小值} = f(4) = 4^3 - 9 \times 4^2 + 24 \times 4 + 10 = 64 - 144 + 96 + 10 = 26.$

例2 已知函数 $f(x) = x^3 - \dfrac{9}{2}ax^2 + 6a^2x + 1$. 求 $f(x)$ 的单调区间和极值.

解 $f(x)$ 的定义域为 $(-\infty, +\infty)$.

$$f'(x) = 3x^2 - 9ax + 6a^2 = 3(x^2 - 3ax + 2a^2) = 3(x - a)(x - 2a).$$

(1)当 $a = 0$ 时,$f'(x) = 3x^2 \geq 0$[仅当 $x = 0$ 时 $f'(x) = 0$]

∴ $f(x)$ 在 $(-\infty, +\infty)$ 单调递增,无极值.

(2)令 $f'(x) = 0$ 得,$x_1 = a, x_2 = 2a$.

①当 $a > 0$ 时,列表:

x	$(-\infty, a)$	a	$(a, 2a)$	$2a$	$(2a, +\infty)$
$f'(x)$	+	0	−	0	+
$f(x)$	↗	极大值	↘	极小值	↗

由表知,$f(x)$ 的单调递增区间为 $(-\infty, a), (2a, +\infty)$;$f(x)$ 的单调递减区间为 $(a, 2a)$.

$$f(x)_{极大值} = f(a) = a^3 - \frac{9}{2}a^3 + 6a^3 + 1 = \frac{5}{2}a^3 + 1.$$

$f(x)_{极小值} = f(2a) = (2a)^3 - \dfrac{9}{2}a(2a)^2 + 6a^2 \cdot 2a + 1 = 8a^3 - 18a^3 +$

$12a^3 + 1 = 2a^3 + 1.$

② 当 $a < 0$ 时,列表:

x	$(-\infty, 2a)$	$2a$	$(2a, a)$	a	$(a, +\infty)$
$f'(x)$	$+$	0	$-$	0	$+$
$f(x)$	↗	极大值	↘	极小值	↗

由表知,$f(x)$ 的单调递增区间为 $(-\infty, 2a)$,$(a, +\infty)$;$f(x)$ 的单调递减区间为 $(2a, a)$.

$f(x)_{极大值} = f(2a) = 2a^3 + 1.$

$f(x)_{极小值} = f(a) = \dfrac{5}{2}a^3 + 1.$

例3 已知函数 $f(x) = \dfrac{1}{2}x^2 - ax + \ln x$. 求 $f(x)$ 的单调区间.

解 $f(x)$ 的定义域为 $(0, +\infty)$.

$f'(x) = x - a + \dfrac{1}{x} = \dfrac{x^2 - ax + 1}{x}.$

(1) 当 $a \le 2$ 时,$f'(x) \ge 0$(仅当 $x = 1$ 时 $f'(x) = 0$).

∴ $f(x)$ 的单调递增区间为 $(0, +\infty)$.

(2) 当 $a > 2$ 时,$\Delta = (-a)^2 - 4 = a^2 - 4 > 0.$

方程 $x^2 - ax + 1 = 0$ 的两根为

$x_1 = \dfrac{a - \sqrt{a^2 - 4}}{2}, x_2 = \dfrac{a + \sqrt{a^2 - 4}}{2} (x_2 > x_1 > 0).$

当 $x \in (0, x_1)$ 或 $(x_2, +\infty)$ 时,$f'(x) > 0$;当 $x \in (x_1, x_2)$ 时,$f(x) < 0$.

∴ $f(x)$ 的单调递增区间为 $\left(0, \dfrac{a - \sqrt{a^2 - 4}}{2}\right)$,$\left(\dfrac{a + \sqrt{a^2 - 4}}{2}, +\infty\right)$,

$f(x)$ 的单调递减区间为 $\left(\dfrac{a - \sqrt{a^2 - 4}}{2}, \dfrac{a + \sqrt{a^2 - 4}}{2}\right)$.

注:当 $a \le 0$ 时,$f'(x) > 0$. 又当 $-2 \le a \le 2$ 时,$\Delta = a^2 - 4 \le 0$. $f'(x) \ge 0$.

(例3)

由以上二者的并集可得 $a \leq 2$.

这样做可减少讨论的项目.

并集为 $\{a \mid a \leq 2\}$.

例4 已知 $f(x) = \frac{1}{2}ax^2 - (a+1)x + \ln x$,讨论 $f(x)$ 的单调区间.

解 $f(x)$ 的定义域为 $(0, +\infty)$.

$$f'(x) = ax - (a+1) + \frac{1}{x} = \frac{ax^2 - (a+1)x + 1}{x} = \frac{(x-1)(ax-1)}{x}$$

(1) 当 $a \leq 0$ 时,$ax - 1 < 0$.

当 $x \in (0,1)$ 时,$f'(x) > 0$;当 $x \in (1, +\infty)$ 时,$f'(x) < 0$.

$\therefore f(x)$ 的单调递增区间为 $(0,1)$,$f(x)$ 的单调递减区间为 $(1, +\infty)$.

(2)① 当 $0 < a < 1$ 时,$\frac{1}{a} > 1$.

当 $x \in (0,1)$ 或 $x \in \left(\frac{1}{a}, +\infty\right)$ 时,$f'(x) > 0$;

当 $x \in \left(1, \frac{1}{a}\right)$ 时,$f'(x) < 0$.

$\therefore f(x)$ 的单调递增区间为 $(0,1)$,$\left(\frac{1}{a}, +\infty\right)$.

$f(x)$ 的单调递减区间为 $\left(1, \frac{1}{a}\right)$.

② 当 $a = 1$ 时,$f'(x) = \frac{(x-1)^2}{x} \geq 0$(仅当 $x = 1$ 时,$f'(x) = 0$).

$\therefore f(x)$ 的单调递增区间为 $(0, +\infty)$.

③ 当 $a > 1$ 时,$0 < \frac{1}{a} < 1$.

$f(x)$ 的单调递增区间为 $\left(0, \frac{1}{a}\right)$,$(1, +\infty)$.

$f(x)$ 的单调递减区间为 $\left(\frac{1}{a}, 1\right)$.

例5 已知函数 $f(x) = ae^{2x} + (a-2)e^x - x$.试讨论函数 $f(x)$ 的单调性.

解 $f(x)$ 的定义域为 $(-\infty, +\infty)$.

$$f'(x) = 2ae^{2x} + (a-2)e^x - 1 = (ae^x - 1)(2e^x + 1).$$

（1）若 $a \leq 0$，则 $f'(x) < 0$，$f(x)$ 在 $(-\infty, +\infty)$ 单调递减.

（2）若 $a > 0$，则由 $f'(x) = 0$ 得 $x = -\ln a$.

当 $x \in (-\infty, -\ln a)$ 时，$f'(x) < 0$；当 $x \in (-\ln a, +\infty)$ 时，$f'(x) > 0$.

∴ $f(x)$ 在 $(-\infty, -\ln a)$ 单调递减，$f(x)$ 在 $(-\ln a, +\infty)$ 单调递增.

二、怎样求函数 $f(x)$ 的最值?

除了用求函数值域及最值的初等方法外，还可用导数法求之. 当 $f'(x) = 0$ 只有一根时，前面讨论函数单调性时已说明、举例. 下面就分段函数的最值及 $f(x)$ 在闭区间上的最值进行介绍.

例1 已知函数 $f(x) = \begin{cases} e^{2x}, & -1 \leq x \leq 0. \\ \ln x - ex, & 0 < x \leq 1. \end{cases}$ 试求函数 $f(x)$ 的最小值 m 及最大值 M.

解 当 $x \leq 0$ 时，$f'(x) = 2e^{2x} > 0$，$f(x)$ 在 $(-\infty, 0]$ 上单调递增.

∴ $f(x) \leq f(0) = e^0 = 1$，且 $f(x) \geq f(-1) = \dfrac{1}{e^2}$.

当 $x > 0$ 时，$f'(x) = \dfrac{1}{x} - e = \dfrac{1 - ex}{x} = \dfrac{-e\left(x - \dfrac{1}{e}\right)}{x}$.

当 $x \in \left(0, \dfrac{1}{e}\right)$ 时，$f'(x) > 0$；

当 $x \in \left(\dfrac{1}{e}, +\infty\right)$ 时，$f'(x) < 0$.

∴ $f(x)$ 在 $\left(0, \dfrac{1}{e}\right)$ 单调递增.

$f(x)$ 在 $\left(\dfrac{1}{e}, +\infty\right)$ 单调递减.

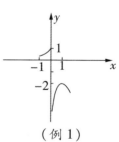

（例1）

∴ $f(x)$ 在 $(0, +\infty)$ 上的最大值为

$$f\left(\dfrac{1}{e}\right) = \ln \dfrac{1}{e} - e \cdot \dfrac{1}{e} = -1 - 1 = -2.$$

即在 $(0, +\infty)$ 上，$f(x) \leq -2$.

综上，$M = 1$. $f(x)$ 无最小值.

例2 已知 $f(x) = x^3 - 6x^2 + 9x + 10. \ x \in [0,4]$. 求 $f(x)$ 的最大值和最小值.

解 $f(x)$ 的定义域为 $[0,4]$.

$f'(x) = 3x^2 - 12x + 9 = 3(x^2 - 4x + 3) = 3(x-1)(x-3)$.

令 $f'(x) = 0$ 得, $x_1 = 1, x_2 = 3$.

$f(1) = 1 - 6 + 9 + 10 = 14. \ f(3) = 3^3 - 6 \times 3^2 + 9 \times 3 + 10 = 10$.

$f(0) = 10, f(4) = 4^3 - 6 \times 4^2 + 9 \times 4 + 10 = 64 - 96 + 36 + 10 = 14$.

$\therefore f(x)_{max} = 14, f(x)_{min} = 10$.

例3 已知函数 $f(x) = \dfrac{1-x}{x} + \ln x, x \in \left[\dfrac{1}{2}, 2\right]$, 求 $f(x)$ 的最小值 m 和最大值 M.

解 $f'(x) = \dfrac{-x - (1-x)}{x^2} + \dfrac{1}{x} = \dfrac{-1}{x^2} + \dfrac{1}{x} = \dfrac{x-1}{x^2}$.

当 $x \in \left[\dfrac{1}{2}, 1\right)$ 时, $f'(x) < 0$; 当 $x \in (1,2]$ 时, $f'(x) > 0$.

$\therefore f'(x)$ 在 $\left[\dfrac{1}{2}, 1\right)$ 单调递减, 在 $(1,2]$ 上单调递增.

$\therefore m = f(1) = 0 + 0 = 0$.

$f\left(\dfrac{1}{2}\right) = \dfrac{1 - \dfrac{1}{2}}{\dfrac{1}{2}} + \ln\dfrac{1}{2} = 1 - \ln 2, f(2) = \dfrac{1-2}{2} + \ln 2 = \ln 2 - \dfrac{1}{2}$.

$f\left(\dfrac{1}{2}\right) - f(2) = 1 - \ln 2 - \left(\ln 2 - \dfrac{1}{2}\right) = 1 - \ln 2 - \ln 2 + \dfrac{1}{2} = \dfrac{3}{2} - 2\ln 2 =$

$\dfrac{1}{2}(3 - 4\ln 2) = \dfrac{1}{2}(\ln e^3 - \ln 16) > 0$.

$\therefore f\left(\dfrac{1}{2}\right) > f(2)$.

$\therefore M = f\left(\dfrac{1}{2}\right) = 1 - \ln 2$.

综上, $m = 0, M = 1 - \ln 2$.

例4 设函数 $f(x) = -\dfrac{1}{3}x^3 + \dfrac{1}{2}x^2 + 2ax$.

(1)若 $f(x)$ 在 $\left(\dfrac{2}{3},+\infty\right)$ 上存在单调递增区间,求 a 的取值范围;

(2)当 $0<a<2$ 时,$f(x)$ 在 $[1,4]$ 上的最小值为 $-\dfrac{16}{3}$,求 $f(x)$ 在该区间上的最大值.

解 (1)由 $f'(x)=-x^2+x+2a=$

$-\left(x-\dfrac{1}{2}\right)^2+\dfrac{1}{4}+2a$ 知,

当 $x\in\left[\dfrac{2}{3},+\infty\right)$ 时,$f'(x)$ 的最大值

为 $f'\left(\dfrac{2}{3}\right)=\dfrac{2}{9}+2a.$

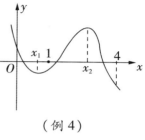

(例4)

令 $\dfrac{2}{9}+2a>0$,得 $a>-\dfrac{1}{9}.$

∴ 当 $a>-\dfrac{1}{9}$ 时,$f(x)$ 在 $\left(\dfrac{2}{3},+\infty\right)$ 上存在单调递增区间.

∴ a 的取值范围为 $\left(-\dfrac{1}{9},+\infty\right).$

(2)令 $f'(x)=0$ 得 $-x^2+x+2a=0.$ 即 $x^2-x-2a=0.$

∵ $0<a<2.$

∴ $\Delta=1+8a>0.$

∴ 方程 $f'(x)=0$ 有两个不等实根:

$x_1=\dfrac{1-\sqrt{1+8a}}{2},x_2=\dfrac{1+\sqrt{1+8a}}{2}.$

当 $0<a<2$ 时,有 $x_1<1<x_2<4.$

∴ $f(x)$ 在 $[1,4]$ 上有最大值 $f(x_2).$

又 $f(4)-f(1)=-\dfrac{1}{3}\times4^3+\dfrac{1}{2}\times4^2+2a\times4+\dfrac{1}{3}-\dfrac{1}{2}-2a=-\dfrac{27}{2}+$

$6a<0.$

∴ $f(4)<f(1).$

∴ $f(x)$ 在 $[1,4]$ 上的最小值 $f(4)=8a-\dfrac{40}{3}=-\dfrac{16}{3}.$ 解得 $a=1.$

$$\therefore x_2 = \frac{1+\sqrt{1+8\times 1}}{2} = \frac{1+3}{2} = 2.$$

$\therefore f(x)$ 在 $[1,4]$ 上的最大值为 $f(2) = -\frac{1}{3}\times 2^3 + \frac{1}{2}\times 2^2 + 2\times 1\times$

$2 = \frac{10}{3}.$

三、求参数 a 的取值范围.

类型一:方程 $f(x) - ag(x) = 0$ 有解. 求 a 的取值范围.

可用分离参数方法:由已知可得 $a = \frac{f(x)}{g(x)}$. 设 $F(x) = \frac{f(x)}{g(x)}$. 求 $F(x)$ 的值域或最值.〔当 $f(x)$ 无最值时,可设当 $x\to -\infty$ 或 $x\to +\infty$ 或 $x\to 0$ 时,函数值的取值情况,确定 $F(x)$ 的值域,即为 a 的取值范围.〕

类型二:不等式 $f(x) - ag(x) \geq 0$ 恒成立,求 a 的取值范围.

也可用分离参数法,但要有前提条件,即须能确定 $g(x)$ 的正负.

若 $g(x) > 0$,则原不等式等价于 $a \leq \frac{f(x)}{g(x)}$. 设 $F(x) = \frac{f(x)}{g(x)}$,只需求出 $F(x)$ 的最小值 m,则 a 的取值范围为 $a\leq m$,即 $(-\infty, m]$.

若 $g(x) < 0$,则原不等式等价于 $a \geq \frac{f(x)}{g(x)}$,设 $F(x) = \frac{f(x)}{g(x)}$. 只要求出 $F(x)$ 的最大值 M. 则 a 的取值范围为 $a\geq M$.

类型三:分类讨论型,在含有参数 a 恒成立的不等式中,难以分离参数,可用此法.

例1 已知当 $x > 0$ 时,方程 $ax = x^3 - 2x^2 + 3x$ 有解. 求 a 的取值范围.

解 由已知 $x > 0$,$\therefore$ 方程可化为 $a = x^2 - 2x + 3$.

设 $a = f(x) = x^2 - 2x + 3 = (x-1)^2 + 2$,则 $a\geq 2$.

$\therefore a$ 的取值范围为 $[2, +\infty)$.

例2 $\forall x > 0$,不等式 $(a+1)e^x \geq x^2 + 1$ 恒成立,求 a 的取值范围.

解 $\forall x > 0$,$(a+1)e^x \geq x^2 + 1 \Longleftrightarrow a + 1 \geq e^{-x}(x^2+1) \Longleftrightarrow a \geq e^{-x}(x^2+1) - 1$.

设 $f(x) = e^{-x}(x^2+1) - 1(x > 0)$,

则 $f'(x) = -e^{-x}(x^2+1) + e^{-x}\cdot 2x = e^{-x}(-x^2 - 1 + 2x) = -(x-$

$1)^2e^x \leqslant 0$. [仅当 $x=1$ 时 $f'(x)=0$]

$\therefore f(x)$ 在 $(0,+\infty)$ 上单调递减.

$\therefore f(x) \leqslant f(0) = e^0(0+1)-1=0$.

$\therefore a \geqslant 0$.

$\therefore a$ 的取值范围为 $[0,+\infty)$.

例3 已知函数 $f(x)=ax^2-ax-x\ln x$, 且 $f(x) \geqslant 0$, 求 a.

解 $f(x)$ 的定义域为 $(0,+\infty)$.

设 $g(x)=ax-a-\ln x$, 则 $f(x)=x \cdot g(x)$.

$f(x) \geqslant 0 \Longleftrightarrow g(x) \geqslant 0$.

$g'(x)=a-\dfrac{1}{x}$.

$\because g(1)=0, g(x) \geqslant 0, \therefore g'(1)=0$.

$\therefore a-\dfrac{1}{1}=0, \therefore a=1, g'(x)=1-\dfrac{1}{x}$.

当 $0<x<1$ 时, $g'(x)<0, g(x)$ 单调递减; 当 $x>1$ 时, $g'(x)>0, g(x)$ 单调递增.

$\therefore x=1$ 是 $g(x)$ 的最小值点.

$\therefore g(x) \geqslant g(1)=0$.

综上, $a=1$.

例4 (2020 年全国 I 第 21 题) 已知函数 $f(x)=ae^{x-1}-\ln x+\ln a$.

(1) 当 $a=e$ 时, 求曲线 $y=f(x)$ 在点 $(1,f(1))$ 处的切线与两坐标轴围成的三角形的面积;

(2) 若 $f(x) \geqslant 1$. 求 a 的取值范围.

解 $f(x)$ 的定义域为 $(0,+\infty)$, $f'(x)=ae^{x-1}-\dfrac{1}{x}$.

(1) 当 $a=e$ 时, $f(x)=e^x-\ln x+1$, $f'(1)=e-1$.

曲线 $y=f(x)$ 在 $(1,f(1))$ 处的切线方程为

$y-(e+1)=(e-1)(x-1)$, 即 $y=(e-1)x+2$.

直线 $y=(e-1)x+2$ 在 x 轴、y 轴上的截距分别为 $\dfrac{-2}{e-1}, 2$.

因此所求三角形的面积为 $\dfrac{2}{e-1}$.

（2）①当 $0 < a < 1$ 时，$f(1) = a + \ln a < 1$.

②当 $a = 1$ 时，$f(x) = e^{x-1} - \ln x$，$f'(x) = e^{x-1} - \dfrac{1}{x}$.

当 $x \in (0,1)$ 时，$f'(x) < 0$；当 $x \in (1, +\infty)$ 时，$f'(x) > 0$.

$\therefore$ 当 $x = 1$ 时，$f(x)$ 取得最小值，最小值为 $f(1) = 1$，

从而 $f(x) \geqslant 1$.

③当 $a > 1$ 时，$f(x) = ae^{x-1} - \ln x + \ln a \geqslant e^{x-1} - \ln x \geqslant 1$.

综上，a 的取值范围是 $[1, +\infty)$.

四、函数 $f(x)$ 的零点问题.

（一）方法步骤：

1. 通过求导求函数的单调区间极值，画出草图；

2. 运用零点存在定理确定零点存在的区间及零点个数. 分四种情况讨论.

（1）$f(x)$ 在 (a, x_0) 单调递减，$f(x)$ 在 (x_0, b) 单调递增. x_0 是 $f(x)$ 的极小值点，且 $f(x_0) < 0$. $f(a) > 0$，则在 (a, x_0) 上存在一零点.

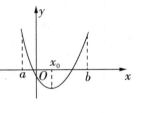

又 $f(x_0) < 0$，$f(b) > 0$，$f(x)$ 在 (x_0, b) 上存在一零点.

综上，$f(x)$ 有两个零点.

（2）x_0 是 $f(x)$ 的极大值点，且 $f(x_0) > 0$.

$f(a) < 0$，且 $f(x)$ 在 (a, x_0) 单调递增，则 $f(x)$ 在 (a, x_0) 存在一零点.

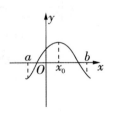

又 $f(x)$ 在 (x_0, b) 单调递减，$f(x_0) > 0$，$f(b) < 0$，则 $f(x)$ 在 (x_0, b) 存在一零点.

综上，$f(x)$ 有两个零点.

另外两种情况仿（1），（2）方法，分析每种情况，可以发现各有 3 个零点.

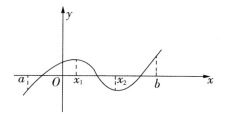 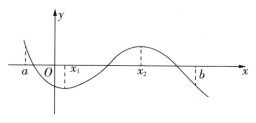

（二）$f(a)$，$f(b)$中a,b的取法极其重要，其原则是：

1. 有利于$f(a)$，$f(b)$的计算；

2. 确保其正、负的确定；

3. 在无法直接制定正、负情况下，可运用放缩法后判定正负.

（三）放缩法的理论依据——不等式的传递性，即：

1. $x > y > z \Rightarrow x > z$；

2. $x < y < z \Rightarrow x < z$.

（四）

1. 不等式的基础知识.

  （1）$(a+b)^2 \geqslant 0$，$(a-b)^2 \geqslant 0$，$a^4 \geqslant 0$，……

  （2）若$c > 0$，则$a^2 + c > 0$.

  （3）若$a > b$，则$e^a > e^b$.

  （4）若$a > b > 0$，则$\ln a > \ln b$.

2. 函数不等式.

  （1）$e^x \geqslant x + 1$. （2）$e^x \geqslant x^2 + 1 (x \geqslant 0)$ （3）$e^x > \ln(x+2)$

  （4）$\ln(x+1) \leqslant x$ （5）$\ln x \leqslant x - 1$.

（五）放缩法举例.

1. 当$0 < a < 1$时，$ae^{-4} + (a-2)e^{-2} + 2 = ae^{-4} + ae^{-2} - 2e^{-2} + 2 > -2e^{-2} + 2 = 2(1 - e^{-2}) > 0$.

2. 若$-2 < a < 0$. $f(x) = \ln(x+1) - a(x^2 + 1)$.

  设$M > 4$.

  则$f(-1 + e^{-M}) = -M - a[(-1 + e^{-M})^2 + 1] < -M - a(1+1) = -M - 2a < 0$.

(六)零点问题举例.

例1 已知函数 $f(x) = \ln(x+1) - a(x^2+1)$.

求证:(1)当 $a=0$ 时,函数 $f(x)$ 有 1 个零点,并求出此零点;

(2)当 $-2 < a < 0$ 时,函数 $f(x)$ 有 1 个零点.

证明 (1)当 $a=0$ 时,$f(x) = \ln(x+1)$ $(x > -1)$.

$f'(x) = \dfrac{1}{x+1} > 0$,$\therefore f(x)$ 在 $(-1, +\infty)$ 单调递增.

且 $f(-1+e^{-1}) = \ln e^{-1} = -1 < 0$.

$f(-1+e) = \ln e = 1 > 0$.

$\therefore f(x)$ 在 $(-1+e^{-1}, -1+e)$ 有且只有 1 个零点.

令 $\ln(x+1) = 0$,得 $x+1 = 1$.

$\therefore x = 0$.

$\therefore f(x)$ 的零点为 0.

(2)当 $-2 < a < 0$ 时,

$$f'(x) = \frac{1}{x+1} - 2ax$$
$$= \frac{1 - 2ax^2 - 2ax}{x+1}$$
$$= \frac{-2ax^2 - 2ax + 1}{x+1}.$$

$g(x) = -2ax^2 - 2ax + 1$ 的判别式.

$\Delta = (-2a)^2 + 8a = 4a(a+2)$.

$\because -2 < a < 0$

$\therefore \Delta < 0$.

$\therefore -2ax^2 - 2ax + 1 > 0$.

$\therefore f'(x) > 0$.

$\therefore f(x)$ 在 $(-1, +\infty)$ 单调递增.

$f(0) = \ln(0+1) - a(0+1)$
$\qquad = 0 - a > 0$.

设 $M > 4$,则 $f(-1+e^{-M}) = -M - a[(-1+e^{-M})^2 + 1] < -M -$

$a(1+1) = -M - 2a < 0$.

故 $f(x)$ 在 $(-1, +\infty)$ 有且仅有 1 个零点.

例2 已知函数 $f(x) = ae^{2x} + (a-2)e^x - x$.

(1) 讨论 $f(x)$ 的单调性；

(2) 若 $f(x)$ 有两个零点，求 a 的取值范围.

解 (1) $f(x)$ 的定义域为 $(-\infty, +\infty)$.

$f'(x) = 2ae^{2x} + (a-2)e^x - 1 = (ae^x - 1)(2e^x + 1)$.

①若 $a \leqslant 0$，则 $f'(x) < 0$，

$\therefore f(x)$ 在 $(-\infty, +\infty)$ 单调递减.

②若 $a > 0$，则由 $f'(x) = 0$ 得 $x = -\ln a$.

当 $x \in (-\infty, -\ln a)$ 时，$f'(x) < 0$；当 $x \in (-\ln a, +\infty)$ 时，$f'(x) > 0$.

$\therefore f(x)$ 在 $(-\infty, -\ln a)$ 单调递减. $f(x)$ 在 $(-\ln a, +\infty)$ 单调递增.

(2) ①若 $a \leqslant 0$ 由 (1) 知 $f(x)$ 至多有 1 个零点.

②若 $a > 0$，由 (1) 知，当 $x = -\ln a$ 时，$f(x)$ 取得极小值，$\therefore$ 最小值为 $f(-\ln a) = 1 - \dfrac{1}{a} + \ln a$.

(ⅰ) 当 $a = 1$ 时，因 $f(-\ln a) = 0$，故 $f(x)$ 只有 1 个零点.

(ⅱ) 当 $a \in (1, +\infty)$ 时，由于 $1 - \dfrac{1}{a} + \ln a > 0$ 即 $f(-\ln a) > 0$.

故 $f(x)$ 没有零点.

(ⅲ) 当 $a \in (0, 1)$ 时，$1 - \dfrac{1}{a} + \ln a < 0$，即 $f(-\ln a) < 0$.

又 $f(-2) = ae^{-4} + (a-2)e^{-2} + 2 > -2e^{-2} + 2 > 0$.

故 $f(x)$ 在 $(-\infty, -\ln a)$ 有 1 个零点.

设正整数 n_0 满足 $n_0 > \ln\left(\dfrac{3}{a} - 1\right)$.

则 $f(n_0) = e^{n_0}(ae + a - 2) - n_0 > e^{n_0} - n_0 > 2^{n_0} - n_0 > 0$.

由于 $\ln\left(\dfrac{3}{a} - 1\right) > -\ln a$.

$\therefore f(x)$ 在 $(-\ln a, +\infty)$ 有 1 个零点.

综上, a 的取值范围为 $(0,1)$.

例3 (2016 年全国 I 第 21 题)已知函数 $f(x)=(x-2)e^x+a(x-1)^2$ 有 2 个零点.

(1)求 a 的取值范围;

(2)设 x_1,x_2 是 $f(x)$ 的两个零点. 证明: $x_1+x_2<2$.

(1) **解** $f'(x)=e^x+(x-2)e^x+2a(x-1)$

$\qquad\qquad =(x-1)e^x+2a(x-1)$

$\qquad\qquad =(x-1)(e^x+2a).$

①设 $a=0$, 则 $f(x)=(x-2)e^x$ 只有 1 个零点 2.

②设 $a>0$, 则当 $x\in(-\infty,1)$ 时, $f'(x)<0$; 当 $x\in(1,+\infty)$ 时, $f'(x)>0$.

$\therefore f(x)$ 在 $(-\infty,1)$ 单调递减, $f(x)$ 在 $(1,+\infty)$ 单调递增.

$\therefore f(x)_{\min}=f(1)=(1-2)e+0=-e<0.$

$f(2)=0+a(2-1)^2=a>0.$

取 b 满足 $b<0$, 且 $b<\ln\dfrac{a}{2}$.

则 $f(b)>\dfrac{a}{2}(b-2)+a(b-1)^2=a\left(b^2-\dfrac{3}{2}b\right)>0.$

故 $f(x)$ 存在两个零点.

③设 $a<0$, 由 $f'(0)=0$ 得 $x=1$ 或 $x=\ln(-2a)$.

若 $a\geqslant-\dfrac{e}{2}$, 则 $\ln(-2a)\leqslant1.$

故当 $x\in(1,+\infty)$ 时, $f'(x)>0.$

$\therefore f(x)$ 在 $(1,+\infty)$ 单调递增.

又当 $x\leqslant1$ 时, $f(x)<0$, $\therefore f(x)$ 不存在两个零点.

若 $a<-\dfrac{e}{2}$, 则 $\ln(-2a)>1.$

故当 $x\in(1,\ln(-2a))$ 时, $f'(x)<0$, 当 $x\in(\ln(-2a),+\infty)$ 时, $f'(x)>0.$

$\therefore f(x)$ 在 $(1,\ln(-2a))$ 单调递减, $f(x)$ 在 $(\ln(-2a),+\infty)$

单调递增.

又当 $x \leqslant 1$ 时,$f(x) < 0$.

$\therefore f(x)$ 不存在两个零点.

综上 a 的取值范围为 $(0, +\infty)$.

（2）**证明** 不妨设 $x_1 < x_2$.

由（1）知,$x_1 \in (-\infty, 1)$,$x_2 \in (1, +\infty)$,$(2-x_2) \in (-\infty, 1)$

$\therefore f(x)$ 在 $(-\infty, 1)$ 单调递减,

$\therefore x_1 + x_2 < 2$ 等价于 $f(x_1) > f(2-x_2)$. 即 $f(2-x_2) < 0$.

由于 $f(2-x_2) = -x_2 e^{2-x} + a(x_2-1)^2$,

而 $f(x_2) = (x_2-2)^2 e^{x_2} + a(x_2-1)^2 = 0$.

$\therefore f(2-x_2) = -x_2 e^{2-x_2} - (x_2-2) e^{x_2}$

设 $g(x) = -x e^{2-x} - (x-2) e^x$.

则 $g'(x) = -e^{2-x} + x e^{2-x} - e^x - (x-2) e^x = (x-1)(e^{2-x} - e^x)$.

$\therefore$ 当 $x > 1$ 时,$g'(x) < 0$,而 $g(1) = 0$.

故当 $x > 1$ 时,$g(x) < 0$.

$\therefore g(x_2) = f(2-x_2) < 0$.

$\therefore x_1 + x_2 < 2$.

五、证明函数不等式.

1. 证明 $f(x) \geqslant g(x)$ $(x \geqslant 0)$.

（1）设 $F(x) = f(x) - g(x)$;

（2）$F'(x) > 0 \Rightarrow F(x)$ 在 $(0, +\infty)$ 单调递增;

（3）$F(x) \geqslant F(0)$ 且 $F(0) = 0 \Rightarrow f(x) \geqslant g(x)$.

2. 证明 $f(x) \leqslant g(x)$ $(x \geqslant 0)$.

（1）设 $F(x) = f(x) - g(x)$;

（2）$F'(x) < 0 \Rightarrow F(x)$ 在 $(0, +\infty)$ 上单调递减;

（3）$F(x) \leqslant F(0)$,且 $F(0) = 0 \Rightarrow f(x) \leqslant g(x)$.

若作差后的函数 $F(x) = f(x) - g(x)$ 难以求导或求导后难以判定 $F'(x)$ 的正负,有两条思路.

（1）继续求导数的导数，看一下能否判定导数的正负，若无效可考虑转变思路，即下面一条.

（2）将不等式多次转化为等价的易操作的不等式加以证明.

例1 设函数 $f(x) = \ln(x+1) + \sqrt{x+1} - 1$. 求证：当 $0 < x < 2$ 时，

$$f(x) < \frac{9x}{x+6}.$$

证明 先证 $\ln(x+1) < x$.

设 $g(x) = \ln(x+1) - x (0 < x < 2)$.

则 $g'(x) = \frac{1}{x+1} - 1 = \frac{1-x-1}{x+1} = \frac{-x}{x+1} < 0$.

$\therefore g(x)$ 在 $(0,2)$ 上单调递减.

$\therefore g(x) < g(0) = \ln 1 - 0 = 0$.

$\therefore \ln(x+1) < x$ ①

又由基本不等式可得

$$\sqrt{x+1} = \sqrt{(x+1) \cdot 1} < \frac{x+1+1}{2} = \frac{x}{2} + 1.$$

即 $\sqrt{x+1} < \frac{x}{2} + 1$ ②

由①②知 $\ln(x+1) + \sqrt{x+1} < \frac{3}{2}x + 1$.

$\therefore f(x) = \ln(x+1) + \sqrt{x+1} - 1 < \frac{3}{2}x$.

即 $f(x) < \frac{3}{2}x$.

要证 $f(x) < \frac{9x}{x+6} \Longleftrightarrow (x+6)f(x) - 9x < 0$.

设 $h(x) = (x+6)f(x) - 9x (0 < x < 2)$

则 $h'(x) = f(x) + f'(x) \cdot (x+6) - 9 < \frac{3}{2}x + (x+6)\left(\frac{1}{x+1} + \frac{1}{2\sqrt{x+1}}\right) - 9$

$$= \frac{1}{2(x+1)} \left[3x(x+1) + (x+6)(2+\sqrt{x+1}) - 18(x+1) \right] < \frac{1}{2(x+1)} \left[3x(x+1) + (x+6) \left(2 + \frac{x+1+1}{2} \right) - 18(x+1) \right]$$

$$= \frac{1}{2(x+1)} \left[3x^2 + 3x + (x+6) \cdot \left(3 + \frac{x}{2} \right) - 18(x+1) \right]$$

$$= \frac{1}{2(x+1)} \left[3x^2 + 3x + 3x + 18 + \frac{x^2}{2} + 3x - 18(x+1) \right]$$

$$= \frac{1}{2(x+1)} \left(\frac{7}{2}x^2 - 9x \right)$$

$$= \frac{x}{4(x+1)} (7x - 18) < 0$$

$\therefore h(x)$ 在 $(0,2)$ 上单调递减.

又 $h(0) = 0$.

$\therefore f(x) < \dfrac{9x}{x+6}$.

例2 已知函数 $f(x) = \ln x - ax^2 + (2-a)x$.

(1)讨论 $f(x)$ 的单调性;

(2)设 $a>0$,证明:当 $0<x<\dfrac{1}{a}$ 时, $f\left(\dfrac{1}{a}+x\right) > f\left(\dfrac{1}{a}-x\right)$;

(3)若函数 $y=f(x)$ 的图象与 x 轴交于 A,B 两点,线段 AB 的中点的横坐标为 x_0. 证明: $f'(x_0) < 0$.

(1) **解** $f(x)$ 的定义域为 $(0, +\infty)$.

$$f'(x) = \frac{1}{x} - 2ax + 2 - a$$

$$= \frac{-2ax^2 + (2-a)x + 1}{x}$$

$$= -\frac{2ax^2 + (a-2)x - 1}{x}$$

$$= -\frac{(2x+1)(ax-1)}{x}$$

①若 $a \leqslant 0$,则 $f'(x) > 0$.

$f(x)$ 在 $(0, +\infty)$ 单调递增.

②若 $a > 0$,当 $x \in \left(0, \dfrac{1}{a}\right)$,$f'(x) > 0$;当 $x \in \left(\dfrac{1}{a}, +\infty\right)$ 时,

$f'(x) < 0$.

$\therefore f(x)$ 在 $\left(0, \dfrac{1}{a}\right)$ 单调递增,$f(x)$ 在 $\left(\dfrac{1}{a}, +\infty\right)$ 单调递减.

(2) 证明 设 $g(x) = f\left(\dfrac{1}{a} + x\right) - f\left(\dfrac{1}{a} - x\right)$.

则 $g(x) = \ln\left(\dfrac{1}{a} + x\right) - a\left(\dfrac{1}{a} + x\right)^2 + (2 - a)\left(\dfrac{1}{a} + x\right) -$

$\qquad \ln\left(\dfrac{1}{a} - x\right) + a\left(\dfrac{1}{a} - x\right)^2 - (2 - a)\left(\dfrac{1}{a} - x\right)$

$\qquad = \ln(1 + ax) - \ln(1 - ax) - 2ax.$

$\therefore g'(x) = \dfrac{a}{1 + ax} + \dfrac{a}{1 - ax} - 2a = \dfrac{2a^3 x^2}{1 - a^2 x^2}.$

$\because 0 < x < \dfrac{1}{a}, \therefore g'(x) > 0$,而 $g(0) = 0.$

$\therefore g(x)$ 在 $\left(0, \dfrac{1}{a}\right)$ 单调递增.

$\therefore g(x) > g(0) = 0.$

$\therefore$ 当 $0 < x < \dfrac{1}{a}$ 时,$f\left(\dfrac{1}{a} + x\right) > f\left(\dfrac{1}{a} - x\right)$.

(3) 证明 由(1)知 $a \leqslant 0$ 时,$f(x)$ 图象至多与 x 轴有 1 个交点. 故 $a > 0$.

$f(x)_{\max} = f\left(\dfrac{1}{a}\right)$,且 $f\left(\dfrac{1}{a}\right) > 0.$

不妨设 $A(x_1, 0)$,$B(x_2, 0)$,且 $0 < x_1 < x_2$.

则 $0 < x_1 < \dfrac{1}{a} < x_2$.

由(2)得 $f\left(\dfrac{2}{a} - x_1\right) = f\left(\dfrac{1}{a} + \dfrac{1}{a} - x\right) > f(x_1) = 0.$

$\therefore x_2 > \dfrac{2}{a} - x_1.$

$$\therefore x_0 = \frac{x_1 + x_2}{2} > \frac{1}{a}.$$

由(1)知 $f'(x_0) < 0$.

例3 已知函数 $f(x) = \frac{1-x}{1+x^2}e^x$.

(1)求 $f(x)$ 的单调区间;

(2)证明:当 $f(x_1) = f(x_2)(x_1 \neq x_2)$ 时, $x_1 + x_2 < 0$.

(1) **解** $f(x)$ 的定义域为 $(-\infty, +\infty)$.

$$f'(x) = \frac{-(1+x^2) - (1-x) \cdot 2x}{(1+x^2)^2}e^x + \frac{1-x}{1+x^2}e^x$$

$$= \frac{-1-x^2-2x+2x^2}{(1+x^2)^2}e^x + \frac{1-x}{1+x^2}e^x$$

$$= \frac{x^2-2x-1+(1-x)(1+x^2)}{(1+x^2)^2}e^x$$

$$= \frac{x^2-2x-1+1+x^2-x-x^3}{(1+x^2)^2} \cdot e^x$$

$$= \frac{-x^3+2x^2-3x}{(1+x^2)^2}e^x$$

$$= \frac{-x(x^2-2x+3)}{(1+x^2)^2}e^x$$

当 $x \in (-\infty, 0)$ 时, $f'(x) > 0$;当 $x \in (0, +\infty)$ 时, $f'(x) < 0$.

$\therefore f(x)$ 的单调递增区间为 $(-\infty, 0)$, $f(x)$ 的单调递减区间为 $(0, +\infty)$.

(2) **证明** 当 $x < 1$ 时, $\because \frac{1-x}{1+x^2} > 0$, $e^x > 0$.

$\therefore f(x) > 0$,

同理当 $x > 1$ 时, $f(x) < 0$.

当 $f(x_1) = f(x_2)(x_1 \neq x_2)$ 时,不妨设 $x_1 < x_2$.

由(1)知 $x_1 \in (-\infty, 0)$, $x_2 \in (0, 1)$.

下面证明: $\forall x \in (0, 1)$, $f(x) < f(-x)$

(第2题)

即证明 $\dfrac{1-x}{1+x^2}e^x < \dfrac{1+x}{1+x^2}e^{-x}$,此不等式等价于 $(1-x)e^x - (1+x)e^{-x} < 0$.

令 $g(x) = (1-x)e^x - (1+x)e^{-x}$.

则 $g'(x) = -e^x + (1-x)e^x - e^{-x} + (1+x)e^{-x}$

$\qquad\qquad = -xe^x + xe^{-x}$

$\qquad\qquad = x(e^{-x} - e^x)$

$\qquad\qquad = xe^{-x}(1 - e^{2x})$

$\qquad\qquad = -xe^{-x}(e^{2x} - 1)$.

当 $x \in (0,1)$ 时,$g'(x) < 0$,$g(x)$ 单调递减.

$\therefore g(x) < g(0) = 0$.

即 $(1-x)e^x - (1+x)e^{-x} < 0$.

$\therefore \forall x \in (0,1)$,$f(x) < f(-x)$.

而 $x_2 \in (0,1)$.$\therefore f(x_2) < f(-x_2)$.

$\therefore f(x_1) < f(-x_2)$.

$\because x_1 - x_2 \in (-\infty, 0)$,$f(x)$ 在 $(-\infty, 0)$ 上单调递增.

$\therefore x_1 < -x_2$

$\therefore x_1 + x_2 < 0$.

部分参考答案

数学游戏篇

第一节　分析计算类

1. 只要想法量出 2 斤油,那么再用 3 斤瓶加上就有 5 斤油了. 由于 $7-3\times2=1$,$3-1=2$,所以可以完成分油工作. 做法是先用 3 斤瓶连续量出 2 瓶油倒进 7 斤桶中,再从老汉的桶中的油倒满 3 斤瓶,把 3 斤瓶的倒 1 斤就可装满 7 斤桶,这时,3 斤瓶中就剩下 2 斤油. 最后把 7 斤桶中的油全部倒回老汉的大桶中,把 3 斤瓶中的 2 斤油倒进 7 斤桶,再从老汉的大桶中把油装满 3 斤瓶倒进 7 斤桶中. 这样,7 斤桶中就有 5 斤油了.

2. 谁后数谁胜. 因为要数到 30,按照规则,就要先数到 27,要数到 27,就要数到 24,…要先数到 3. 后数的人可以抢先数到 3,6,9…24,27,30 这些 3 的倍数.

3. 设小朋友手中握有 $a(a<20)$ 根火柴. 则李老师应该拿出 $(20-a)$ 根火柴,才能凑足 20 根火柴. 这时老师手中的火柴数为 $20-(20-a)=20-20+a=a$,与小朋友手中握有的火柴数相同.

4. (答案不唯一)

6	1	8
7	5	3
2	9	4

a_{11}	a_{12}	a_{13}
a_{21}	x	a_{23}
a_{31}	a_{32}	a_{33}

由题意得:
$$\begin{cases} a_{11}+x+a_{33}=15, & ① \\ a_{13}+x+a_{31}=15, & ② \\ a_{21}+x+a_{23}=15, & ③ \\ a_{12}+x+a_{32}=15. & ④ \end{cases}$$

①+②+④得

$(a_{11}+a_{13}+a_{12})+3x+(a_{33}+a_{31}+a_{32})=45.$

$\therefore 15+3x+15=45.$　　$\therefore x=5.$

5. 设 $0.1\dot{2}=x$,则 $100x=12.1\dot{2}$,$\therefore 99x=12.$　$\therefore x=\dfrac{12}{99}=\dfrac{4}{33}.$

6.

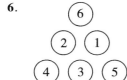

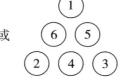

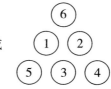

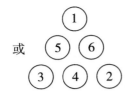

或

7. 若 C 为偶数,则 A = 3,B = 7,C = 6,D = 2,E = 4. 若 C 为奇数,当 C = 3 时,A = 3,
B = 7,D = 1,E = 2;当 C = 9 时,A = 3,B = 7,D = 3,E = 6.

验证:注意到 $37 \times 3 = 111$,故 $37 \times 33 = 1221$. $37 \times 66 = 2442$,$37 \times 99 = 3663$.

通过试验,再别无他解.

8.

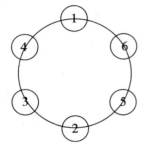

9. 11,13,17,19.

101,103,107,109.

191,193,197,199.

10. 闹钟每小时慢 4 分,相当于每 15 分钟慢 1 分.准确时间 12 点时,闹钟慢了 $4 \times 3.5 = 14$ 分.故闹钟指针指到 12 点的时间为:$14 \times \dfrac{15}{14} = 15$(分).

11.

4	3	1	2
2	1	3	4
3	4	2	1
1	2	4	3

12.

4	3	1	5	2
1	5	3	2	4
2	4	5	3	1
5	1	2	4	3
3	2	4	1	5

13.

6	5	1	2	3	4
4	3	2	1	6	5
3	6	5	4	1	2
2	1	4	3	5	6
5	2	3	6	4	1
1	4	6	5	2	3

14.

5	9	2	7	3	8	4	6	1
8	7	4	6	2	1	9	5	3
6	1	3	9	5	4	2	8	7
1	2	5	4	6	9	3	7	8
3	6	7	8	1	2	5	9	4
4	8	9	5	7	3	1	2	6
9	5	1	3	8	6	7	4	2
2	4	6	1	9	7	8	3	5
7	3	8	2	4	5	6	1	9

15. ∵ $3,5,7$ 的最小公倍数是 $3 \times 5 \times 7 = 105$.

∴ 此正整数为 $106,211,316,\cdots$

设此正整数为 M,则 $M = 105n + 1$. $n \in \mathbf{N}^{*}$.

16. (1) $13 + 11 + 5 - 5 = 24$

(2) $13 + 10 + 5 - 4 = 24$

(3) $7 + 10 + 11 - 4 = 24$

(4) 无解

(5) $(13 - 10) \times (9 - 1) = 3 \times 8 = 24$

(6) $12 \times (11 - 10 + 1) = 24$

(7) $2 \times 3 \times (9 - 5) = 24$

(8) $(13 - 7) \times (10 - 6) = 24$

(9) $(5 + 7) \times (9 - 7) = 24$

(10) $(13 + 11) \times 9 \div 9 = 24$

(11) $7 \times 7 - 5 \times 5 = 24$

(12) $7 \times 9 - 13 \times 3 = 24$

(13) 无解

(14) 无解

(15) $3 \times 3 \times 3 - 3 = 24$

(16) $4 \times 4 + 4 + 4 = 24$

(17) $5 \times 5 - 5 \div 5 = 24$

(18) $6 + 6 + 6 + 6 = 24$

(19) ~ (23) 均无解

(24) $(12 + 12) + (12 - 12) = 24$

(25) 无解

(26) $(1 + 1 + 1) \times 8 = 24$

(27) $2 \times 2 \times 2 \times 3 = 24$

(28) $(2 + 2 - 2) \times 12 = 24$

(29) $3 \times 3 + 3 \times 5 = 24$

(30) $(3 + 3 \div 3) \times 6 = 24$

(31) $(3 + 3 - 3) \times 8 = 24$

(32) $(3 - 3 \div 3) \times 12 = 24$

(33) $(4 + 4 + 4) \times 2 = 24$

(34) $4 \times 4 + 4 + 4 = 24$

(35) $(4 + 4 - 4) \times 6 = 24$

(36) $(4 - 4 \div 4) \times 8 = 24$

(37) $5 \times 5 - 5 + 4 = 24$

(38) $5 \times 5 + 5 - 6 = 24$

(39) $6 + 6 + 6 \times 2 = 24$

(40) $(6 + 6 - 6) \times 4 = 24$

(41) $(7 + 7 \div 7) \times 3 = 24$

(42) $(7 - 7 \div 7) \times 4 = 24$

(43) $(8 + 8 - 8) \times 3 = 24$

(44) $9 + 9 + 9 - 3 = 24$

(45) $10 + 10 + 10 - 6 = 24$

(46) $11 + 11 + 11 - 9 = 24$

(47) $(12 + 12 - 12) \times 2 = 24$

(48) $(12 + 12) \times (13 - 12) = 24$

(49) $(13 - 13 \div 13) \times 2 = 24$

(50) $13 - 13 + 13 + 11 = 24$

第二节　逻辑推理类

1. 因为闰年的 366 天中,最多可以有 365 人单独过生日,剩下一天有 $400 - 365 = 35$ 人一起过生日,不会单独过生日. 所以这些小朋友中,至少有 35 人不会单独过生日.

2. 只有丙说了真话. 丙是冠军,甲是亚军,乙是季军. 因为这三人的安排一共有 6 种情况:

运动员	甲	乙	丙	序号
	1	2	3	①
	1	3	2	②
名　次	2	1	3	③
	2	3	1	④
	3	1	2	⑤
	3	2	1	⑥

这 6 种情况中, 只有第④种情况符合"一人说真话"的条件, 其他 5 种情况均出现矛盾.

3. x 与 B, y 与 C, z 与 A. 因为由已知条件, z 不是 C 女士的丈夫, 也不是 B 女士的丈夫, 只能是 A 女士的丈夫. 余下的只有 x 与 B, y 与 C, 否则会出现矛盾.

4. 乙说的是真话, 只有丙才是小偷. 否则, 其他情况都与四人中只有一人说真话, 且只有一人单独作案的条件矛盾.

5. 由已知条件可推断出明明参加了作文竞赛, 进而推断出聪聪参加了英语竞赛, 慧慧参加了数学竞赛.

	作文	英语	数学
聪聪	×	√	×
明明	√	×	×
慧慧	×	×	√

6. 不能. 假设能完成任务, 每碗的饺子数都是奇数. 因为两个奇数的和是偶数, 那么 8 个奇数的和当然是偶数, 这个偶数与第 9 碗的奇数的和是奇数, 这与 100 是偶数矛盾. 所以假设错误, 结论是不能完成任务(因此, 此问题无解).

7. D 队的成绩是一平两负. 4 个队进行单循环比赛(每两队都要比赛一场), 一共比赛的场数为 $C_4^2 = \dfrac{4 \times 3}{2 \times 1} = 6$. A, B, C 三队共获得 5 胜 3 负 1 平. 所以 D 队只能是 1 平 2 负, 这样才能使胜负场数相等, 平局场数相等. (对于 1 场比赛的两队要么一胜一负, 要么是平局, 因此单独计算每个队胜负的场数是比赛场数的 2 倍. 即 $5 + 3 + 1 + 1 + 2 = 12 = 6 \times 2$)

8. 小宁在第一小学, 六年级. 因为第二小学的是五年级, 第一小学的不是四年级, 所以第一小学的肯定的是六年级;小强不是六年级,又不在第二小学,小强肯定是四年级在第三小学;再由已知小林不在第一小学,推出小林在第二小学,是五年级,那么只有小宁在第一小学,是六年级.

9. 小兰做对了.那么小亮、小强都做错了.这样,小亮说的是正确的,小强、小兰都说错了,符合条件.其他情况都与已知条件矛盾.因此小兰做对了.

10. 朵朵的新裙子是白色的.假设小红是错的,芳芳和小英一定也是错的,不符合题意.假设小红是对的,那么芳芳肯定也是对的,根据题意小英就是错的.所以朵朵的新裙子是白色的.

11. 矿石是铁矿石.甲对一半,乙不对,丙对,符合老师说的话,其他情况与老师说的话矛盾.所以矿石是铁矿石.

12. 因为王五在家做饭,所以烟囱冒烟的1号住着王五.因为赵六刚下班,所以门口有辆自行车的2号住着赵六.因为张三到李四家下棋去了,所以锁着门的3号住着张三.剩下的掩着门的4号住的是李四.

计数篇

第一节　速算类

1. （1）$123 + 476 + 877 + 324 = (123 + 877) + (476 + 324) = 1000 + 800 = 1800$

   （2）$112 + 92 + 98 + 102 + 78 + 120 + 99 + 103 = 100 \times 8 + 4 = 804$

   $\underline{12\ \ -8\ -2}\qquad \underline{2\ -22\ +20}\qquad -1\qquad 3$

2. （1）$1000 - 346 = 654$　（2）$10000 - 283 = 9717$　（3）$2000 - 49 = 1951$

   （4）$474 - 98 = 374 + 2 = 376$　（5）$689 - 95 = 589 + 5 = 594$

   （6）$4762 - 999 = 3762 + 1 = 3763$

3. （1）$16 \times 12 = 192$　　$18 \times 15 = 270$　　$17 \times 17 = 289$　　$17 \times 18 = 306$

   $12 \times 13 = 156$　　$15 \times 16 = 240$　　$18 \times 19 = 342$　　$19 \times 19 = 361$

   （2）$24 \times 26 = 624$　　$35 \times 35 = 1225$　　$47 \times 43 = 2021$　　$51 \times 59 = 3009$

   $68 \times 62 = 4216$　　$75 \times 75 = 5625$　　$86 \times 84 = 7224$　　$99 \times 91 = 9009$

   $124 \times 126 = 15624$　　$165 \times 165 = 27225$　　$173 \times 177 = 30621$　　$135 \times 135 = 18225$

   （3）$996 \times 985 = 981060$　　　　$983 \times 984 = 967272$　　　　$1002 \times 1018 = 1020036$

$$
\begin{array}{r}
996\cdots 4 \\
(+)\ \ 985\cdots 15 \\
\hline
981000 \\
+\quad 60 \\
\hline
981060
\end{array}
\qquad
\begin{array}{r}
983\cdots 17 \\
(+)\ \ 984\cdots 16 \\
\hline
967000 \\
+\quad 272 \\
\hline
967272
\end{array}
\qquad
\begin{array}{r}
1002\cdots 2 \\
(+)\ \ 1018\cdots 18 \\
\hline
1020000 \\
+\quad 36 \\
\hline
1020036
\end{array}
$$

$$1016 \times 1015 = 1031240 \qquad 988 \times 1012 = 999856 \qquad 997 \times 1029 = 1025913$$

$$\begin{array}{r} 1016 \cdots 16 \\ (+)\ 1015 \cdots 15 \\ \hline 1031000 \\ +\ 240 \\ \hline 1031240 \end{array} \qquad \begin{array}{r} 988 \cdots 12 \\ (+)\ 1012 \cdots 12 \\ \hline 1000000 \\ -\ 144 \\ \hline 999856 \end{array} \qquad \begin{array}{r} 997 \cdots 3 \\ (+)\ 1029 \cdots 29 \\ \hline 1026000 \\ -\ 87 \\ \hline 1025913 \end{array}$$

$(4)\ 21^2 = 441 \qquad 22^2 = 484 \qquad 23^2 = 529 \qquad 24^2 = 576$

$25^2 = 625 \qquad 26^2 = 676 \qquad 27^2 = 729 \qquad 28^2 = 784$

$29^2 = 841 \qquad 83^2 = (83-3)(83+3)+9 = 6889$

$92^2 = (92-2)(92+2)+4 = 8464 \qquad 76^2 = (76+4)(76-4)+16 = 5776$

$(5)\ 53 \times 47 = 2500 - 9 = 2491 \qquad 68 \times 32 = 2500 - 324 = 2176$

$78 \times 22 = 1716$

$(6)\ 116 \times 84 = 10000 - 256 = 9744 \qquad 123 \times 77 = 10000 - 529 = 9471$

$103 \times 97 = 10000 - 9 = 9991$

$(7)\ 653 \times 647 = 420000 + 2500 - 9 = 422491$

$875 \times 825 = 720000 + 2500 - 625 = 721875$

$903 \times 997 = 900000 + 3 \times 97 = 900291$

$(8)\ ^*547 \times 467 = 100(54 \times 46 + 10 \times 7) + 7^2 = 100(2500 - 16 + 70) + 49 = 255449$

$654 \times 354 = 100(65 \times 35 + 10 \times 4) + 4^2 = 100(2500 - 225 + 40) + 16 = 231516$

$(9)\ ^*5216 \times 4816 = 10000(52 \times 48 + 16) + 16^2 = 10000(2500 - 4 + 16) + 256 = 25120256$

$5518 \times 4518 = 10000(55 \times 45 + 18) + 18^2 = 10000(2500 - 25 + 18) + 324 = 24930324$

$(10)\ 448 \times 25 = \dfrac{44800}{4} = 11200$

$168 \times 125 = \dfrac{168000}{8} = 21000$

$3946 \times 37 = 146002$

$$\begin{array}{r} 3946 \\ 3946 \\ +\ 3946 \\ \hline 3\,|\,438006 \\ \hline 146002 \end{array}$$

$1008 \times 52 = (1000 + 8) \times 52 = 52000 + 416 = 52416$

$$998 \times 36 = (1000 - 2) \times 36 = 36000 - 72 = 35928$$

4. $(1) 346 \div 25 = 346 \times 0.04 = 13.84$

$(2) 474 \div 125 = 474 \times 0.008 = 3.792$

5. $(1) 0.16 \times 0.18 = 0.0288$ $\qquad$ $(2) 35 \times 0.35 = 12.25$

$(3) 0.985 \times 0.996 = 0.98106$ $\qquad$ $(4) 0.1012 \times 0.1013 = 0.01025156$

$(5) 1.015 \times 9.86 = 10.0079$ $\qquad$ $(6) 0.48^2 = 0.2304$

$(7) 0.53 \times 0.47 = 0.2491$ $\qquad$ $(8) 0.547 \times 0.467 = 0.255449$

$(9) 52.16 \times 48.16 = 2512.0256$ $\qquad$ $(10) 888 \times 25 = 22200$

$(11) 208 \times 12.5 = 2600$ $\qquad$ $(12) 12.34 \times 3.7 = 45.658$

$(13) 123 \div 2.5 = 123 \times 0.4 = 49.2$ $\qquad$ $(14) 208 \div 0.125 = 208 \times 8 = 1664$

第二节　数列求和类

1. 解:此数列记为 $\{a_n\}$,由已知可知 $\{a_n\}$ 是首项为 $a_1 = 2$,通项 $a_n = 2n$ 的等差数列.

$\therefore$ 其前 n 项和 $S_n = \dfrac{n(2 + 2n)}{2} = n(n + 1)$.

2. 解:由已知得,$\{a_n\}$ 为等差数列. $a_1 = 3 \times 1 - 2 = 1$,$a_{100} = 3 \times 100 - 2 = 298$,$\therefore S_{100} = \dfrac{100(1 + 298)}{2} = 50 \times 299 = 14950$.

3. 解:记此数列为 $\{a_n\}$,由已知得 $\{a_n\}$ 为等比数列,$a_1 = 3$,公比 $q = 3$. $\therefore S_{100} = \dfrac{3(1 - 3^{100})}{1 - 3} = \dfrac{3}{2}(3^{100} - 1)$.

4. 解:数列的通项公式为 $a_n = \dfrac{7}{9}(10^n - 1)$.

$\therefore$ 其前 n 项和为 $S_n = \dfrac{7}{9}(10 - 1 + 10^2 - 1 + 10^3 - 1 + \cdots + 10^n - 1)$

$$= \dfrac{7}{9}[(10 + 10^2 + 10^3 + \cdots + 10^n) - n]$$

$$= \dfrac{7}{9}\left[\dfrac{10(1 - 10^n)}{1 - 10} - n\right]$$

$$= \dfrac{7}{9} \cdot \dfrac{10^{n+1} - 10 - 9n}{9}$$

$$= \dfrac{7}{81}(10^{n+1} - 9n - 10).$$

5. 解：$a_n = \dfrac{1}{n(n+2)} = \dfrac{1}{2}\left(\dfrac{1}{n} - \dfrac{1}{n+2}\right).$

$\therefore S_n = \dfrac{1}{2}\left(1 - \dfrac{1}{3} + \dfrac{1}{2} - \dfrac{1}{4} + \dfrac{1}{3} - \dfrac{1}{5} + \dfrac{1}{4} - \dfrac{1}{6} + \cdots + \dfrac{1}{n-1} - \dfrac{1}{n+1} + \dfrac{1}{n} - \dfrac{1}{n+2}\right)$

$= \dfrac{1}{2}\left(1 + \dfrac{1}{2} - \dfrac{1}{n+1} - \dfrac{1}{n+2}\right)$

$= \dfrac{1}{2}\left[\dfrac{3}{2} - \dfrac{2n+3}{(n+1)(n+2)}\right]$

$= \dfrac{3}{4} - \dfrac{2n+3}{2(n+1)(n+2)}.$

6. 解：$a_n = \dfrac{\sqrt{n+1} - \sqrt{n}}{(\sqrt{n+1} + \sqrt{n})(\sqrt{n+1} - \sqrt{n})}$

$= \dfrac{\sqrt{n+1} - \sqrt{n}}{n+1-n} = -\sqrt{n} + \sqrt{n+1}.$

$\therefore S_n = -\sqrt{1} + \sqrt{2} - \sqrt{2} + \sqrt{3} - \sqrt{3} + \sqrt{4} - \cdots - \sqrt{n} + \sqrt{n+1}$

$= -1 + \sqrt{n+1} = \sqrt{n+1} - 1.$

7. 解：$\because a_n = (2n-1) \cdot 2^n,$

$\therefore S_{10} = 1 \cdot 2 + 3 \cdot 2^2 + 5 \cdot 2^3 + \cdots + 17 \cdot 2^9 + 19 \cdot 2^{10}$ ①

$\therefore 2S_{10} = \qquad 1 \cdot 2^2 + 3 \cdot 2^3 + \cdots \qquad + 17 \cdot 2^{10} + 19 \cdot 2^{11}$ ②

①$-$②得 $-S_{10} = 2 + 2 \cdot 2^2 + 2 \cdot 2^3 + \cdots \qquad + 2 \cdot 2^{10} - 19 \cdot 2^{11}$，即

$-S_{10} = 2 + 2^3 + 2^4 + \cdots \qquad + 2^{11} \qquad - 19 \cdot 2^{11}$

$= 2 + \dfrac{2^3(1 - 2^9)}{1-2} - 19 \cdot 2^{11} = 2 + 2^3(2^9 - 1) - 19 \times 2^{11}$

$= 2 + 2 \times 2^{11} - 8 - 19 \times 2^{11} = -6 - 17 \times 2^{11}.$

$\therefore S_{10} = 6 + 17 \times 2048 = 6 + 34816 = 34822.$

8. 解：$\because a_n = (-1)^n \cdot (3n-1).$

$\therefore S_{200} = -2 + 5 - 8 + 11 - 14 + 17 - \cdots - 596 + 599$

$= \underbrace{(-2+5) + (-8+11) + (-14+17) + \cdots + (-596+599)}_{100\text{ 组}}$

$= 3 \times 100 = 300.$

9. 解：$a_n = |9 - 2n| = \begin{cases} 9 - 2n, n \leq 4, n \in \mathbf{N}^* \\ 2n - 9, n \geq 5, n \in \mathbf{N}^* \end{cases}$

当 $n \leq 4, n \in \mathbf{N}^*$ 时，$S_n = \dfrac{n(9 - 2 + 9 - 2n)}{2} = \dfrac{n(16 - 2n)}{2} = n(8 - n)$.

$a_5 = 2 \times 5 - 9 = 1, a_1 = 9 - 2 = 7, a_4 = 9 - 2 \times 4 = 1$.

$S_4 = \dfrac{4(7 + 1)}{2} = 16$.

∴ 当 $n \geq 5, n \in \mathbf{N}^*$ 时，

$S_n = S_4 + \dfrac{(n - 4)(1 + 2n - 9)}{2} = 16 + \dfrac{2(n - 4)^2}{2} = 16 + (n - 4)^2$

$= n^2 - 8n + 32$.

∴ $S_n = \begin{cases} 8n - n^2, n \leq 4, n \in \mathbf{N}^* \\ n^2 - 8n + 32, n \geq 5, n \in \mathbf{N}^* \end{cases}$

10. 解：由已知得 $a_{n+1} = 2a_n + 3$.

∴ $a_{n+1} + 3 = 2(a_n + 3)$.

∴ $\dfrac{a_{n+1} + 3}{a_n + 3} = 2$.

设数列 $\{b_n\}$ 满足 $b_n = a_n + 3$.

则 $\dfrac{b_{n+1}}{b_n} = 2$.

∴ 数列 $\{b_n\}$ 是公比为 2 的等比数列. $b_1 = a_1 + 3 = 1 + 3 = 4$.

∴ $b_n = 4 \times 2^{n-1}$，即 $a_n + 3 = 4 \times 2^{n-1}$. ∴ $a_n = 4 \times 2^{n-1} - 3$.

∴ $S_n = \dfrac{4(1 - 2^n)}{1 - 2} - 3n = 4(2^n - 1) - 3n = 2^{n+2} - 3n - 4$.

11. 解：(1) 设等差数列 $\{a_n\}$ 的公差为 d，由已知 $b_2 + b_3 = 12$ 得 $b_1(q + q^2) = 12$.

而 $b_1 = 2$. ∴ $q^2 + q - 6 = 0$.

又 ∵ $q > 0$，解得 $q = 2$，∴ $b_n = 2^n$.

由 $b_3 = a_4 - 2a_1$ 可得 $3d - a_1 = 8$. ①

由 $S_{11} = 11b_4$，可得 $a_1 + 5d = 16$. ②

①②联立,解得 $\begin{cases} a_1 = 1, \\ d = 3. \end{cases}$

∴ $a_n = 3n - 2.$ 数列 $\{b_n\}$ 的通项公式为 $b_n = 2^n.$

(2)由(1)可得 $a_{2n} = 6n - 2.$

∴ $a_{2n} b_{2n-1} = (6n - 2) \times 2^{2n-1} = (3n - 1) \times 4^n.$

∴ $T_n = 2 \times 4 + 5 \times 4^2 + 8 \times 4^3 + \cdots + (3n - 4) \cdot 4^{n-1} + (3n - 1) \cdot 4^n.$ ①

∴ $4T_n = \quad\quad 2 \times 4^2 + 5 \times 4^3 + \cdots \quad\quad + (3n - 4) \cdot 4^n + (3n - 1) \cdot 4^{n+1}.$ ②

① $-$ ②得 $-3T_n = 2 \times 4 + 3 \times 4^2 + 3 \times 4^3 + \cdots + 3 \times 4^n - (3n - 1) \cdot 4^{n+1}$

$$= \frac{12(1 - 4^n)}{1 - 4} - 4 - (3n - 1) \cdot 4^{n+1}$$

$$= -(3n - 2) \times 4^{n+1} - 8.$$

∴ $T_n = \dfrac{3n - 2}{3} \times 4^{n+1} + \dfrac{8}{3}.$

第三节 整除类

1. 解:(1) $\dfrac{36}{48} = \dfrac{3}{4}$ (2) $\dfrac{35}{125} = \dfrac{7}{25}$ (3) $\dfrac{36}{123} = \dfrac{12}{41}$

    (4) $\dfrac{22}{143} = \dfrac{2}{13}$ (5) $\dfrac{33}{891} = \dfrac{1}{27}$

2. 解:(1) $C_5^3 = C_5^2 = \dfrac{5 \times 4}{2 \times 1} = 10$ (2) $C_8^4 = \dfrac{8 \times 7 \times \overset{2}{\cancel{6}} \times 5}{\cancel{4} \times \cancel{3} \times \cancel{2} \times 1} = 70$

    (3) $C_{10}^3 = \dfrac{\overset{5}{\cancel{10}} \times \overset{3}{\cancel{9}} \times 8}{\cancel{3} \times \cancel{2} \times 1} = 120$ (4) $C_{12}^4 = \dfrac{12 \times 11 \times \overset{5}{\cancel{10}} \times 9}{\cancel{4} \times \cancel{3} \times \cancel{2} \times 1} = 495$

    (5) $C_{11}^7 = C_{11}^4 = \dfrac{11 \times 10 \times \overset{3}{\cancel{9}} \times 8}{\cancel{4} \times \cancel{3} \times \cancel{2} \times 1} = 330$

3. 解: $K^2 = \dfrac{100 \times (64 \times 10 - 16 \times 10)^2}{80 \times 20 \times 74 \times 26} = \dfrac{\overset{30}{\cancel{480}} \times \overset{120}{\cancel{480}}}{\underset{37}{\cancel{8}} \times \cancel{2} \times \underset{13}{\cancel{74}} \times \cancel{26}} = \dfrac{3600}{481} \approx 7.484 > 6.635.$

故有 99% 的把握认为该市一天空气中 PM2.5 浓度与 SO_2 浓度有关.

第四节　余数类

1. 解：（1）$M = 15 \times 1 + 10 \times 2 + 6 \times 3 - 30h = 15 + 20 + 18 - 30h = 53 - 30h (h \in \mathbf{Z})$.

分别取 $h = 1, 0, -1, -2, -3, \cdots$ 得 $M = 23, 53, 83, 113, 143, \cdots$ 组成一个首项为 23，公差为 30 的等差数列，其通项公式为 $a_n = 30n - 7 (n \in \mathbf{N}^*)$.

（2）$M = 21 \times 1 + 280 \times 2 + 120 \times 3 - 42h = 21 + 560 + 360 - 42h = 941 - 42h (h \in \mathbf{Z})$.

分别取 $h = 22, 21, 20, 19, 18, \cdots$ 得 $M = 17, 59, 101, 143, 185, \cdots$ 组成一个首项为 17，公差为 42 的等差数列，其通项公式为 $a_n = 42n - 25 (n \in \mathbf{N}^*)$.

（3）$M = 33 \times 1 + 22 \times 2 + 12 \times 3 - 66h = 33 + 44 + 36 - 66h = 113 - 66h (h \in \mathbf{Z})$.

分别取 $h = 1, 0, -1, -2, -3, \cdots$ 得 $M = 47, 113, 179, 245, 311, \cdots$ 组成一个首项为 47，公差为 66 的等差数列，其通项公式为 $a_n = 66n - 19 (n \in \mathbf{N}^*)$.

（4）$M = 70 \times 1 + 21 \times 2 + 15 \times 3 - 105h = 70 + 42 + 45 - 105h = 157 - 105h (h \in \mathbf{Z})$.

分别取 $h = 1, 0, -1, -2, -3, \cdots$ 得 $M = 52, 157, 262, 367, 472, \cdots$ 组成一个首项为 52，公差为 105 的等差数列，其通项公式为 $a_n = 105n - 53 (n \in \mathbf{N}^*)$.

2. 解：（1）$M = 55 \times 1 + 66 \times 2 + 210 \times 3 - 165h = 55 + 132 + 630 - 165h = 817 - 165h$ $(h \in \mathbf{Z})$ 当 $h = 14$ 时，得 M 的最小正整数解为 157.

（2）$M = 130 \times 1 + 256 \times 2 + 105 \times 3 - 195h = 130 + 512 + 315 - 195h = 957 - 195h$ $(h \in \mathbf{Z})$ 当 $h = 4$ 时，得 M 的最小正整数解为 177.

（3）$M = 190 \times 1 + 171 \times 2 + 210 \times 3 - 285h = 190 + 342 + 630 - 285h = 1162 - 285h$ $(h \in \mathbf{Z})$ 当 $h = 4$ 时，得 M 的最小正整数解为 22.

（4）$M = 154 \times 1 + 99 \times 2 + 210 \times 3 - 231h = 154 + 198 + 630 - 231h = 982 - 231h$ $(h \in \mathbf{Z})$ 当 $h = 4$ 时，得 M 的最小正整数解为 58.

3. 解：（1）$M = 231 \times 1 + 330 \times 2 + 210 \times 3 - 385h = 231 + 660 + 630 - 385h = 1521 - 385h (h \in \mathbf{Z})$.

分别取 $h = 3, 2, 1, 0, -1, \cdots$ 得 $M = 366, 751, 1136, 1511, 1896, \cdots$ 组成一个首项为 366，公差为 385 的等差数列，其通项公式为 $a_n = 385n - 19 (n \in \mathbf{N}^*)$.

（2）$M = 91 \times 1 + 260 \times 2 + 105 \times 3 - 455h = 91 + 520 + 315 - 455h = 926 - 455h (h \in \mathbf{Z})$.

分别取 $h = 2, 1, 0, -1, -2, \cdots$ 得 $M = 16, 471, 926, 1381, 1836, \cdots$ 组成一个首项为

16,公差为 455 的等差数列,其通项公式为 $a_n = 455n - 439 (n \in \mathbf{N}^*)$.

$(3) M = 476 \times 1 + 85 \times 2 + 35 \times 3 - 595h = 476 + 170 + 105 - 595h = 751 - 595h (h \in \mathbf{Z})$.

分别取 $h = 1, 0, -1, -2, -3, \cdots$ 得 $M = 156, 751, 1346, 1941, 2536, \cdots$ 组成一个首项为 156,公差为 595 的等差数列,其通项公式为 $a_n = 595n - 439 (n \in \mathbf{N}^*)$.

$(4) M = 266 \times 1 + 190 \times 2 + 210 \times 3 - 655h = 266 + 380 + 630 - 665h = 1276 - 665h (h \in \mathbf{Z})$.

分别取 $h = 1, 0, -1, -2, -3, \cdots$ 得 $M = 611, 1276, 1941, 2606, 3271, \cdots$ 组成一个首项为 611,公差为 665 的等差数列,其通项公式为 $a_n = 665n - 54 (n \in \mathbf{N}^*)$.

4^*. 解:由已知得 $\begin{cases} M = 2m + a & \text{①} \\ M = 7n + b & \text{②} \\ M = 11k + c & \text{③} \end{cases}$ $(m, n, k \in \mathbf{N}^*, a, b, c$ 是分别小于 $2, 7, 11$ 的自然数$)$.

$2, 7, 11$ 的最小公倍数为 154.

$\therefore \begin{cases} 77M = 154m + 77a & \text{④} \\ 22M = 154n + 22b & \text{⑤} \\ 14M = 154k + 14c & \text{⑥} \end{cases}$

注意到 $77 + 22 + 14 = 113$,而 $(154 + 1) - 113 = 155 - 113 = 42$. 故应④ + ⑤ + ⑥ · 4

得 $155M = 154(m + n + 4k) = 77a + 22b + 56c$,

$\therefore M = 154(m + n + 4k - M) + 77a + 22b + 56c$.

令 $m + n + 4k - M = h(h \in \mathbf{Z})$,得 $M = 77a + 22b + 56c + 154h (h \in \mathbf{Z})$.

第五节　其他类

1. $(1) \sqrt{(\sqrt{2} - 1)^2} = \sqrt{2} - 1$

$(2) \sqrt{7 + 2\sqrt{10}} = \sqrt{7 + \sqrt{40}} = \sqrt{\dfrac{7 + \sqrt{49 - 40}}{2}} + \sqrt{\dfrac{7 - \sqrt{49 - 40}}{2}} = \sqrt{5} + \sqrt{2}$

$(3) \sqrt{2 + \sqrt{3}} = \sqrt{\dfrac{2 + \sqrt{4 - 3}}{2}} + \sqrt{\dfrac{2 - \sqrt{4 - 3}}{2}} = \sqrt{\dfrac{3}{2}} + \sqrt{\dfrac{1}{2}} = \dfrac{1}{2}(\sqrt{6} + \sqrt{2})$

$(4) \sqrt{5 - 2\sqrt{6}} = \sqrt{5 - \sqrt{24}} = \sqrt{\dfrac{5 + \sqrt{25 - 24}}{2}} - \sqrt{\dfrac{5 - \sqrt{25 - 24}}{2}} = \sqrt{3} - \sqrt{2}$

2.

(1)
```
        3. 8 7 2
      ┌─────────────────
    √ │ 15.00'00'00
      │ -9
   68 │   6 00
      │  -5 44
  767 │    5600
      │   -5369
 7742 │      23100
      │     -15484
      │        7616
```
$$\therefore \sqrt{15} \approx 3.87$$

(2)
```
        1. 6 1 5
      ┌─────────────────
    √ │ 2.61'00'00
      │ -1
   26 │  1 61
      │ -1 56
  321 │     500
      │    -321
 3225 │    17900
      │    16125
      │     1775
```
$$\therefore \sqrt{2.61} \approx 1.62$$

(3)
```
        0. 3 5 0
      ┌─────────────────
    √ │ 0.12'30'00
      │ -9
   65 │   330
      │  -325
  700 │    500
```
$$\therefore \sqrt{0.123} \approx 0.35$$

(4)
```
         2 9. 0 8 6
      ┌───────────────────
    √ │ 8'46.00'00'00
      │ -4
   49 │  446
      │ -441
 5808 │    5 0000
      │   -4 6464
58166 │      353600
      │     -348996
      │        4604
```
$$\therefore \sqrt{846} \approx 29.09$$

3. $C_9^3 = \dfrac{\cancel{9}^{3} \times \cancel{8}^{4} \times 7}{3 \times 2 \times 1} = 84.$

共有 84 组正整数解.

4. 设有 x 杆 2 股叉, y 杆 3 股叉, z 张 8 齿耙子.

由题意得 $\begin{cases} x+y+z=25 & ① \\ 2x+3y+8z=105 & ② \end{cases}$

由①得 $z=25-x-y$ ③

将③代入②得: $2x+3y+8(25-x-y)=105$

化为 $6x+5y=95$. $\therefore y=19-\dfrac{6}{5}x.$

要使 y 是正整数, x 必须被 5 整除.

$$\therefore \begin{cases} x=5 \\ y=3 \\ z=7 \end{cases} \quad \text{或} \quad \begin{cases} x=10 \\ y=7 \\ z=8 \end{cases} \quad \text{或} \quad \begin{cases} x=15 \\ y=1 \\ z=9 \end{cases}$$

答:(略)

5. 由勾股定理得 $a^2+b^2=c^2$.

$\therefore a^2=c^2-b^2=65^2-56^2=(65+56)(65-56)=121\times9=11^2\times3^2.$

$\because a>0, \therefore a=33.$

6. 原方程的整数根可能是 ±1, ±2.

设 $f(x)=x^3-4x^2+3x+2,$

$f(1)=1-4+3+2=2\neq0,$

$f(-1)=-1-4-3+2=-6\neq0,$

$f(2)=2^3-4\times2^2+3\times2+2=8-16+6+2=0.$

$\therefore x=2$ 是原方程的整数根.

$$
\begin{array}{r}
x^2-2x-1 \\
x-2\overline{\smash{\big)}\,x^3-4x^2+3x+2} \\
\underline{x^3-2x^2} \\
-2x^2+3x \\
\underline{-2x^2+4x} \\
-x+2 \\
\underline{-x+2} \\
0
\end{array}
$$

对于方程 $x^2-2x-1=0, \Delta=(-2)^2-4\times1\times(-1)=8$ 不是完全平方数.

$\therefore$ 方程 $x^2-2x-1=0$ 无整数根, $\therefore$ 原方程的整数根为 $x=2$.